평화도시 인천

전쟁의 길, 평화의 길

평화도시 인천
전쟁의 길, 평화의 길

2021년 12월 15일 처음 펴냄

지은이 | 김석구 김현석 이경수 이재봉 이희환 황보윤식
엮은이 | 생명평화포럼
펴낸이 | 김영호
펴낸곳 | 도서출판 아이워크북
등 록 | 제313-2004-000186
주 소 | 서울시 마포구 월드컵로 163-3
전 화 | (02)335-2630
전 송 | (02)335-2640
이메일 | h-4321@daum.net, yh4321@gmail.com

Copyright ⓒ 생명평화포럼, 2021

이 책은 저작권법에 따라 보호받는 저작물이므로 무단 전재와 복제를 금합니다.
잘못된 책은 바꾸어드립니다. 책값은 뒤표지에 있습니다.

ISBN 978-89-91581-37-1 03390

이 책은 "2021년 인천시평화도시조성 응모사업"의 일환으로 인천시에서 후원하여
제작되었습니다.

평화도시 인천

전쟁의 길, 평화의 길

병인양요

아시아-태평양전쟁

3.8선과 한반도 분단

통일과 평화

신미양요

6.25 전쟁

청일전쟁

유라시아 지정학 담론

조일수호조규

운요호사건

김석구
김현석
이경수
이재봉
이희환
황보윤식
지음

생명평화포럼
엮음

iworkbook
아이워크북

길을 걸으며
평화를 노래하다

인천의
전쟁과 평화
로가는 길

러일전쟁
청일전쟁
태평양전쟁 병인양요
분단 한국전쟁
상처와기억 신미양요

평화도시조성사업

강연현장답사평화지도제작평화교육가이드북

평 화 강 연 일 정

시간	강연주제	강사
5/21(금) (18:30-21:00)	강좌1. 서양의 첫 침략 병인양요 강좌2. 미국과 싸우다 신미양요	이경수 선생
6/17(목) (18:30-21:00)	강좌1. 청일전쟁과 인천 강좌2. 러일전쟁과 인천	김석구 박사
7/15(목) (18:30-21:00)	강좌1. 운요호 사건과 강화도조약 강좌2. 아시아·태평양 전쟁과 인천	이희환 박사 김현석 선생
8/21(토)	평화지도제작 현장답사(강화도 일대)	
9/16(목) (18:30-21:00)	강좌1. 한국전쟁과 인천 강좌2. 평화도시 인천의 미래	황보윤식 박사
10/21(목) (18:30-21:00)	강좌1. 전쟁의 상처와 기억 강좌2. 분단 이후 인천이 겪은 전란	이재봉 박사
11/20(토)	평화지도 제작 현장답사 (인천일대)	

▶ YouTube '인천생명평화포럼'을 검색하세요.

생 명 평 화 포 럼

머리말

전쟁의 아픔을 기억해야 평화를
실천합니다

인천은 지리적으로 한반도의 한가운데 배꼽에 위치하고, 수도 한양의 관문으로 지정학적으로 매우 중요한 도시이다. 이는 인천이 군사적 요충지이며 전쟁이 시작되면 이곳을 차지하려는 치열한 전투가 일어날 수밖에 없는 운명을 타고난 격전지라는 것이다. 인천시민은 물론 많은 관광객이 찾는 차이나타운, 자유공원, 월미도, 강화도, 대룡시장 등 인터넷 포털에 인천 관련 검색어 상위에 오르는 대부분의 장소가 직·간접적으로 전쟁과 연결돼 있다.

차이나타운은 1882년 임오군란 이후 조선에 들어온 청나라 군대와 함께 온 중국인 부두 노동자들이 모여들어 자연스레 형성된 마을이 그 시초이다. 강화도는 고려의 대몽 항전지이자 우리 근대사에서 서양의 첫 침략 '병인양요'와 미국에 맞선 '신미양요'의 격전지이다. 한국전쟁을 대표하는 인천상륙작전이 감행된 월미도엔 포격과 상흔이 지워진 채 젊은이들의 놀이기구가 쉴 새 없이 돌고 있지만, 월미공원 모퉁이엔 미군 폭격 민간인 희생자 위령비가 세워져 있다. 그야말로 월미도 원주민에겐 트라우마로 남아 있다. 자유공원은 우리나라 최초의 서구식 공원 '만국공원'에 1957년 맥아더의 동상을 세우면서 개

칭한 이름이다. 교동의 대룡시장은 황해도 연백의 냄새를 마시며 망향의 한을 달래던 실향민들의 삶의 터전이다.

인터넷 포털에 오른 인천의 명소들은 이곳을 방문한 이들이 올린 멋진 사진과 맛있는 글로 아름답게 장식되어 있다. 이를 보고 있노라면 인천시민으로서 뿌듯하지만, 한편 우리 근대사의 고갱이를 오롯이 품은 이 장소들이 휴대폰에 담기는 외관으로만 소비되는 것이 늘 아쉬웠다. 그곳의 다양한 콘텐츠를 방문객 스스로 스마트폰을 통해 역사와 소통하도록 안내하고 싶었다. 병인양요와 신미양요의 격전지에서 조선의 초라하고 나약함에 부끄러워하던 자신을 넘어 제국주의의 실상을 보고, 자유공원에서 인천상륙작전 맥아더의 승전 신화 뒤에 감춰진 희생과 야만을 발견하도록 문을 열어두고 싶었다. 이 문에 들어선 이들 중에 몇몇은 전쟁의 이면을 냉철하게 분석하여 평화의 방법을 찾고, 전쟁의 내면을 들여다보고 인간의 아픔과 상처를 돌보는 마음으로 평화를 희구하며 평화를 자신의 삶 속에서 실천하리라 믿는다. 이러한 믿음으로 그곳의 역사적 가치와 의미가 추억의 멋과 맛과 함께 기억되길 바라며 '평화지도 만들기 프로젝트'를 시작했다.

이 프로젝트를 위해 훌륭한 강의와 함께 현장 안내까지 맡아주신 강화도의 이경수 선생님, 수술 회복 중임에도 열강을 해 주신 김석구 박사님, 강화까지 달려오셔서 강의해 주신 이희환 박사님과 김현석 선생님, 인천의 후배들에게 인천의 미래를 말씀해 주시려고 먼 길 마다치 않고 와주신 황보윤식 박사님 그리고 바쁜 일정을 쪼개서 시간을 내주신 원광대 이재봉 교수님께 진심으로 감사드린다. 그리고 코로나 팬데믹의 어려운 상황에서도 긴 강좌 일정과 현장 답사를 함께한 여행인문학도서관 '길위의 꿈', 영상을 맡아 수고하신 서해문화 그리고 책자 발간을 흔쾌히 허락하신 도서출판 아이워크북 관계자에게도 깊이 감사드린다.

　2022년에는 어둠 속에 갇혀 있는 희생과 상처가 드러나서 치유되고 회복되어 진정한 평화로 가는 길을 여는 포럼과 프로젝트가 진행되길 바라며, 모든 것에 감사하며 인사말로 갈음한다.

2021년 11월

생명평화포럼

상임대표 정세일

차례

서양의 첫 침략, 병인양요

이경수*

포성을 듣게 되리니

이양선(異樣船) 출현. 프랑스 배가 처음이 아니다. 이미 오래전부터 모양이 이상하게 생긴 배, 이양선들이 조선 해안을 기웃대고 있었다. 때로 상륙해 통상을 요구하기도 했다. 강화에서도 그랬다. 나중에 대원군의 아버지, 남연군 묘를 파헤치는 오페르트도 강화에 왔다. 병인양요 발발 수개월 전이었다. 그는 대략 이런 말을 남기고 떠났다.

"조만간 조선은 포성을 듣게 될 것이다. 중국도 일본도 서양의 개방 압력을 견뎌내지 못했다. 조선이 과연 견뎌낼 수 있을까. 이제 세계에 문을 닫고 안주하던 시대는 끝났다. 조선도 예외가 아니다. 수도 가까이 올라온 이 작은 기선이 그 증거이다. 우리도 왔는데 서양 열강이 군대를 파견하는 건 얼마나 쉬운 일이겠는가."[1]

---

* 역사 교사, 강화도 태생, 강화도 역사 연구가

1866년 병인년, 고종이 즉위한 지 3년째, 아직 어린 그를 대신해 아버지 대원군이 조정을 이끌고 있었다. 대원군은 외국과의 통상과 수교를 거부했다. 이에 프랑스가 조선을 침공했다. 무력으로 조선의 문을 열겠다는 것이다. 이 사건이 병인양요이다.

제국주의 국가 프랑스는 한때 조선을 식민지 삼으려는 꿍꿍이가 있었다. 여의치 않자 개항을 통해 경제적 이익을 취하려고 조선을 쳤다. 대원군에게 죽임을 당한 자국 성직자들의 원수를 갚고, 조선의 천주교 신자들에게 신앙의 자유를 얻게 해주겠다는 것도 그들이 내세운 침략 이유였다.

당시 조선에 들어온 외국 성직자들은 프랑스 천주교 신부였다. 기해박해와 병인박해 때 순교한 외국인 신부들이 프랑스인이었다. 로마 교황청이 조선에서의 선교를 가톨릭 선교단체인 파리 외방전교회(外邦傳敎會)에 맡겼기 때문이다.

신유박해(1801), 기해박해(1839), 병인박해(1866). 단지 천주님을 믿는다는 죄 아닌 죄로 수많은 백성이 목숨을 잃었다. 대원군이 주도한 병인박해는 지독했다. 18,000명 정도의 신자 가운데 수천 명이 죽임을 당했다고 한다. 대학살이다. 개항 이후에 들어와 확산하게 되는 개신교와 달리 일찌감치 수용된 천주교는 거듭 짓밟히면서도 강인한 생명력을 이어 갔다.

---

1 E. J. 오페르트 지음/신복룡·장우영 역주, 『금단의 나라 조선』(집문당, 2019), 216.

강화, 점령당하다

병인박해 때 대원군은 조선에 있던 프랑스 신부 12명 가운데 9명을 처형했다. 나머지 3명은 달아나 목숨을 구했다. 리델, 페롱, 칼레 신부이다. 이 가운데 리델 신부가 청나라로 가서 그곳에 주둔한 프랑스극동함대사령관 로즈 제독에게 도움을 요청한다. 로즈는 본국과 상의를 거쳐 조선 침략에 나서게 된다.

"우리 신부 9명을 죽였으니 조선 백성 9,000명을 죽이겠다." 프랑스군은 호기로웠다. 주청 프랑스 공사대리 벨로네는 조선을 정복해서 국왕을 폐위시키고 자신들이 새로운 왕을 선택해 앉히겠다고까지 했었다.

1866년(고종 3) 9월 8일 프랑스 정부는 해군성을 통해 로즈에게 조선 원정을 지시했다. 로즈는 본격적인 침공에 앞서 사전 정찰에 나선다. 9월 18일 중국 즈푸(芝罘)항을 떠난 로즈 함대는 강화해협(염하)을 거쳐 한강을 타고 올라가 한양 근처까지 갔다가 돌아간다. 그들이 즈푸에 도착한 것은 10월 3일이었다.

프랑스군은 정찰 기간에 물길을 측량하고 지도를 그리면서 침략전을 준비했다. 조선의 방어 태세도 살폈다. 정찰 결론은 '한양 점령 불가'였다. 로즈는 본국 해군성 장관에게 자신의 병력만으로는 한양을 공격하기 어렵다고 보고했다. 대신 강화도를 점령해서 한강을 봉쇄하고 조선 조정의 항복을 받아내겠다고 했다.

10월 11일, 로즈는 조선 침략에 나선다. 7척 군함에 약 1,500명 병력이었다. 리델 신부도 통역으로 함께 왔다. 인천 작약도에 정박한 로즈 함대는 10월 14일(음력 9월 6일) 아침에 강화도로 향한다. 강화해

강화산성 남문

협 통과가 어려운 프리모게호 등 큰 군함 3척은 작약도에 남겨두고
데를래드호 등 4척만 동원했다. 강화도 침공에 동원된 병력은 대략
900명이었다.

프랑스군은 별 저항을 받지 않고 갑곶에 상륙해 숙영지를 마련했
다. 군함 한 척은 갑곶 북쪽 월곶에 정박하고 한강을 차단했다. 강화
산성 동문을 집적이던 프랑스군이 10월 16일(음력 9월 8일)에 강화산
성 남문을 공격해 조선 수비군을 무너뜨리고 읍내를 점령한다. 병자
호란 때인 1637년(인조 15)에 외적에게 함락됐던 강화도가 230년 만
에 다시 외적에게 점령된 것이다.

침략군을 막아 지켜야 할 총책임자는 강화유수다. 그러나 강화유
수 겸 진무사 이인기는 바로 도망갔다. 재빨리 관복을 벗고 평복을
입어 일반 백성처럼 보이게 변장하고 줄행랑을 쳤다. 아랫사람들도
도망갔다. 저도 괜찮다. 싸움에서 얼마든지 질 수 있다. 중요한 건 어
떻게 지는가이다.

강화 문수산성 남문

　전해지기를, 이인기가 도망해서 강화산성 서문을 나설 때 다리가 아프다며 탈것이 없느냐고 물었다. 그 말을 들은 어느 병사가 이인기의 등을 후려치며, "성을 버리고 도망가는 주제에 무엇을 탄단 말인가" 호통쳤다고 한다.[2]

날은 가고 입술은 바작바작

　강화도의 북쪽을 장악한 프랑스군은 갑곶과 월곶을 거점으로 바닷길을 막았다. 월곶은 연미정이 있는 곳이다. 프랑스 군함이 강화해협을 봉쇄하고 교동도까지 오가며 개성 쪽과 김포 쪽에서 조선군이 들어오지 못하도록 경계했다. 한양으로 나룻배 한 척 올라갈 수 없었다.

　'곡식을 포함한 각종 물품 수송이 끊기면 한양 사람들은 물가 폭등

---

2 박헌용/인천광역시 역사자료관 역주, 『역주 속수증보강도지(하)』(2016), 55.

으로 고통을 겪게 될 것이다, 전쟁에 대한 불안감도 심각해질 것이다, 대원군은 굴복하고 통상조약을 맺게 될 것이다, 시간은 우리 편이다!' 로즈 제독은 이렇게 생각했을 것이다.

그러나 대원군은 그럴 뜻이 없었다. 무력 대응을 기획했고 신속하게 추진했다. 강화가 함락되던 그 날, 10월 16일에 순무영이라는 부대를 설치했다. 수장인 순무사에 훈련대장 이경하, 순무 중군에 이용희, 순무 천총에 양헌수를 임명했다. 다음날 순무영 중군 이용희와 천총 양헌수(梁憲洙, 1816~1888)가 대략 600명 병력을 이끌고 강화로 출발했다. 이들은 김포 통진부에 주둔했다.

그런데 중군 이용희 등이 통진부에 도착하기 전에 프랑스군이 벌써 와서 한바탕 휩쓸고 갔다. 50여 명의 프랑스군이 마을로 들어와 마을 주민의 가축과 옷 등 재물을 약탈하고 관아까지 털어갔다. 관리들도 달아났다. 최고 책임자인 통진부사는?

통진부사 이공렴은 "홀로 외로이 있다가 가만히 앉아서 살해되어서는 안 되겠기에 부득이 걸어서"[3] 도망쳤다. 그래도 멀리 가 숨어버리지는 않았다. 지금 양촌면 어름에서 기다리고 있다가 순무 중군 이용희에게 통진부의 피해 상황을 보고했다.

통진부에 주둔한 순무영 부대는 강화도 앞까지 오긴 했는데 언제 어디로 건너갈지, 적의 군사력은 어떠한지, 무기의 성능은 어느 정도일지 아는 게 없었다. 양헌수는 부지런히 강화도 상황을 살피고 산에 올라 햇불을 흔들어 프랑스군의 포격을 유도했다. 위험한 행동이지만, 그렇게 해서라도 프랑스군 함포의 위력과 사정거리를 알아보려

---

3 『승정원일기』 고종 3년(1866) 9월 11일.

고 했다.

10월 21일, 대원군은 한성근을 순무영 초관(哨官)으로 삼아 통진 문수산성 수비를 맡겼다. 10월 26일(음력 9월 18일), 로즈는 통진 지역 정찰을 위해 70명 정도의 병사를 문수산성 쪽으로 다시 보낸다. 한성근 부대는 프랑스군이 상륙하려 할 때 선제공격을 단행한다.

프랑스군 3명이 죽었다. 강화도 침공 이후 프랑스군 첫 전사자다. 그러나 한성근 부대는 프랑스군의 반격에 밀려 후퇴하고 말았다.

마침 문수산에 짙은 안개가 꼈다. 프랑스군은 추격을 단념하고 문수산성 남문루와 관아 그리고 민가 수십 채를 불 지르고 강화로 돌아갔다. 조선군의 패배다.

그런데 대원군은 승전으로 포장하고 한성근을 승진시켰다. '정권 홍보용' 분식이다.

문수산성 전투 다음 날 양헌수는 강화 쪽에서 들려오는 엄청난 폭발 소리를 들었다. 프랑스군이 조선군의 화약고에 불을 붙인 것이다. 프랑스군은 강화해협을 오르내리며 무기고, 창고, 선박 등을 보이는 대로 부수고 불 지르고 있었다.

양헌수는 답답했다. 하루하루 날은 가는데 대책이 서지 않았다. 바다를 어떻게 건널 것이며 강화 어디에 집결해서 읍내로 진격할 것인가, 더구나 배도 없다. 병사들을 태워 강화로 들어갈 배가 한강에 발이 묶여 있었다. 프랑스 군함이 막고 있으니 어찌할 수 없었다. 다행히 작은 배 5척을 겨우 구할 수 있었다.

통진부에서 덕포진을 오가며 강화 쪽 지형을 살피던 양헌수가 정족산을 보았다. 눈에 확 들어왔다. 거기에 견고한 산성도 있음을 알게되었다. '바로 저기다' 집결지는 결정됐다. 중군 이용희가 양헌수에게

정족산성 양헌스승전비각

병사를 내주었다. 포수 367명과 관군을 합쳐 모두 549명 병력이었다. 그런데 대원군이 머뭇거렸다. 강화로 가라고 명령했다가 취소하는 등 갈팡질팡했다.

정족산성 전투

우여곡절 끝에 양헌수 부대가 배에 올랐다. 11월 7일 캄캄한 밤이었다. 프랑스군이 강화를 점령하고 스무날 넘게 지난 뒤였다. 프랑스군에게 발각되면 큰일이다. 조마조마한 승선, 한 번에 다 타고 건너면 좋으련만 작은 배 몇 척뿐이라서 1조, 2조, 3조, 세 차례로 나눠 건너야 했다.

1조는 김포 덕포진 앞 부래도에서 출발해 강화 광성보에 도착했다. 2조는 손돌목에서 배를 타고 덕진진에 내렸다. 3조는 적암포에서 승선하고 초지진에 내린 것 같다. 출발지와 도착지가 점점 남쪽으로 내려간 것은 썰물 때라 물이 빠지고 있었기 때문이다. 11월 8일 동틀 무렵 모든 병사가 정족산성에 집결했다. 웬만한 전투보다 힘든 도해 (渡海) 작전이었다.

바로 다음 날, 11월 9일(음력 10월 3일) 결전의 날이다. 오전 11시 쯤에 프랑스군 150명 정도가 정족산성 입구까지 왔다. 지난밤 조선인 신자 최인서가 리델 신부에게 양헌수 부대의 입성을 알렸고 리델이 로즈 제독에게 연락해서 갑곶에 있던 프랑스군이 출동한 것이다.

산성은 고요했다. 성안에 병사들이 없는 것 같았다. 프랑스군은 정족산성 동문 근처에 사는 주민 이경직을 붙잡아 물었다. 저 안에 조선 병사들이 들어가 있는가? 이경직은 그렇다고 말하지 않았다. 모른다고 했다. 그러자 프랑스군은 이경직 목에 칼을 대고 사실대로 말하지 않으면 죽이겠다고 했다. 그래도 이경직의 대답은 같았다. "모른다."

프랑스군은 정족산성 동문과 남문 쪽으로 접근했다. 조선 포수군이 산성 여장에 몸을 숨기고 있었다. 양헌수는 가장 적절한 타이밍에 사격을 명했다. 쌍방 맹렬한 총격전, 연거푸 쓰러지는 프랑스 병사들, 성 밖은 화약 연기와 신음이 뒤섞인 아수라장이었다. 어느 순간 프랑스군의 총성이 잦아들었다. 더는 견디지 못하고 퇴각했다.

양헌수 부대가 정족산성 전투에서 승리한 것이다. 프랑스군이 조선군보다 적었으나 그들의 무기 성능은 월등했다. 조선 포수군 총의 사정거리가 100보 정도인데 프랑스군 총은 500보 정도였다. 발사 속도와 정확도는 말할 것도 없다. 그런데도 조선군이 이겼다.

이 전투에서 조선군 1명이 전사하고 4명이 부상했다. 전사자는 양근(지금 양평)에서 온 포수 윤춘길(윤홍길이라고도 함)이다. 부상자 가운데 강화 선두보 별장 김성표도 있다.

프랑스군 사상자 수는 정확하지 않다. 기록마다 차이가 있다. 양헌수는 동문에서 2명, 남문에서 4명, 모두 6명의 프랑스 병사가 죽었다고 했다. 강화 주민들 사이에는 수십 명의 프랑스군이 죽었다는 소문이 돌았다. 프랑스군이 전사한 동료들의 시신을 화장해서 각각 상자에 담고 이름표를 써서 붙였다는 당대 민간 기록도 전한다.

그런데 프랑스군 측은 사망자가 없다고 했다. 부상자만 25명이라고 하고 29명이라고도 했다. 정족산성 전투를 지켜본 리델 신부도 사망자는 없으며 부상자만 36명 발생했다고 적었다. 한편 제삼자인 주청 미국 공사 벌링게임은 프랑스군 사망자가 3명, 부상자가 32명이라고 했다.

이른바 문명국의 야만

정족산성으로 탄약이 새로 들어왔다. 지원병도 왔다. 이제 북으로 진격해 강화유수부를 탈환하면 된다. 볼만한 전투가 될 것 같다. 그러나 거기서 끝이었다. 프랑스군이 황망하게 달아나버렸다.

로즈 제독은 패전 다음 날인 11월 10일에 강화도 철수를 결정하고 병사들에게 서둘러 짐을 꾸리게 한다. 몹시 급했다. 그날 밤부터 갑곶으로 병사 이동이 시작됐다. 다음날 11월 11일 동도 트기 전에 전 병력이 군함을 타고 갑곶을 떠났다. 작약도에서 며칠 머물다가 완전히 철수한다. 그때가 11월 21일이었다.

이 조급한 출발은 마치 도주를 연상케 하는 듯 보였다. 왜냐하면 우리는 도시뿐만 아니라 진지 근처 언덕 위에도 요새화 공사를 시작해서 이토록 신속한 후퇴는 예상하지 않았기 때문이다.[4]

리델 신부가 강화도 철수 상황을 기록한 것이다. 도주를 연상하게 한다고 썼지만, 사실 도주가 맞다. 그러나 프랑스군은 그렇게 말할 수 없었다. 원래부터 계획된 일정에 따른 철수라고 했다. 병인양요 후 미국은 조선 원정을 함께 하자고 프랑스에 제의했다. 프랑스가 거절해서 미국 혼자 신미양요를 일으키게 된다. 프랑스는 뭐라며 거절했을까. "(병인양요 때)충분한 응징을 했으므로 또다시 조선 원정을 하는 것은 무의미하다"였다. 허세가 느껴진다.

프랑스군이 강화산성(강화부성)을 점령하고 읍내를 장악했던 기간은 1866년 10월 16일부터 11월 11일까지 거의 한 달이었다. 그동안 함부로 주민 집을 약탈하고 소를 끌어가고 닭을 잡아갔다. 주인이 피난 간 빈집도 뒤지고 부쉈다. 심지어 초상난 집에 들이닥쳐 시신 모신 관을 깨기도 했다. 그 안에 값나가는 물건이 있을까 해서다. 그리고 여인들을 마구 겁탈했다. 떠날 때라도 곱게 가면 좋았을 것을 뒤끝이 지저분했다. 철수 직전에 읍내를 온통 불바다로 만들고 갔다.

읍내 대표적 답사지가 고려궁지이다. 고려 대몽항쟁기에 궁궐이 들어섰던 터의 일부이다. 조선시대, 그 터에 관아 등이 들어섰다. 병인양요 당시까지 고려궁지에는 행궁, 객사, 외규장각, 장녕전(숙종 어진을 모신 곳), 만녕전(영조 어진을 모셨던 곳), 관아 등 다양한 의미와 가치를 간직한 건물이 여럿 있었다. 자못 웅장했을 것이다. 그걸 다 프

4 박병선, 『1866 병인년, 프랑스가 조선을 침노하다』(조율, 2013), 205.

외규장각

랑스군이 불 질렀다.

당시 현장을 지켜본 프랑스 병사는 "땅의 경사가 매우 가파른 성내의 북쪽에 지방관아와 정부의 건물들이 자리 잡고 있는데, 우뚝 솟아 있는 지방관아는 가히 압도적이었다. 관아는 여러 채의 건물로 구성되어 있는데… 건물들의 건축 양식은 매우 우아하고 아름답다."5라고 했다. 그들이 느꼈던 우아함과 아름다움을 우리는 느낄 수 없다.

지금 고려궁지에 있는 건물은 강화유수의 근무처인 동헌과 이방청이다. 병인양요 이후에 다시 지었다. 외규장각은 근래에 복원한 것이고 강화부종각은 1977년에 강화동종을 옮겨 오면서 지은 것이다. 강화동종은 원래 용흥궁공원 김상용 순의비각 자리에 있었다.

불탄 건물 아깝지 않은 것이 있으랴만, 외규장각은 각별하다. 그

---

5 H. 쥐베르·C. H. 마르탱/유소연 옮김, 『프랑스 군인 쥐베르가 기록한 병인양요』(살림, 2010), 60.

안에 있던 귀하디귀한 책들도 불탔기 때문이다. 수천 권이 소실됐다고 한다. 다행히 의궤 300여 권은 살아남았다. 프랑스군이 강화 읍내 점령 직후 외규장각에서 미리 빼냈다가 자기네 나라로 가져간 것이다.

1975년 박병선의 노력으로 의궤의 존재가 국내에 알려졌다. 이후 한국과 프랑스는 수십 년간 협상을 벌였다. 그 결과 2011년에 프랑스 국립도서관에 있던 의궤 297권이 우리나라로 돌아왔다. 형식이 좀 그렇다, '영구 대여.'

프랑스군이 외규장각에서 300여 권만 훔쳐 가고 나머지는 모두 불태운 것으로 알려졌다. 그렇지 않을 수도 있다.

쳐들어가는 나라마다 문화재 탈취를 우선하는 프랑스다. 조선의 귀한 수천 권 책 가운데 300여 권만 챙겨갔을 것 같지 않다. 많이 가져가면 무거우니까? 그 무거운 강화동종까지 탐내서 옮겨가던 그들이다.

병인양요에 참전했던 앙리 주앙은 이런 기록을 남겼다. "도서관(외규장각)에는 역사책, 왕실 사료, 의궤, 전술개론, 의학개론, 자연과학개론, 순수창작서적 등이 보관되어 있었다. 이들 서적 가운데 대부분은 파리로 보내졌다."6

지금 프랑스인들의 병인양요 인식은 어떨까. 어느 방송 프로그램에 유명 한국사 강사와 우리나라에서 활동 중인 프랑스 청년이 나눈 대화가 소개됐다. 한국사 강사가 정말 궁금하다며 프랑스 청년에게 물었다, 프랑스 사람들은 병인양요를 어떻게 생각하는지.

프랑스 청년의 답변, "아마도 십중팔구 아니, 거의 99%가 모른다

---

6 박병선, 『1866 병인년, 프랑스가 조선을 침노하다』, 142.

고 생각하시면 돼요. … 프랑스 역사에서 그거 안 알려주거든요." 청년은 한국에 와서 병인양요 얘기를 처음 들었을 때 실화가 아닐 거로 생각했다고 했다.7 선조들의 만행이 믿어지지 않았던 것이다.

강계포수는?

정족산성 전투에서 승리한 포수들은 어디에서 온 걸까. 경기도, 강원도, 황해도에서 왔다. 순무영에서 경기도, 강원도, 황해도, 평안도, 함경도 관찰사에게 포수군을 보내라고 지시했었다. 10월 24일 경기도 안성 포수가 한양에 도착한 것을 시작으로 각지에서 포수가 모였다. 이들 대부분이 통진부에 주둔한 순무영 선봉 부대로 이동했다.

그러나 먼 지역의 포수들은 시일이 오래 걸렸다. 평안도 포수 88명이 정족산성에 들어온 것은 전투가 끝난 직후였다. 함경도 포수들은 프랑스군이 철수할 때까지도 한양에 도달하지 못했다. 유명한 평안도의 강계포수는 언제 왔을까.

강계포수 100명이 한양에 도착한 것은 11월 15일(음력 10월 9일), 정족산성 전투 끝나고 6일 뒤였다고 한다.8 그런데 양헌수는 전투 끝난 직후에 강계포수가 이미 한양에 와 있다는 소식을 들었다고 했다. 양헌수는 강계포수가 정족산성에 도착하면 함께 강화부성으로 진격하겠다고 마음먹었다.

강계포수가 언제 도착했는지 그 정확한 날짜는 접어두자. 확실하

---

7 MBC every1, "어서 와 한국은 처음이지," 2020. 07. 16.
8 연갑수, "병인양요와 흥선대원군 정권의 대응," 『군사』 33(1996), 204.

게 드러나는 것은 강계포수가 정족산성 전투에 참여하지 않았다는 점이다. 그런데도 강계포수가 정족산성 전투에서 큰 공을 세웠다는 말이 꽤 퍼져있다. 강화군 불은면 광성보 '신미양요 순국 무명용사비'에는 병인양요 때 강계포수 800명이 앞장서 싸웠다고 새겨져 있다. 아니다.

강화 갑곶 강화전쟁박물관 입구, 작은 공원에 항일 의병장 연기우 공적비와 강화 출신 독립운동가 조봉암 추모비가 있다. 그런데 거기 '병인양요 강계포수 전첩 기념비'도 있다. 강계가 고향인 '강계군민' 이름으로 세웠다. 빗돌 뒷면에 강계포수 500명이 정족산성에서 프랑스군을 무찔렀다고 새겼다. 허, 이거 참.

'강계군민'이 조작한 게 아니다. 그들이 알고 있던 대로 기록한 것뿐이다. 물론 잘못 알고 있던 것이지만 말이다. 일제강점기 어느 신문은 병인양요를 소개하면서 양헌수가 강계포수 500명을 데리고 정족산성에 들어갔다고 썼다. "범만 잡던 강계포수는 세 걸음에 두 방씩 놓는 솜씨로 쏘기 시작하니 백발백중인 강계포수의 솜씨"[9]라고 칭송했다. 이렇게 가짜가 점점 진짜가 되어 갔다.

이런 오류는 어떻게 생기는 것일까. 조선시대 박문수가 암행어사로 나갔던 지역은 극히 일부이다. 그런데 전국 여러 곳에 박문수 어사 출또 이야기가 전해진다. 강화에서 프랑스군을 물리친 주역이 포수였다. 포수 하면 강계포수가 제일이다. 그래서 이야기가 퍼지면서 정족산성 전투의 주인공이 강계포수로 포장되어 알려지게 된 것이 아닐까.

아무튼 강화도에 있는 '병인양요 강계포수 전첩 기념비', '대략난감'이다. 병인양요 그리고 정족산성 전투와 강계포수는 아무런 관련이 없으니 말이다. 철거가 답이 아닐까 싶다. 철거가 어렵다면, 사실이 아님을 알리는 안내판이라도 세우는 게 좋을 것 같다. 전해지는 이야기가 역사적 사실로 둔갑한 현장 자체로도 의미가 있기는 하다.

---

9 「매일신보」, 1932년 03월 08일.

제2강

미국과 싸우다, 신미양요*

제너럴셔먼호 사건

1866년(고종 3), 병인양요가 일어나기 얼마 전, 그 어수선한 시기에 정체불명의 이양선 한 척이 대동강을 거슬러 올라왔다. 제너럴셔먼호다. 상선(商船)이지만, 대포 2문이 설치됐다. 배에는 20명이 타고 있었는데 모두 군인인 양 무장까지 했다.

서양인은 5명, 선주 프레스턴과 선장 페이지 그리고 항해사 윌슨은 미국인이라고 한다. 주인이 미국인이라 제너럴셔먼호는 미국 선적(船籍)으로 등록돼 있었다. 하지만 사건 당시 이 배는 영국의 회사가 빌려서 부리고 있었다. 물품관리인 호가스와 통역 담당 토머스 목사

---

* 이 원고는 이경수 지음, 『강화도, 근대를 품다』와 충장공 어재연장군 기념사업회 강의
  자료집에서 발췌한 것입니다.
** 역사 교사. 강화도 태생, 강화도 역사 연구가

가 영국인이었다. 천주교 신부가 아니고 기독교 목사다. 선원은 중국과 동남아시아 쪽 사람들이었던 것 같다.

선장 페이지와 항해사 윌슨은 덴마크인이거나 미국에 귀화한 덴마크인일 수도 있다. 제너럴셔먼호에 올라 문정하는 조선 관리에게 페이지는 스스로 덴마크 사람이라고 밝혔다.[1] 문정(問情)이란 조선에 온 외국 배에 조선 관리가 올라가 왜 왔는지 어디서 왔는지 등을 물어 알아보는 행위이다. 이들은 교역하러 왔다고 했고, 평양으로 간다고 했다.

그런데 평양 주변에 있는 왕릉 도굴이 진짜 목표였다는 견해도 있다. 셔먼호 안에 교역을 위한 물품이 거의 없었다고 한다.[2] 당시 중국에 진출한 서양인들 사이에 "조선의 왕릉은 순금으로 되어있으며, 그 안의 시신은 보석으로 치장되어있다는 등의 소문이 파다"[3]했다고 한다.

대동강 깊숙이 들어오지 말라고 막았지만, 셔먼호는 제멋대로 평양 근처까지 올라왔다. 상륙해서 약탈도 했다. 괘씸한 외국인들에게 조선은 먹을거리를 제공해 주기도 했다. 유원지의 인도적 차원이었다. 그러나 셔먼호 사람들은 그들의 종선(從船)을 뒤따르며 감시하던 중군 이현익을 납치하고 우리 백성에게 총질해댔다. 여러 명이 죽거나 다쳤다.

주민들이 돌을 던지며 항의했다. 이현익을 구출했지만, 그를 구하러 갔던 몇 사람이 죽었다. 셔먼호에 대한 반감이 점점 강해졌다. 1866년 9월 2일(음력 7월 24일), 물 빠진 강에 멈춰 선 셔먼호에서 다

---

1 『고종실록』 3년(1866) 7월 15일.
2 김용구, 『약탈제국주의와 한반도』(원, 2013), 82.
3 김명호, 『초기 한미관계의 재조명』(역사비평사, 2005), 33-34.

시 포와 총을 쏴 조선 병사가 사망했다.

이에 평안감사 박규수는 땔감 실은 화선(火船)들을 풀어 셔먼호에 화공을 퍼붓게 했다. 셔먼호 안에 있던 화약이 터지면서 모두 불탔다. 배에서 겨우 탈출한 사람들도 평양 주민과 병사들에게 죽임을 당했다. 제너럴셔먼호 사건은 대략 이러했다.

프랑스가 자기 나라 신부 처형에 대한 책임을 묻겠다는 구실로 조선을 침략했듯, 미국은 자국 선박 제너럴셔먼호를 격침한 책임을 묻는다는 형식으로 조선을 침공했다. 이번에도 강화도였다. 사실 미국은 떳떳하지 않았다. 그들은 이미 제너럴셔먼호 사건의 진상을 파악하고 있었다.

청국 주재 공사대리 윌리엄스가 미국 국무장관 시워드에게 이 사건의 전말을 보고하면서 "제너럴셔먼호의 승무원이 1866년 9월경 살해된 것은 의심의 여지가 없습니다. 그들이 이렇게 비참한 운명을 초래한 이유는 조선인에게 성급하고 난폭한 행동을 했기 때문입니다"라고 말했다. 미국 상선의 불법 도발이 원인이었고, 조선인의 행동은 정당방위였다는 결론이다.[4]

어쨌든 이런 명분을 만들어 조선을, 강화도를 침공한 이유는 무엇인가. 조선을 개항시켜서 교역을 통해 이익을 확대할 의도였다. 또 미국은 일본과 중국을 오갈 기착지가 필요했다. 위치상 조선이 적절했다. 조선을 개항시켜 선박 운항에 필요한 연료와 식량 등을 공급받을 심산이었다.

미국 선박이 일본에서 중국까지 한 번에 갈 수는 없나? 증기선이

---

4 강화군 군사편찬위원회, 『신편 강화사(상)』(2003), 548-549.

니까 땔감이 필요한 건 알겠는데 꼭 중간에 공급받아야 하나? 한 번에 갈 수 있다. 땔감을 많이 싣고 가면 된다. 그런데 배에 땔감을 많이 실으면 팔아야 할 물건들, 즉 상품 실을 공간이 부족해진다. 그럼 손해다. 땔감 등을 조금만 싣고 중간 기착지에서 보충할 수 있다면 상품 적재량이 많이 늘어난다.5

미군, 오다

이번엔 미국이다. 1871년(고종8) 5월 16일 일본 나가사키항을 출발해 조선으로 향한 미군 함대는 다섯 척 군함에 병사 1,230명 규모였다. 대장 배인 기함 콜로라도호와 알래스카호, 베니시아호, 모노카시호, 팔로스호이다. 이들을 로저스 제독이 지휘했다. 페리 제독이 일본을 개항시킬 때 동원한 군함이 4척이었다. 5척이면 조선을 개항시키는 데 문제가 없을 것으로 그들은 판단했다.

5척 군함 가운데 강화도 침공에 직접 투입된 배는 모노카시호와 팔로스호다. 모노카시호의 흘수는 2.7m, 팔로스 호의 흘수는 2.8m로 가장 낮다. 흘수란 '배가 떠 있을 때 수면에서 물에 잠긴 배의 가장 밑부분까지의 수직 거리'이다. 다른 배들은 흘수가 높아 함부로 올 수 없었다. 염하의 깊이 등을 정확히 탐측해야 투입할 수 있었다.

미군 배에는 사진사와 통역관도 함께 타고 있었다. 미국 대통령으로부터 전권을 위임받은 주청 공사 로우가 대표였고, 군대를 지휘하는 총책임자는 로저스 제독이었다. 5월 23일 그들은 지금의 경기도

---

5 신효승, "1871년 미군의 강화도 침공과 전황 분석," 「역사와 경제」 제93집(2014), 37.

화성시 입파도에 정박했다.

이후 미군은 북쪽으로 더 올라와 지금 인천 북항과 영종도 사이에 있는 작약도를 최종 정박지로 삼았다. 5월 30일 인천부 소속 관원 김진성이 통역관을 데리고 콜로라도호에 오르면서 두 나라의 공식적인 대화가 시작됐다. 당장 뭔 일이 생길 것 같지는 않았다.

손돌목에서 결국…

그런데 6월 1일 오후 광성보 앞바다 손돌목에서 한 발 포성이 울렸다. 동시에 맹렬한 포격전, 땅에서 바다로 바다에서 땅으로 포탄이 수없이 날았다. 손돌목 주변 바다는 이렇게 조선과 미국의 첫 전투지가 되었다.

그날 미군은 포함 모노카시호와 팔로스호를 타고 강화해협을 거슬러 오르며 '측량 활동'을 하고 있었다. 바닷물의 흐름과 깊이 그리고 경계시설 등을 미리 살펴 해도를 만드는 과정이었다. 병인양요 때 프랑스군이 만든 해도를 갖고 있었지만, 보완할 필요가 있었다.

초지진 지나 덕진진 거쳐 광성보 앞까지 멋대로 올라온 미군, 조선에서 볼 때 명백한 영토 침범이다. 충청도쯤 먼바다 앞이라면 어쩌는지 두고 볼 수 있지만, 여긴 다르다. 한양가는 길목이다. 그냥 두면 프랑스군처럼 한강으로 오를 수 있다.

강화 수비군은 미 군함을 향해 먼저 포를 쏘았다. 물 건너 김포 땅 덕포진에서도 포격했다. 이에 미군이 광성보와 덕포진에 대응 사격을 한 것이다. 조선군의 기세에 눌린 미 군함은 일단 남쪽으로 철수했다. 전투 중에 모노카시호가 좌초돼 물이 새기 시작했다. 어쩔 수 없

었다. 이를 '손돌목 포격 사건'이라고 한다.

미군은 손돌목 포격 사건의 책임이 전적으로 조선에 있다고 주장하며 사과하라고 했다. 그렇지 않으면 보복하겠다고 경고했다. 조선 조정과 미군은 작약도 근처 해변에 장대를 꼽고 거기에 편지를 매다는 방법으로 의견을 주고받았다. 그러나 애초 합의는 불가능했다. 진무사 겸 강화유수 정기원이 조정에 보고한 내용을 보자.

미국 배 2척이 손돌목으로 들이닥쳤는데, 여기는 우리나라 수역 내의 항구로서 중요한 요새지입니다. 병인년의 난리(병인양요)를 거친 다음부터 군사를 늘리고 방비를 더 엄하게 해서 설사 우리나라의 관청이나 개인의 배라고 하더라도 통행증이 없으면 통과시키지 않았습니다.
그런데 이번에 군사를 실은 이국선이 우리나라에 통지도 하지 않고 제멋대로 행동하고 있는 형편에서 절대로 팔짱 끼고 앉아 보고만 있을 수 없었습니다. 그러므로 물목을 지키던 장수와 군사들이 포를 쏘아대며 막으니 그들의 배는 곧 물러가서 부평 해상에 정박하였습니다.[6]

---

6 『고종실록』 8년(1871) 5월 17일.

병인양요 이후 조선 백성은 물론 관청 소속 배라고 해도 통행증이 없으면 통과할 수 없는 곳이 손돌목이었다. 대원군은 이곳에 '海門防守他國船愼勿過'(해문방수타국선신물과)라고 새긴 경고비를 세워 경계의 뜻을 분명하게 밝혔다. "바다 문을 막아 지키니 다른 나라 배는 삼가 지나가지 말라"라는 뜻이다. 이곳을 미군이 무단으로 침입했다. 선제공격은 정당했다.

6월 9일, 로저스 제독은 블레이크 중령에게 명령했다, 미 군함을 공격했던 조선 요새지를 점령하고 미국의 능력을 보여주라고. 강화해협 깊숙이 함부로 올라와 조선을 자극해 포격을 유도하고는 정당하게 대응한다는 명분을 만든 것이다.

피해자 코스프레는 미국이 전쟁을 일으킬 때 종종 쓰던 방법이다. 조선군이 손돌목에서 포격하지 않았다면, 미군의 공격도 없었을까. 그렇지 않을 것이다. 로저스는 조선으로 오기 전에 이미 600명 정도 병력을 조선 땅에 상륙시킬 것이라고 말했다.

진무 중군 어재연

이때 광성보에는 어재연이 수비 책임자로 와서 결전을 준비하고 있었다. 어재연(魚在淵, 1823~1871)은 경기도 이천 출신이다. 손돌목 포격 사건이 있던 6월 1일 진무영 중군으로 임명받고, 6월 3일에 600여 명의 병력을 이끌고 광성보에 도착했다.

무과에 급제했는데 여러 곳에서 지방관으로 근무하며 명성을 얻었다. 백성을 진정으로 아끼는 목민관이었다. 어재연이 장단부사로 있을 때 고종은 특별 선물을 내리며 이렇게 말했다.

장단은 토지대장이 허술해서 논밭의 구분이 없고 징수 대상이 아닌 백성에게도 세금을 마구 거두어 주민의 원성이 큰 곳이었다. 그래서 근심했는데 어재연 그대가 수령이 되어 잘못을 바로잡고 백성을 평안하게 했으니 가상하다.[7]

회령부사 때 암행어사가 떴다. 함경도 암행어사 권명국은 회령부사 어재연이 "장교를 훈련하고 군졸을 연습시키는 것이 실로 변방 고을의 양장(良將)다워 관리는 두려워하고 백성들은 사랑하니, 진실로 큰 고을의 목민관으로 합당"8하다고 임금에게 보고했다. 임기를 마쳤으나 회령 지역민들이 간절하게 유임을 청했다. 임금이 허락하여 회령부사직을 더 수행했다.

백성이 임금을 긍정적으로 평가할 때 나라가 바로 선다. 백성은 임금의 지배를 지방관을 통해 경험한다. 지방관이 해당 지역 백성을 아끼고 사랑하며 잘 다스리면 백성은 임금을 칭송하고, 지방관이 엉망이면 임금을 욕하게 된다.

당시 지방관 가운데 백성을 고통에 빠트리는 탐관오리가 많았다. 헐벗은 백성을 더 헐벗게 하면서 자신의 배만 채우는 한심한 수령들이다. 나라가 바로 서기 어려웠다. 그러나 어재연은 가는 곳마다 칭송을 들을 만큼 훌륭한 수령의 길을 걸었다. 세금 부담 덜어주고 무엇보다 공정했다. 재산을 쌓기는커녕 자기 재산 풀어 백성을 돌봤다.

1871년(고종 8)에 도총관이 되고 이어서 금위영 중군에 임명되었는데 병으로 물러났다가 미군의 침략을 맞아 진무중군이 된 것이다. 절체절명의 위기, 대원군의 선택은 어재연이었다. 강화 출신 이건창은 어재연을 이렇게 평가했다. "그는 청백강정해서 이르는 곳마다 이름난 공적을 남겼다. 체격이 장대하고 철인(鐵人)의 힘이 있어서 세상 사람들은 그를 장사로 여겼다."

---

7 『승정원일기』 고종 1년(1864) 12월 17일.
8 『승정원일기』 고종 5년(1868) 10월 13일.

아, 광성보

 6월 10일(음력 4월 23일) 미군의 초지진 침략전이 시작된다. 다섯
척 군함 가운데 모노카시호와 팔로스호가 동원됐다. 강화 침략에 동
원된 병력은 1,230명 중 945명이었다. 나머지 285명은 정박지인 작
약도 경비를 맡았다. 강화 침공군 945명 가운데 644명이 상륙군이었
다. 나머지 301명은 모노카시호와 팔로스호에서 상륙 부대를 지원했다.
 초지진이 함락됐다. 조선 수비군은 미군의 함포 사격에 어찌 대응
할 도리가 없었다. 상륙하는 미군의 발목을 잡은 것은 사람이 아니라
갯벌이었다. 포를 끌고 푹푹 빠지는 진구렁을 헤쳐 나오는 데 몇 시간

이 걸렸다. 미군은 그 자리에서 숙영했다. 초지진 수비 책임자인 첨사 이렴이 병력을 모아 야습했지만, 효과는 없었다. 개구리 소리만 우렁찬 밤이었다.

이날 밤 작약도, 기함 콜로라도호에 은밀히 접근하는 조선인들이 있었다. 천주교 신자였다. 그들이 미군에게 제너럴셔먼호 사건에 대한 '새로운' 정보를 제공한다. 이런 내용이다. 조선 관리들이 제너럴셔먼호 사람들에게 교역을 약속하고 정중하게 초대했다, 그들이 배에서 내려오자 좋은 음식과 술을 대접했다, 셔먼호 사람들이 술에 취해 쓰러지자 모조리 묶어서 죽였다!9 조선 측에서 간교를 부려 제너럴셔먼호 사람들을 살해했다는 새빨간 거짓말을 한 것이다. 왜 그렇게까지….

6월 11일(음력 4월 24일) 아침, 미군은 초지진에서 덕진진으로 이동했다. 배를 타고 간 것이 아니다. 해안 길로 걸어서 이동했다. 덕진진 역시 미 함포사격으로 쑥대밭이 됐다. 미군은 덕진진도 손쉽게 점령했다. 이어서 그들이 향한 곳은 광성보다.

초지진에서 덕진진까지 대략 2.5㎞, 도보로 40분 정도 거리이다. 그런데 미군은 거의 2시간 걸려 덕진진에 도착했다. 덕진진에서 광성보 근처까지는 대략 2㎞, 이번에는 무려 4시간이 걸렸다. 그땐 제대로 된 길이 없었다. 걷는 것도 그렇고 포를 운반하는 것도 보통 일이 아니었다. 더구나 초지진 야영 때부터 조선군이 따라붙어 수시로 공격하고 있었다. 그래서 광성보까지 이동하는 데 시간이 많이 걸렸다.

---

9 김명호, 『초기 한미관계의 재조명』, 316.

이 과정을 한 미군은 이렇게 적었다. "행군로는 가파른 절벽으로 연속되어 있었다. 그리하여 공병대를 파견해서 길을 넓히고 다듬었다. 총을 잡아끌어 올려야 했고, 절벽 밑으로 줄을 달아서 곡사포를 끌어 올려야 했다. 흰옷 입은 조선군 대부대가 미군의 양 측면에 나타나서 후속부대의 행군을 위협하고 있었다."

최후의 격전지 광성보. 동쪽 바다에서 함포 사격, 서쪽에선 곡사포 사격, 광성보는 참혹했다. 손돌목돈대 안에 어재연과 병사들이 있었다. 포탄에 몸이 부서진 병사, 새카맣게 타버린 병사, 늘어가는 전사자. 죽음의 순간에도 병사들은 도망가지 않고 버텼다.

조선 병사들은 함께 비장한 노래를 부르며 포격이 멈추기를 기다렸다. 때로 노래는 공포를 견디는 힘이 된다. 상당수의 병사가 거친 포격에도 살아남았다. 돈대 둘레로 깊은 참호를 파고 그 안에 몸을 숨긴 덕분이었을 것이다. 드디어 포격이 끝났다. 미군이 짓쳐들어왔다.

처절한 백병전, 조선군은 맹렬하게 싸웠다. 쓰러지면 일어서고 쓰러지면 또 일어섰다. 더는 일어날 수 없어 포기해야 할 때 조선군은 땅바닥의 흙을 긁어모아 미군의 얼굴에 뿌렸다. 눈 비비는 미군의 바짓가랑이라도 잡고 한 번이라도 더 넘어뜨려서 주먹을 날리려고 했다.

그렇게 싸우다 하나둘 죽어갔다. 결국 광성보도 미군에게 점령되고 말았다. 조선 전사자 350여 명, 진무중군 어재연도 그의 동생 어재순도 죽었다. 목을 찔러 자결한 병사, 바다로 몸을 던져 목숨을 버린 병사도 많았다. 『고종실록』에는 조선군 전사자가 53명이라고 나오는데 정황상 미군이 기록한 350여 명 전사가 맞는 것 같다. 반면에 미군은 전사자 3명, 부상자 10여 명이었다.

전투를 치른 미군 틸톤이 아내에게 보낸 편지에 이런 내용이 나온다.

나는 조선 요새지에서 끔찍한 장면을 보았단 말이야. 조선 수비병 몇 사람이 불에 새까맣게 타버린 채, 그 근처에 떨어진 미군이 쏜 9인치 포탄의 폭파로 시체가 산산조각이 나버렸단 말이야. 우리 함정의 후갑판보다도 크지 않은 좁은 지면에 쌓인 조선군 시체만도 무려 40구나 되었고, 이들 시체의 대부분은 필시 흉장 너머로 내려보다가 머리에 총탄을 맞아 죽은 자가 대부분이었소. 그런데다가 그들이 입은 옷은 모두 흰옷이었고, 흰옷에 붉은 피가 물들여져서 더욱 두드러진 대조를 이루었소.

기다리다 기다리다

미군은 광성보에 펄럭이던 대형 수자기(帥字旗)를 끌어 내렸다. 그리고 하룻밤 더 자고 강화에서 철수한다. 6월 12일(음력 4월 25일), 강화에서 철수한 미군은 정박지 작약도로 돌아갔다. 6월 10일 강화 초지진 점령, 6월 11일 덕진진과 광성보 점령, 6월 12일 강화 철수.

미군이 강화에 상륙해 일을 벌인 기간은 딱 사흘이었다. 미군의 계획은 애초 여기까지만이었다. 강화유수부가 있는 읍내 중심지까지 쳐들어갈 생각은 안 했다. '이 정도 했으면 말을 듣겠지' 여겼던 것 같다.

미군은 작약도에서 조선 정부와 접촉을 시도했다. 몇 차례 편지가 오갔다. 조선의 문을 두드렸으나 열리지 않았다. 열 수 있을 줄 알았는데 오히려 더 견고해졌다. 미군은 아무것도 얻은 게 없었다. 마냥 머물 수도 없었다. 광성보 전투 후 20여 일이 흘렀다. 7월 4일(음력 5월 17일) 미군 함대는 작약도에서 철수한다. 신미양요가 이렇게 끝났다.

조선의 완패다. 그런데 미군은 승리했다는 뿌듯함을 느낄 수 없었다. 그들은 남북전쟁 등을 통해서 실전 경험을 충분히 쌓았다. 무기 성능은 조선의 무기와 비교 불가다. 그런데도 상당히 고전했다. 그동안 수많은 전투를 치렀지만, 이렇게 끈질기게 저항하는 병사들을 처음 봤다. '우리가 이긴 건가?' 찜찜했다. 광성보 전투를 치른 미군 장교는 이런 글을 남겼다.

> 조선군은 … 노후한 전근대적 무기를 가지고 근대적인 미군 총포에 대항해서 싸웠다. 조선군은 결사적으로 장렬하게 싸우면서 아무런 두려움 없이 그들의 진지를 사수하다가 죽었다. 가족과 국가를 위하여 이보다 더 용감하게 싸운 국민을 다시 찾아볼 수 없다. 조선군은 끝까지 필사적으로 싸웠으며, 그 용맹성은 어느 민족보다 우수했다.

미군이 재침공 없이 작약도에 머물다 그냥 철수한 이유가 무엇일까. 강화해협 최대의 위험지역인 초지진, 덕진진, 광성보를 부쉈다. 조선군의 수많은 무기를 바다로 밀어 넣거나 파괴했다. 이제 그냥 갑곶으로 밀고 올라올 수 있다. 한강 진입도 가능할 터이다.

그러나 다시 전투를 벌일 상황이 되지 못했다. 의외로 무기 상태가 안 좋았다. 전투 중에 탄약이 불발되는 일이 잦아서 왜 그런지 점검했다. 탄약통 25%가 정비 불량으로 쓸 수 없었다. 함정에 비치된 무기 상태는 더 엉망이었다.[10]

전투에 동원됐던 포함들도 수리가 필요했다. 팔로스호는 초지진에서 암초에 부딪혀 파손됐다. 모노카시호는 광성보에서 좌초됐다.

---

10 김원모, "틸톤의 강화도참전수기," 「동방학지」 31(1982), 209.

작전 수행이 불가능했다. 그렇다고 다른 군함들이 강화해협으로 진입할 수도 없었다. 정확한 해도 제작이 이루어지지 않은 상태였다. 함부로 들어갔다간 강화해협의 거친 물결에 어떤 피해를 볼지 모른다. 더구나 광성보에서 조선군의 처절한 저항을 경험하면서 정신적으로 위축됐다. 그냥 갈 수밖에 없었다.

다음을 준비하다

신미양요를 겪은 대원군은 강화 진무영의 군사력을 더욱 보강한다. 이미 병인양요 이후 진무영 진무사와 중군의 격을 높이는 등 강화도 방어체제를 다져왔는데 신미양요 이후에는 더 구체적인 조치를 하게 된다.

1874년(고종 11) 무렵 진무영의 총병력이 3,300명이 되었다. 이들에 대한 재정적 지원도 안정적으로 이루어졌다. 한양의 어영청이나 금위영을 능가할 정도였다고 한다. 아울러 서양 침략군이 강화로 향하던 길목인 대부도와 영종도에도 군사 시설을 강화했다.

강화의 진보와 돈대 가운데 전투로 파괴된 곳을 복구하고 더해서 해안가에 포대를 새로 구축했다. 포대 건설은 신헌이 진무사 겸 강화 유수로 부임한 1874년부터 본격적으로 추진됐다. 신헌은 임금에게 용진진 이하 세 진에 포대를 건설하겠다고 했다.[11] 용진진 이하 세 개의 진은 북쪽부터 광성보·덕진진·초지진이다. 미군이 초지진으로 상륙해 덕진진을 거쳐 광성보를 점령했었다.

돈대에 이미 포가 있는데 별도로 포대를 구축하는 것은 침략하는 적선을 효율적으로 타격하려는 의도였다. 대개의 돈대는 높은 곳에 있다. 포대는 주로 최대한 낮은 곳에 있다. 그래서 발사각을 잡기가 편하다.

이제는 무기다. 병인양요 때도 신미양요 때도 적선을 향해 포격을 퍼부었지만, 별다른 타격을 주지 못했다. 여러 가지 이유가 있을 것이다. 애초 강화의 방어 시설과 무기는 병자호란 때처럼 김포 쪽에서 바다를 건너오는 적을 막는 목적으로 설치됐다. 정면으로 오는 적이 타깃이다. 이에 불랑기를 많이 배치했다.

불랑기(佛狼機)는 유럽에서 처음 만든 포인데 중국을 거쳐 조선에 들어왔다. 임진왜란 전에 조선에서도 불랑기를 자체 제작했다. '불랑'은 '프랑크'의 음역이다. 중국에서 유럽인들을 그렇게 불렀다고 한다. 유럽인이 전해준 포라서 이름이 불랑기가 되었다.

불랑기는 모포와 자포로 나뉘어 있는 것이 특징이다. 포의 몸체를 모포, 탄환과 화약을 채워 넣는 별도의 통을 자포라고 한다. 자포만

---

11 『승정원일기』 고종 11년(1874) 3월 20일.

갈아 끼우면 상대적으로 신속하게 사격을 계속할 수 있다. 연발 사격이 가능한 것이다. 크기가 다양했는데 강화의 돈대에는 주로 작은 것이 배치됐다. 인명 살상용 무기로 효과적이었다.

그런데 프랑스 군함, 미국 군함은 불랑기 쏘려는 조선 포군의 눈앞에서 옆으로 휙 사라져간다. 조준하다 보면 어느새 저만큼 가 있다. 용케 적선을 명중시켰다고 해도 별 피해를 주지 못한다. 사정거리만의 문제가 아니다. 불랑기가 인명 살상용으로 위력적이지만, 함선을 파괴할 정도의 힘은 없다.

그렇다면 미군의 초지진 상륙 때 불랑기는 위력적이었나? 확인하지 못했다. 초지진 수비군은 미군의 함포 사격에 밀려서 불랑기를 제대로 쏘아보지도 못하고 퇴각했다. 어찌 됐든 이제는 불랑기를 능가하는 포가 필요했다. 적의 배를 직접 타격할 수 있어야 한다.

삼군부에서, "새로 만드는 군기(軍器) 중에서 대포·중포·소포를 먼저 만드는 대로 진무영과 영종·인천·통진에 나누어 보내겠습니다"라고 아뢰었다.[12]

『고종실록』(1874) 내용이다. 대포·중포·소포를 제작한다고 했다. 불랑기보다 사정거리와 파괴력이 훨씬 향상됐을 것이다. 그러나 근본적인 한계는 여전했다. 불랑기와 마찬가지로 탄알이 폭발하지 않는 그냥 쇳덩어리다.

진무영으로 보낸 포는 강화 해안포대에 배치됐을 것이다. 통진으

---

12 『고종실록』 11년(1874) 7월 17일.

로 보낸 포는 덕포진 포대에 배치했다. 1980년에 덕포진 포대에서 '同治十三年五月銘中砲'(동치십삼년오월명중포)라고 새겨진 포 등이 발굴됐다. 동치(同治)는 중국 청나라 연호다. 동치 13년은 1874년이다. 1874년 5월에 만든 중포를 덕포진 포대로 보내 배치했던 것이다.

돌아온 수자기

깃발 중앙에 장수를 뜻하는 '帥'자가 들어 있는 수자기(帥字旗)는 조선시대 총지휘관이 있는 본영에 세웠다. 어재연 장군이 광성보에 세웠던 수자기는 강화 진무영에 있었던 것으로 여겨진다.

4일에 진린이 분발하여 수군을 모두 이끌고 다시 들어가서 공격하였으나 적이 화포를 마구 쏘므로 수군이 능히 지탱하지 못하자 진린은 매우 노하여 육지에 올라 유정의 막사에 가서 손으로 유정의 수자기(帥字旗)를 찢으면서, "마음속 심사가 좋지 못하다"라고 책망하고, ….

『연려실기술』에 나오는 내용이다. 임진왜란 당시 상황인데 수자기(帥字旗)를 언급하였다. 이외 옛 사료에 심심치 않게 수자기가 등장한다. 이순신 장군도 함선에 수자기를 달았었다. 일본 사람들은 수자기를 보면 바로 이순신을 떠올리는 모양이다. 연전연패한 역사를 통해 생긴 트라우마로 보인다.

지난 2018년 10월에 제주도에서 해군 국제 관함식이 열렸다. 대통령이 참석했다. 대통령이 탄 우리 구축함에 수자기가 게양됐다. 일본 방송에서 수자기 게양을 크게 보도하면서 한국을 비난했다. 이웃 나라에 대한 예의에 맞지 않는 행동이라는 의미였다. 수자기를 이순신 장군만 걸었던 것이 아닌데 말이다. '예의에 맞지 않는 행동'은 사실 일본이 한 것이다.

그 많던 수자기 가운데 현존하는 것은 어재연 장군의 수자기가 유일하다. 크기는 좌측 436cm, 우측 438.5cm, 상단 416cm, 하단 391.3cm로 삼베 재질이다. 신미양요 때 미군은 이 대형 깃발을 대포, 총 등과 함께 광성보에서 탈취해 갔다. 아나폴리스 해군사관학교 박물관에 보관하고 있었다. 미국이 200년간 세계 각지에서 빼앗아 간 깃발 약 250점 가운데 하나였다.[13]

2007년에 장기대여 형식으로 우리나라로 돌아와 강화의 박물관에서 보관하고 있다. 그런데 이 수자기가 하마터면 북한으로 갈 수도 있었다.

한·미 관계자들의 반환 교섭 당시, 미국의 한 상원의원이 이 수자기를 1968년에 북한에 나포된 미 해군함 푸에블로호와 맞바꾸자고

___

13 국립고궁박물관, 『수자기 — 136년만의 귀환』(2008).

국무부에 요구한 상태였다고 한다. 우리 협상단은 수자기가 강화에 있던 것이고 강화는 북한이 아니라 남한이기에 미국 군함과 수자기를 교환하려는 시도는 적절한 것이 아니라고 지적했다. 미 국무부는 이 문제로 북한과 협상할 의사가 없음을 밝혔다.[14]

병인양요 당시 프랑스군은 양헌수 군에게 참패한 후 강화 외규장각을 불태우고 달아났다. 그 안에 있던 의궤 수백 권을 미리 빼내 훔쳐 갔다. 프랑스에 있던 조선 의궤가 돌아온 것은 2011년이다. 우리 정부가 반환을 요구하고 오랜 기간 협상한 결과였다. 수자기 역시 미국이 순순히 내주지 않았다. 우리 측의 신중하고 끈질긴 노력 덕에 돌아오게 된 것이다.

2007년 3월, 문화재청에서 미 해군사관학교 박물관장에게 수자기 반환을 요청하는 편지를 보내면서 공식적인 교섭이 시작됐다. 4월에 우리 교섭단이 미국으로 갔다. 수자기의 주인 격인 인천시와 강화군도 수자기가 돌아온 데 기여했다.

비록 완전 반환이 아니고 대여 형식으로 찾아온 것이기는 하지만, 전국 유일의 수자기를 강화에서 보유하고 있다는 사실이 중요하다고 하겠다. 어재연과 병사들의 피와 눈물 그리고 한이 배어 있는 수자기, 조선 백성의 굽히지 않는 저항 의지와 애국의 마음이 고스란히 스며 있는 수자기, 존재 자체가 교훈이다. 이제 수자기는 TV 드라마에도 등장할 만큼 대중화되었다.

---

14 강옥엽, 「문화재사랑」 134(2016. 1.), 21.

제3강

유라시아 지정학 담론과 청일전쟁 개관

김석구*

차례

* 인천 출생. 예비역 육군 대령. 대한전쟁연구원 원장

청일전쟁이 일어난 시기의 국제체제와 동북아 정황은?

- 유럽제국주의(European Imperialism)의 절정기, 유럽식민제국들이 해외 식민지 쟁탈전(colonial scramble)에 혈안
  → 유럽식민제국들의 과도하고 무분별한 식민지 선점/탈취 경쟁이 그들 상호 간 갈등 및 분쟁을 초래
  - 1830년대 이후 남아메리카 대륙의 식민지들의 독립 쟁취에 따라 유럽식민제국들이 아시아 및 아프리카로 방향 전환
- 청일전쟁은 이러한 시대적 배경 속에서 신생 통일국가 독일(제2제국) 주도의 비스마르크 동맹체제 하 비스마르크가
  전통적 영·러 전통적 패결대결의 장소를 '발칸반도/터키해협'으로부터 '한반도/대한해협'으로 전환시킴으로 인해 동북아
  에서 발발

※ 당시 동북아는 봉건적인 청국 중심의 중화체제(中華體制, Sino-Centrism)에 안주, 유럽식민제국들의 침투에 노출
  - 청국: 태평천국의 난(1851-64) 이후 양무운동[洋務運動], 중체서용[中體西用]] 노선 추구, 서법모방(西法模倣)에 불과
  - 일본: 메이지유신(明治維新, 1868이후 약 30년 간 진행), 서구식 국가체제로 과감하고 신속한 개혁, 전쟁을 통해 개혁
    불만세력의 관심을 해외로 전환
  - 조선: 전통적 사대정책에 안주, 유교의 봉건성 극복에 실패, 변화하는 세계정세에 대해 무지 또는 무시, 민비정권(고종+
    여흥민씨 세력)은 봉건체제 쇄신을 위한 개혁을 거부, 기득권 유지에 집착하다가 Golden Time 상실
    → 개혁을 통한 자강(自强), 현명하고 실용적인 동맹정책에 따른 전쟁 방지에 실패, 한반도 문제로 인해 발발한
    청일·러일전쟁을 끝으로 멸망, 고종의 정치적 유산 = 식민지화, 국가 정체성 훼손, 광복 후 분단 및 내전(內戰)

■ 지리적 조건

- 시베리아 連水陸路 上 주요도시: 톰볼스크, 옴스크, 톰스크, 칸스크, 이루크츠크, 치타, 블라고베슈첸스크,
  카바로프스크, 블라디보스톡

● 주요산맥
알프스(4807)
갈드호피겐(2469)
카파치아(2655)
발칸(2376)
코카서스(5642)
우랄(1800)
힌두쿠시(8611)
티엔샨(7439)
히말라야(8848)
알타이(4374)
야블로노이(2519)
스타노보이(2467)
시호테-알린(1855)

● 주요하천
북해: 라인, 엘베, 오데르,
네바,
흑해: 다뉴브, 드니에프르,
돈
발틱해-카스피해: 볼가, 카마
시베리아: 옵, 토볼, 이르티슈,
예니세이, 앙가라(바이칼호),
아무르, 레나, 야나,
인디기르카, 콜리마
동북아: 쑹화, 우수리, 황화
양쯔
※ 옵-운하-예니세이-앙가라
-바이칼호까지 운항 가능

- **중동(근동)**
  아라비아반도, 사이프러스,
  이집트, 이라크, 이란,
  이스라엘, 요르단 레바논,
  시리아, 터키

- **중앙아시아**
  동투르키스탄(新疆, 西藏),
  서투르키스탄
  (카스피해 인접 동남부지방)
  카자흐초원, 몽골,
  아프가니스탄 북부

- **동북아시아**
  한국, 중국 동부지방, 일본,
  러시아 극동지방

- **동남아시아**
  인도차이나반도, 말레이 제도

- **서남아시아**
  인도, 방글라데시, 파키스탄,
  아프가니스탄 남부

- **북위 50도 이북**
  유럽평원, 우랄산맥,
  서시베리아평원,
  중앙시베리아고원,
  동시베리아산지

■ 중심부 對 내·외곽 국가 간의 패권 경쟁

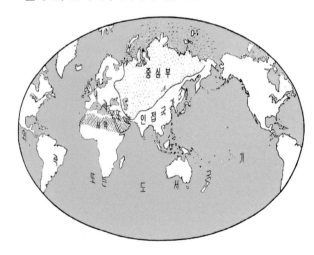

- **유라시아는 지구상 최대
  면적의 단일 육지 (32.6%)**

- **영국 지정학자 매킨더는
  '역사의 지리적 중심축 이론'
  제시**
  유라시아평원, 중앙아시아, 중동(근동, 아라
  비아반도/이집트 제외)으로 구성되는
  세계중심부는 영국, 일본과 같은 근해의
  해양국가, 북미, 남미, 호주와 같은
  원양세력에 영향을 주고, 유럽, 아시아,
  아프리카, 궁극적으로 세계 지배 가능

- **영국 정치학자 폴 케네디는
  대응이론 제시**
  영제국은 러시아 및 미국과 같은 1등 국가
  반열에 합류하기 위해, 해외식민지를 租稅
  및 군사단위로 유기적으로 결합하여, 영제국
  연방을 강화해야 하고, 중심부의 외곽에
  대한 영향력을 상쇄해야 함

■ 19세기 증기철도와 증기선박의 경쟁

- 19세기 인간의 동력(운동에너지) 획득 관련 과학기술은 석탄을 연소하여 얻은 증기력을 이용하는 수준에 도달
  * 범선(帆船) → 증기선; 말(馬)이 끄는 목제궤도(木製軌道) → 증기기관차가 끄는 철도(鐵道)
- 1802년 영국에서 최초로 초보적 증기기관차 및 철도를 발명한 뒤, 지속적으로 성능을 개량; 歐美전역으로 기술 전파

구 분	증기철도	증기선박
속 도	48km/h	13~23knot(24~43km/h)
수 송 량	12톤급 기관차로 8.3톤의 하중 운송	전장 110m급 선박으로 146톤의 하중 운송
자연조건의 제한성	홍수, 폭설 등 기상이변 시 다소 지체	바람, 파고, 조류에 의해 지대한 영향을 받음 석탄재보급/정비, 악천후 시 대피 항(港) 필요
군사적 활용성	RSOI(수용, 대기, 전방이동, 작전부대 통합) 소요 경미	RSOI(수용, 대기, 전방이동, 작전부대 통합) 소요 막대

※ 러시아의 유라시아 대륙 내 "증기철도" 확충은 영국의 세계 패권에 도전하는 요인으로 작용

■ 진행 중인 지구화(globalization) 현상

- 다양한 학자들에 의한 다양한 정의가 존재
  - 기든스(1990): "특정 지방에서 발생한 사건들이 멀리 떨어진 지방들과 연계되는 방식으로 세계적 사회관계의 증대
  - 길핀(2001): "세계경제의 통합"
  - 숄테(2000): "탈영토화 또는 사람들 사이의 초영토적 관계 증가"
  - 하비(1989): "시간 및 공간의 압축"

  ※ 정치, 경제, 전쟁(군사), 법률, 생태환경, 문화, 사회, 종교 등 다양한 분야에서 지구적 규범이 제시되고, 이를 중심으로 지구 위 모든 국가/비국가 행위자들의 사고 및 행동이 통합되는 현상

- 국제정치의 지구화(globalization of international politics)
  - 국제정치(관계)에 적용될 수 있는 지구적 규범(국제법 또는 국제적 원칙)을 정립 ☞ 국제연합(UN)의 기능/역할 발전
  - 정보통신기술의 이기를 이용한 지구정부의 수립 및 운영
    ☞ 脫국가화, 국제체제의 무정부성 극복, 국제분쟁의 원인을 제거, 재래식 무기 또는 핵무기를 사용하는 재앙적 대규모 국제전쟁 회피, 전 인류의 평화로운 공존을 추구 ???

■ 국제관계 관련 주요 정치이론적 쟁점들...

- 국제관계학의 시작: 제1차 세계대전 후 1919년 영국 웨일즈의 <u>Aberystwyth University</u>에서 최초로 학부 전공과목으로 선정, 제2차 세계대전 후 미국 및 서유럽에서 중요성을 인식, 학문으로 발전
- 국가 상호 간 또는 국가와 기타 국제적 행위자(국제적 비정부[非政府] 기구, 국제법률기구, 다국적기업, 등) 간 관계
  - 전쟁, 외교, 무역, 대외정책 등 – 에서 파생되는 제반 활동을 연구;「정치학」의 한 부분으로 간주되고 있음
- 국제정치와 국내정치의 차이점(현실주의 정치사상가들의 주장)

국내정치 (법치에 따른 位階秩序 적용)	국제정치 (국제관계의 無政府性 적용)
• 국가지도자의 거짓말은 개인 및 사회 전체를 타락하게 만들므로 부정적인 행위로 간주	• 국내정치의 도덕률과 다른 이중적 도덕기준 작용 * Dual moral standards
• 비도적적 기만행위·거짓말이 만연할 경우, 국가 내부 대중의 삶을 위협할 수 있으므로 사회공동체에 의한 지탄과 감시의 대상이 됨	• 국가지도자의 기만·거짓말·살인 교사 행위는 결과적으로 국익에 부합할 때 전략적 이유를 빌미로 용인될 수 있음 • 국가지도자 및 국민들은 거짓말이 국제관계의 핵심적 부분이라고 간주

■ 유럽제국주의시대 작용했던 세력권(Sphere of Influence) 논리

- 어떤 국가가 해외의 특정 지방 또는 지역에 대해 배타적 또는 우월한 통제력을 요구하는 범위; 강대국 또는 제국이 주변부 지역에 대해 질서를 확립하기 위한 통치수단
  - 서로 경쟁하는 강대국들이 동일 지역에 대해 배타적 영향력을 추구하거나, 속국(또는 피보호국)이 강대국에 대한 종속관계를 거부 시 분쟁을 초래할 수 있음
- 1884-85 베를린 회의(비스마르크 주관, 14개 식민모국 대표 참석)
  - 실효적 식민지 점령 원칙(principle of effective occupation) 합의
  - 식민모국이 기보유한 식민지에 대해 배타적 권리/소유권 적용
  - 신규 식민지 획득 관련, 기존 소유국 및 신규 소유국이 다른 서명국들에게 해당 사실을 고지(notify)
    * 1890.7.1, 영·독 헬리고란드-잔비바르 교환협정은 식민모국들 간 세력권 타협의 선례
- ※ 1884-85 베를린회의는 유럽인들의 식민지 쟁탈전 및 과열경쟁 촉발

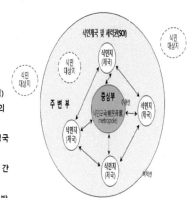

■ 유라시아 지리조건에 따른 외선전략 대 내선전략의 충돌

- 외곽 해양국가(영국)의 외선(外線)전략(Strategy on exterior lines)
  - 내부에서 외부를 지향하는 적에 대해 작전선(후방 병참선)을 외부에 유지; 여러 방향으로부터 구심적으로 대응하는 전략;
    ☞ 영국은 러시아의 해양진출을 허용하는 날은 영국이 장송곡(death knell)을 부르게 될 날이라고 판단; 철저한 대러 봉쇄전략으로 일관

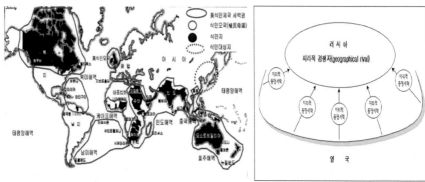

■ 유라시아 지리조건에 따른 내선전략 대 외선전략의 대치

- 중심부 대륙국가(러시아)의 내선전략(內線戰略, Strategy on interior lines)
  - 여러 방향의 외부로부터 아방(我方)을 향해 구심적으로 지향하는 적에 대해 작전선(후방 병참선)을 내부에 확보하여 원심적으로 대응하는 전략
    ☞ 영국 핵심식민지, 인도(India) 탈취에 주력; 독일의 사주/강요에 따라 동북아로 진출하여 부동항 확보 후 인도 공략 시도

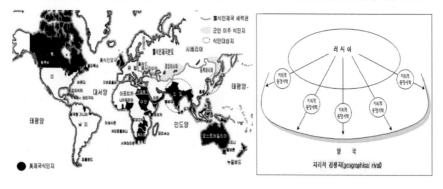

■ 전략적 내선 대 전략적 외선의 관계

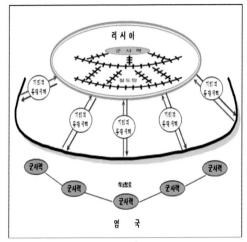

구 분		TSR 건설 결정 (1887.6) 이전	TSR 건설 결정 (1887.6) 이후
유럽 / 근동		영국, 러시아의 터키해협 진출 야심 무력화 (크림전쟁, 러터전쟁)	독일, ODS 계속
	전환	독일의 ODS 시작 (1877~)	
중앙아	차단	영국, 동투르키스탄 경유한 러시아의 인도 침공 차단	영국, 파미르-카라코룸, 티베트-히말라야 경유한 러시아의 인도 침공 차단
동북아		영국, 독일의 러시아 동북아 유인전략에 편승	영국, 조러밀약을 빌미로 高宗 폐위 후 親淸 정권 수립 시도
	유인	동맹국 일본을 이용하여 러시아 견제 시도	일본으로써 유인된 러시아 군사력 봉쇄 시도

주요 참고문헌

- 박맹수, "개벽의 꿈, 동아시아를 깨우다: 동학농민혁명과 제국 일본" – 2012
- 문화체육관광부 특수법인 '동학농민혁명기념재단', http://www.1894.or.kr/main_kor/m_1_2_0.php?mc=2|2|1|7
- 존 미어샤이머(전병근 역), 왜 리더는 거짓말을 하는가? – 2011
- 김용구, "세계외교사" – 2016
- 육군본부, "청일전쟁(1894-95): 19세기 국제관계, 주요전투, 정치적 결과를 중심으로" – 2014
- 천순천(陳舜臣), 청일전쟁 – 2006
- 피터 홉커크(정영목 역), 그레이트 게임: 중앙아시아를 둘러싼 숨겨진 전쟁 – 2008
- A.M. Pooley(신복룡/나홍주 역), 하야시 다다스(林董) 비밀회고록: 1900~1910 일본 외교의 내막 - 1989
- 최문형, "러시아의 남하와 일본의 한국침략" – 2008
- 량치차오(梁啓超, 최형욱 편역), "량치차오, 조선의 망국을 기록하다" – 2014
- 박종인, "한 번도 경험하지 못한 지도자: 매국노 고종" – 2021
- 김석구, "망국의 단초, 청일전쟁의 기원" – 2021
- _____, "제0차 세계대전, 러일전쟁의 기원" – 2019

- Sarah, C. M. Paine, The Sino-Japanese War of 1894-95: Perception, Power, and Primacy – 2003
- A. M. Pooley, The Secrete Memoirs of Count Tadasu Hayashi(林董) – 1915
- 戸高一成, "日淸日露戰爭 入門" – 2009
- Albrecht Bartholdy und Friedrich Thimme, Die Auswärtige Politik des Deutchen Reiches (1871-1914) – 1928
- War Office Intell Division, The Armed Strength of Russia – Primary Source Edition – 1882
- JM Grierson, The Armed Strength of the German Empire: Prepared for the Intell Div of the War Office – 1888
- Cecil James East, The Armed Strength of France – Primary Source Edition – 1877
- Denis & Peggy Warner, The Tide at Sunrise: A History of the Russo-Japanese War, 1904-05 - 1974

■ 청일전쟁의 본질

● 유라시아로 시각을 넓혀 이 전쟁을 보았을 때

"서유럽 세계에 의해 조종된 전쟁.... 일본은 영국이라는 후원자의
그늘 아래서 승리할 수 있었고.... 일본이 서유럽의 대리전쟁을
자청(自請)했다는 비난의 이유가 여기에 있다."
---- 서울대 교수 김용구

● 동북아시아로 제한하여 이 전쟁을 보았을 때

"일본이 러시아의 동북아 진출에 따른 군사적 위협에 대비하여,
한반도/만주에 완충공간을 확보하기 위해 도발한 침략적 제한전쟁 "

■ 청일전쟁의 여러 가지 얼굴들......

● 유라시아 중심부 라이벌 러시아의 해양 팽창 봉쇄전략으로 일관했던 영국이 일본을 이용하여 반러전선(anti-Russian front)의 동측단을 차단하기 위한 국제전쟁 ---- 영국인 정치학자 이안 H. 니시

● 독일이 러불동맹군과의 양면전쟁을 회피하기 위해 러시아를 동북아로 유인했고, 일본이 러시아와의 전쟁에 대비하여 "자신의 능력을 시험해 보기 위해 벌인 하나의 작은 예행연습", ----- 미국 북일리노이스대 교수 어네스트 L. 프레세이센, 호주 언론인 데니스/페기 워너 부부(夫婦)

● 일본이 러시아의 국가 중심(重心, center of gravity, schwerpunkt)이 유럽에서 동북아로 전환됨에 따라, 유럽제국주의의 세력권(Sphere of Influence) 논리를 모방하여 벌인 세력권(완충공간) 선점 전쟁 ---- 미국 하버드대 교수 윌리암 L. 랭거

● 일본이 장기국가전략 하 러시아와의 전쟁을 염두에 두고, 임오군란(1882) 이후 12년 동안 청국과의 전쟁준비에 주력, 동학농민군의 봉기를 전쟁의 계기(구실)로 이용하여 전쟁을 도발 ----- 후지와라 아키라(藤原彰), 최문형

● 일본은 조선왕국의 실정(失政) 및 민중의 불만을 이용, 동학농민군의 무장봉기를 부추겼고, 전쟁 발발 후에는 조선관군을 장악하여 조일연합진압군을 편성하여 동학농민군을 살륙 ---- 김용삼, 육군본부, 앤드류 M. 폴리, 데니스/페기 워너,

■ 청일전쟁에 관련된 국가행위자(State-actors)들의 역할

- 배후세력: 독일(유럽 역내갈등의 역외전환 전략, ODS); 영국(역외세력균형전략, OBS)
- 피(被) 조종 세력
  - 조   선: 독일인 외교법률 고문 묄렌도르프(穆麟德, 摩靈德夫)의 사주를 받아 조러밀약(韓俄 또는 韓露密約) 체결(1885.3)
    - * 갑신정변(1884) 이후 러시아에 의존하여 청·일 양국간 한반도 쟁탈전 양상을 극복 시도 → 동북아 갈등 고조
  - 러시아: 국가 중심 이동(발칸반도/터키해협 → 한반도/대한해협)
  - 일   본: 독일인 정치/군사 고문 야곱 메켈의 지도 하, 러시아의 한반도 진출을 "일본의 심장을 겨누는 비수 " 와 같은
    위협으로 인식, 러시아의 시베리아횡단철도 완공(1904년 경으로 판단) 이전 러시아와의 결전을 준비
    - * 이토 히로부미는 러시아와 동맹을 체결하여, 러시아와의 전쟁을 회피할 것을 주장했으나, 천황은 이를 기각
  - ※ 영국은 후발산업국가 독일이 1890년 이후 공격적 해외팽창전략(Weltpolitik)을 추구하자, 러시아·프랑스·독일 3국의
    해군력을 능가하는 삼국표준주의(Three-Power-Standard) 전략을 채택했으나 유럽 내 국력의 한계를 느꼈으므로
    러시아가 동북아로 팽창하는데 안도했고, 잠정적으로 러시아에게 행동의 자유(latitude)를 허용
- 전쟁당사국
  - 청국: 수세적 방위전략
  - 일본: 공세적 선제도발 전략(힘의 균형상태에 놓인 한반도를 군사력으로 장악할 기회를 노리고 있었음)
- 전장(戰場)제공자: 조선 ☞ 갑신정변 이후 톈진(天津)조약 체제 하 청일전쟁 발발 전까지 10년(1884~1894)을 허송세월

■ 청일전쟁 진행 경과 요약

- 1894년
  - 2월: 동학농민군 1차 무장(武裝)봉기(전라도 고부[古阜])
    - * 흥선대원군(1885.10, 청국으로부터 귀국), 고종 폐위 후
      정권 재장악 시도, 동학농민군 봉기 재촉
  - 3월28일: 在일본 망명객 김옥균, 상하이(上海)에서 피살
  - 5월: 농민군 백산, 청산, 황토현, 장성, 전주로 진출
    - * 조선정부 중앙군(홍계훈) 및 지방군으로써 진압 시도
  - 6월4일: 고종(高宗), 청국에 청병 (請兵) 문서 발송
    - * 일본군 도쿄에 대본영(大本營) 설치
  - 6월7일: 청국군 선발대 1,500명 아산만(牙山灣) 진입
  - 6월10-11일: 일본군 육전대 400명 인천 상륙 후 한양 진입
  - 6월10일: 농민군/관군 전주화약(全州和約), 동학 지도부,
    27개 폐정개혁안 제시, 이후 9월까지 신분해방투쟁 전개,
    부민(富民) 재산 약탈
  - 6월14일: 일본군 오오시마 요시마사(大島義昌) 지휘 하
    제9혼성여단(3,000여 명), 인천/부산 상륙

고부군수
조병갑(趙秉甲)

在일본 망명객
김옥균(金玉均)

■ 청일전쟁 진행 경과 요약

- **1894년**
  - 6월16일: 일본 陸奧宗光 외상, 청국에 조선 내정 공동 개혁 제안, 청한종속(淸韓從屬) 문제를 빌미로 개전(開戰) 도모
  - 7월17일: 일본 천황, 어전회의(御前會議)에서 개전 결정
  - 7월19일: 일본군 연합함대 편성(사령관: 伊東祐亨 중장)
  - **7월20일: 주한 일본공사 오토리 게이스케(大鳥圭介), 청한종속 관련 조선 정부에게 외교적 압박 문서 제출**
    - * "조선이 청국의 속국이 아니라면, 청국과 맺은 모든 조약 폐기; 조선 내 주둔 청국병을 국경 밖으로 격퇴; 이 요구에 대해 7월 22일까지 일본측에 응답" ☞ 전쟁 도발 구실화
  - 7월23일: 일본군, 경복궁 점령으로 사실 상 개전(開戰)
    - * 연합함대는 사세보(佐世保)로부터 조선을 향해 출항
    - * 김홍집, 박영효, 서광범, 어윤중의 친일내각 수립, 갑오 개혁(1894.7-1896.2, 외세에 의해 피동적으로 추진된 최초의 근대식 개혁) 추진
      - ☞ 근대식 헌법(홍범14조) 제정, 신분제 등 봉건제도 개선

일본 외상
무쓰 무네미스(陸奧宗光)

일본 연합함대 사령관
이토 유코(伊東祐亨)

갑오개혁정부 주도
김홍집(金弘集)

■ 청일전쟁 진행 경과 요약

- **1894년**
  - 7월25-29일: 청일 선전포고 이전 비공식 교전
    - * 풍도해전, 성환/아산전투
  - **8월1일: 청일 양국 상호 선전포고**
  - **8월19일: 일본군 제1군(3·5사단), 부산 상륙**
  - **8월26일: 조일맹약(朝日盟約), 일본의 전쟁 소요자원 제공**
  - ※ 7~8월: 흥선대원군, 일본군과 결탁하여 재집권 후 동학 농민군 상경(上京) 종용, 동절기 압록강 결빙 후 청국군 진입부대를 이용하여 일본군 격퇴, 장손(長孫) 이준용을 왕위에 추대, 김홍집의 개혁정부 전복 도모
    - ☞ 일본은 이 계획을 간파, 8월에 흥선대원군을 퇴출; 1895.4.29 이후, 일본은 존봉의절(尊奉儀節)에 근거 대원군을 가택에 연금(軟禁)
    - * 1894.9.14~1895.1.25, 동학농민군 2차 무장봉기
  - 9월15일: 평양성 전투, 대본영 이동(도쿄 → 히로시마)

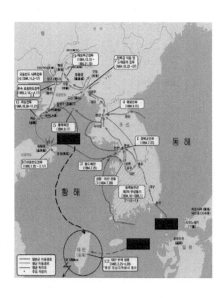

■ 청일전쟁 진행 경과 요약

- ● 1894년
  - 9월17일: 황해해전
  - 10월15일, 대본영은 제2군 편성(1·2·6사단, 12혼성여단),
    요동반도 점령 지시 ☞ **10월24일, 요동반도 상륙**
  - 10월27일: 제1군 만주 진격
    - *** ~ 1895.1.25일까지: 일본군, 2차 봉기 동학농민군 살륙**
  - **11월18일, 청국 직예총독 리훙장, 이토에게 화의서 제출**
    - *** 이후 1895.4.17까지 청·일은 3회에 걸쳐 강화협상 진행**
  - 12월17일, 총리 이토 히로부미는 제1군사령관을 해임; 북경
    대신 타이완을 점령하도록 전략목표 조정
- ● 1895년
  - **1월20일: 제2군 예하 2·6사단 산동반도 상륙**
  - **2월4~5일: 일본 해군 산동반도 위해위(威海衛) 야간 기습**
    - *** 제4사단은 1895.2월 제2군에 추가 편성, 요동반도 내륙**
      전투 시 예비임무 수행; 이후 타이완 무력점령 시 가담

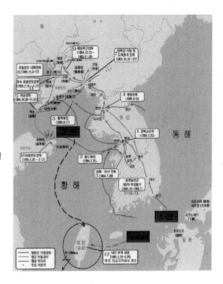

■ 청일전쟁 진행 경과 요약

- ● 1895년
  - 2월16일: 제1군 예하 3·5사단 및 제2군 예하 1·4사단,
    12혼성여단은 요동반도 내륙전투 시작
  - **3월24일: 일본 해군 및 육군지대(枝隊), 팽호제도 점령**
    - *** 이후 같은 해 10월21일까지 타이완 침공/평정작전 진행**
  - **3월30일: 청일 휴전협정 체결(타이완/팽호제도 제외)**
  - **4월17일: 청일 강화조약 체결(타이완/팽호제도 제외)**
  - 4~6월: 독일·러시아·프랑스의 對일본 삼국간섭
    - *** 일본은 "전쟁배상금 수령 조건 하 요동반도로부터 철병하되,**
      제3국의 타이완 해협 자유항행 인정, 타이완/팽호제도를
      제3국에 미양도하는 조건"으로 타협

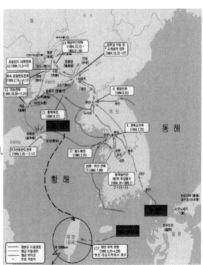

청일전쟁 발발 배경

외부 요인

◆ 유럽제국주의시대 유럽역내갈등의 역외전환전략(ODS)

◆ 영국 대 러시아 유라시아 패권 다툼

◆ 보불전쟁(1870-71) 이후 독일과 프랑스의 유럽 내 갈등

◆ 독일의 ODS 및 청일전쟁의 발발

유럽제국주의시대 유럽역내갈등의 역외전환전략(ODS)

■ 유럽제국주의의 식민지 문명화 사명(civilizing mission) 정당화 논리

- 사회진화론(Social Darwinism) 및 인종이론
- 상상지리학(Imagined Geography) 및 환경결정론(Environmental Determinism)
- 중심부(core, center, heart)의 지배 및 주변부(periphery)의 복종

■ 유럽제국주의의 시대적 구분 (Alice L. Conklin & Ian C. Fletcher)

1기(15세기-1830)	2기(1830-1880)	3기(1880-1900)	4기(1900-WWII 이후)
포루투갈, 스페인에 이어 후발 식민제국 영국, 프랑스 해외진출 18세기는 영국 대 프랑스 간 식민지 분쟁 양극화 현상 발생 미주(美洲) 식민지 독립 쟁취	유럽 식민제국들은 동양으로 팽창 방향 전환 벨기에/프랑스, 중앙아프리카 콩고강 유역 침투 및 이권 분쟁 시작	유럽 식민제국들 간 아프리카, 아시아 대상 식민지 쟁탈전 격화 독일은 식민협회/식민상사 창설(1882-84), 해외 진출 본격화 1884-85, 비스마르크는 베를린 회의 개최, 제국들 간 식민지배, 세력권 획정 관련 합의 도출 임오군란(1882), 갑신정변(1884), 조선의 인아정책(1882-85), 청일전쟁(1894-95)	조선은 러일전쟁(1904-05) 후 외교권 박탈, 1910년 일제의 식민지로 전락 영국/러시아/프랑스 삼국협상 완성(1907), 삼국동맹과 대립 → WW I 및 WW II 발생에 영향 WW II 이후 유럽식민지배체제 해체

■ 유럽역내갈등의 역외전환전략(ODS: Off-Europe Diversion Strategy)

- 이론적 배경
  - 마키아벨리(1469-1527): 위선, 이기심, 배반, 변덕은 인간의 본성; 목적을 위해 모든 수단의 사용이 정당화될 수 있음; 군주의 영토욕(領土慾)은 자연스럽고 평범한 욕망
  - 클라우제비츠(1780-1831): 인간의 적개심을 이용한 전쟁 수행은 자연적인 인간의 기능임; 군사력의 공세적 사용으로 목표/지역을 정복; 해외 영토를 군사적으로 점령하기 위한 수단으로써 전쟁 이용 가능성을 암시
  - 윌리암 랭거(1896-1977): 비스마르크가 "유럽 역내 잠재적 문제유발자들을 비유럽지역으로 전환시켜, 독일의 평화를 보장해야 한다고 주장"한 점을 지적
  - 비스마르크(1815-1898): 1877. 6, 키싱겐 외교전략 메모를 통해 "러시아 및 오스트리아의 국가 중심을 동양으로 전환, 동양의 위기가 독일에게 바람직한 결과를 가져 오게 되는 것을 보게 될 것"이라는 대외정책 개념을 제시
  - 독일 연방의회 공보처(1998): 비스마르크가 대외정책의 기본원칙으로서 "키싱겐 외교전략 메모 " 를 통해 "독일은 중립적 중재자로서 식민정책 관련 제국들 간의 적대감을 조종(steer)하고, 열강을 유럽의 중심으로부터 주변부로 전환하고자 했음"을 지적
  - 사라 페인(2003): "독일은 러시아를 극동지역의 사태에 휘말리도록(embroil)하여, 러시아가 유럽에서 독일의 진출을 방해하지 못하도록 하는 전략을 추구했다"고 주장

● 유럽역내갈등의 역외전환전략(ODS) 이론의 개념 정의

유럽제국주의 시대. 유럽지역(중심부) 내 고조된 군사적 긴장상태에 놓인 특정 식민모국이 주변부의 식민지 또는 식민대상지역 관련 타
식민모국들 간 분쟁요인을 신규조성 또는 확대조장하거나, 또는 이러한 주변부 국가(주민)들을 분열/이간시켜 유럽 식민모국들의 관심
및 역량의 주변부 전환을 유도함으로써, 유럽 역내 긴장고조를 방지 또는 완화하고 자신의 생존 및 안전을 보장받는 국가전략

A QUAND LE REVEILLON DES PEUPLES ?

영국 대 러시아의 유라시아 패권 다툼(GREAT GAME)

■ 영제국의 구성 및 식민대상지

● 인구(1881): 302,870,968명
  * 본도(식민모국): 34,884,848명
  * 해외소유지: 267,986,120명

● 군사력
  * 육군(1885)
    * 본도: 55만1천여명
    * 해외소유 용병

소 계	22만여 명
인도	20여만 명
캐나다	1만여 명
호주	8천여 명

  * 해군(1885): 2국 표준주의
    전략 하 360~400척 유지

● 대외전략: 主敵 러시아의 해양진출 봉쇄; 외선(外線) 전략 하 유라시아 전역에 반러전선(anti-Russian front) 유지
  * 분진합격(分進合擊, separate maneuvers and integrated attacks)의 이점은 러시아의 내륙 철도체계의 우월성에 의해
    점차 감소

■ 러시아제국의 구성 및 식민대상지

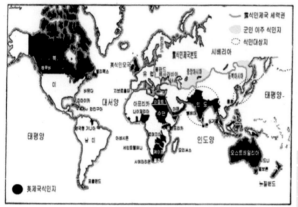

- 인구(1880): 100,438,646명
  * 러시아령 유럽: 88,360,611명
  * 신규 소유지: 12,078,035명

- 군사력
  * 육군(1882): 713,467명
    (戰時: 2,087,169명으로 증편)

유럽평원	81%
코카서스	14%
투르키스탄	3.3%
시베리아	1.7%

  * 해군(1882)

소계: 237척			
발틱해	197	아랄해	8
흑해	8	태평양	13
카스피해	13	-	-

- **대외전략:** 主敵 영국의 봉쇄선 돌파 후 인도(India) 탈취; 철도를 이용한 내선(內線)의 이점을 활용, 영국군의 주력을
  최소군사력으로 견제하면서 취약지점으로 압도적 군사력을 집중시켜 봉쇄선 돌파

보불전쟁(普佛戰爭, 1870-71) 이후 독일과 프랑스의 유럽 내 갈등

■ 독일제국의 구성 및 식민대상지

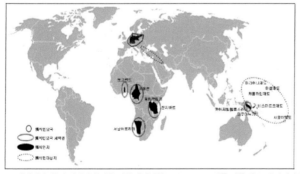

- 인구(1881): 62,163,395명
  * 식민모국: 46,852,680명
  * 해외소유지: 15,310,715명

- 군사력

  * 육군(1888): 503,782명
    18개 군단(예하 2개 사단);
    동원 완료 후 4개 집단군
    산하 19개 군단, 9개 기병
    사단으로 증편

  * 해군(1888): 113척
    동아프리카, 서아프리카,
    호주, 동아시아, 지중해에
    해외 해군기지 운용

- **대외전략:** 해외 식민지 확장을 위한 세계정책(Weltpolitik); 이를 위해 영국 및 러시아라는 양대 강국을 동북아의 분쟁에
  묶어 두고, 페르시아만을 향하여 근동으로 진출

■ 프랑스제국의 구성 및 식민대상지

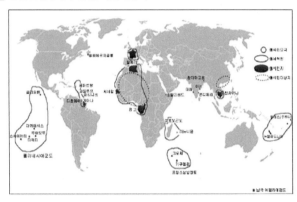

● 인구(1876): 47,268,506명
 * 식민모국: 36,905,788명
 * 해외소유지: 10,362,718명

● 군사력

 * 육군(1877): 428,852명
  국내 18개 지역방위 군단 및
  특임 1개 군단; 국외 알제리
  군단 (총 20개 군단)

 * 해군(1888): 120척
  23개 함대 보유; 모국 연안
  방어 및 해외 식민지 관할
  임무

● 대외전략: 러시아와의 동맹체결을 통해 외교적 고립 탈피, 러시아와 연대하여 독일에 대한 보복(revenge) 단행 계획
 * 보복의 목적 및 범위: 1) 알사스-로렌지방 탈환 후 독일과 강화조약 체결하는 제한전쟁; 2) 독일을 완전히 타도한 뒤
 러시아와 독일을 양분하여 속국화하는 전면적 정복전쟁, 3) 최초 제한전으로 시작하여 상황에 따라 정복전쟁으로
 전환하는 단계화된 전쟁

■ 러시아와 관련된 독일 및 프랑스의 국제관계 변천과정

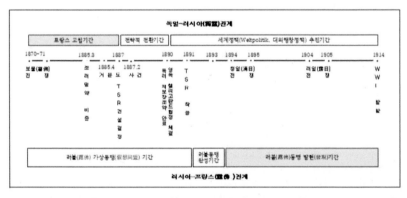

※ 프랑스는 러시아를 이용하여 독일에 대한 양면전쟁 전략 준비; 독일은 이를 모면하기 위해 러시아를
동북아로 전환시키기 위한 '유럽역내갈등의 역외전환전략(ODS)' 추진

독일제국의 '유럽역내갈등의 역외전환전략(ODS)' 및 청일전쟁 발발

■ 독일의 ODS 및 러시아의 TSR 건설

- ODS의 실행을 위해 묄렌도르프를 조선 정부에 파견하여 독일의 국익(양면전쟁 회피)을 위한 외교전략을 추진

- 조러밀약(1885.3.5 비준)으로 촉발된 영국의 거문도 불법점령사건(1885.4~1887.2)이 영러 관계에 미친 파급효과

  - 러시아는 주일 공사관의 서기관 슈페이에르를 서울에 재파견(1885.6.20)

  - 영국의 묵인 하, 청국은 조선 내정간섭 및 속국화 시도(1885.8~1894.7)

  - 영국, 조러밀약 문서를 날조한 뒤 소문을 유포(1886.6~10), 국제사회 내 동북아 문제 관련 긴장감 고조

  - 영국의 권유 하, 청국은 러시아와 거문도사건 해결을 위한 구두협약에 합의(1886.10.14)

  ※ 러시아는 동아시아에서 육군 의존 방위전략으로 전환, TSR 건설의 절박성 인정, 철도 노선 측량 시작(1887.6.19)

■ TSR 건설 이전 동북아 내 이해당사국들의 군사력 수준

- 청일전쟁 발발(1894.7) 이전 러시아의 철도 건설 실태

구분		러시아	일본	청국	영국
육군 (명)		15,000	275,971	948,634	-
해군 (척)		13	27	51	-
상대적 전투력	육군	1	18	63	0
	해군	1	2	4	0

■ 러시아의 전략철도를 이용한 인도(India) 탈취 전략

● 러시아 육군의 배비(配備, 1882) 및 진출방향

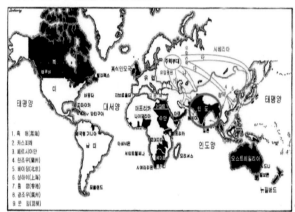

진출방향 구분		우선순위
가 - 근동(중동)		1
인도에 대해 최단거리, 유럽과 근접하여 유럽 제국들의 연루 위험성		
나 - 西투르키스탄		2
오렌부르크-타슈켄트 철도 이용시, 막강한 군사력을 단기간 내 집중		
다 - 東투르키스탄		4
바드마예프 구상 철도안, 중국 배후로 잠투, 중국 서북 점령 후, 인도 동북부 공략; 몽고/청국의 저항 극복 필요		
라 - 동북아시아		3
국가균형 발전에 기여하지만, 인도 공략을 위한 군사적 활용성이 상대적으로 저조		

(중앙아시아)

■ 영국의 독일 ODS에 편승한 동북아 안보전략

● 러시아의 동북아 지역 돌파 견제를 위한 역외세력균형전략(OBS: Offshore Balancing Strategy)

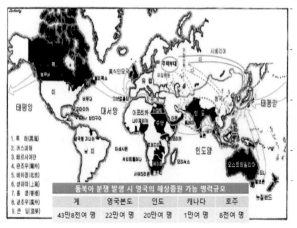

동북아 분쟁 발생 시 영국의 해상증원 가능 병력규모				
계	영국본도	인도	캐나다	호주
43만8천여 명	22만여 명	20만여 명	1만여 명	8천여 명

- 러시아의 입장에서 인도 탈취전략을 구현하는데 가장 효율적인 진출방향은 "가", "나"

- 러시아는 1890.6.17 성립된 헬리고란드-잔지바르협정에 따른 英·獨 비공식동맹관계에 대해 압박감을 느꼈고,

- 독일이 다음날(1890.6.18) 獨·露 재보장조약을 만료시켜 러시아의 터키해협 돌파 관련 지원의무를 삭제하자

- 러시아는 유럽/근동에서 남하전략을 추진할 동력을 상실

- 오렌부르크-타슈켄트 철도, 카스피해 동측철도 연장사업 순연되자 영국은 안도; 동북아로 유입된 러시아 주력을 청국 또는 일본으로 타도 준비

● 청국의 수세 후 공세전략

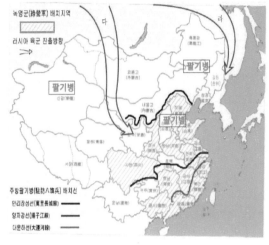

- 청국은 소수의 만주족 지배 하 다수의 한족으로 구성된 이원적 정치구조 유지

- 서구식 민족국가, 국민의 애국심 발휘 곤란; 만주족의 주력 팔기군은 한족의 반란 가능성 감시/감독에 주력

- 지상군 전력: 약 95만명,
  * 만주족의 팔기군이 2십5만6천여 명, 한족의 녹영군, 향용군, 연군이 1십만 8천여명
  * 해군: 북양 ,복건, 광동, 남양함대 51척

- 만주족의 주방팔기군(기동작전부대)은 만리장성, 양자강, 화남(華南)의 대운하 선을 따라 배치
  * 북경 일대 1만여 명, 동북지역 3,600명, 신지앙에 1.2~1.6만명의 팔기병 주둔

- 한족의 녹영군(지역치안부대)은 화복/화남 지방에 배치

- 바드마예프 철도, TSR 개통 시, 4~5년 내 러시아는 동북아에 6~7개 군단 (35~40만 명) 집결시켜 단계적으로 청국 군사력 무력화 가능

● 일본의 러시아 동진 대비 완충공간(세력권) 선점 전략

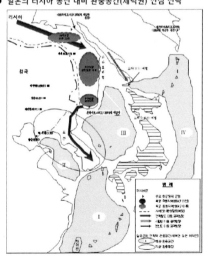

- 급격한 유신정변으로 전통적 사족(士族)의 몰락, 토지 소유 및 납세제도, 행정제도 개혁 등의 조치는 사회 불안을 가중; 천황의 권위 및 정치적 입지가 확립되지 않아 불만 사족세력의 반란 가능성 내재

- 메이지 정부의 청일전쟁 이전 육군 전력은 27만6천여 명으로서 상비군이 63,693명, 예비군이 91,190명, 국방의용군이 106,088명, 본토방위병력이 15,000명으로 구성
  * 그 중 해외 출정 가능 병력은 1십7만4천여 명

- 해군전력은 육군의 군사력을 전장으로 이동시키는 지원적 성격의 군종(軍種); 요코스카, 구레, 사세보에 각 1개 함대 배치, 총 27척의 함정 보유
  * 1873년 영국 해군의 '더글라스 사절단'을 초빙하여 일본 해군 교육체계를 영국식으로 체계화; 철갑군함 제조능력이 없어서 영국/프랑스에서 대부분 도입

● 일본의 러시아 동진 대비 완충공간(세력권) 선점 전략

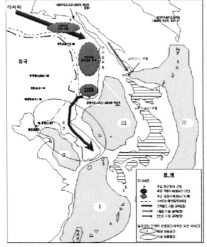

- 1860년 러시아의 연해주/아무르주 강점 후 일본은 러시아와 지리적으로 인접; 한반도가 러시아 수중에 들어 갈 경우, 일본열도의 북부 및 남부가 협공을 당할 위험에 처했음
  * 이러한 위협 극복을 위해, 해상/지상 완충공간 필요

- 러시아는 TSR 완공 후 동북아에 신속히 군사력을 집결 시킬 수 있었으므로, 일본에게 심각한 안보위협 초래

- 일본은 독일 군사교관 지도 하 1890년 나고야 기동훈련을 기점으로 군사적 준비태세 완비, 임오군란(1882) 이후 준비해온 대청(對淸) 결전을 실행할 구실을 모색

- 일본은 조선정부의 악정(惡政) 하 불만세력이었던 "동학농민교도들의 봉기 사주; 이를 빌미로 합법적 으로 한반도에 파병; 청일전쟁 도발" – 김용삼, A.M. Pooley, Denis Warner 주장

내부 요인

◆ 조선정부의 악정(惡政)

◆ 동학의 등장 및 무장봉기

◆ 고종(高宗)의 대청(對淸) 원병(援兵) 요청

조선정부의 악정(惡政)

- "허약한 청국은 부패하고, 재정이 파탄 나서 방위력이 전무한 봉건체제의 조선왕국에 대해 종주권을 행사하였다; 조선은 이제 엄청난 전략적 중요성을 띠기 시작했다(A weak China maintained suzerainty over the "Corrupt, Bankrupt, Feudal, and Defenseless Kingdom of Korea; a Korea which was now taking on immense strategic importance)" ---- **Richard Connaughton, Rising Sun and Tumbling Bear, p.14**

- "1875년 2월 16일, 연행사(燕行使)의 역관(譯官) 오경석은 베이징 주재 영국 영사 메이어스(W.F. Mayers)와 만나 다음과 같이 발언했다: '조선은 너무나 가난하고, 전체적으로 군사력이 궁핍하거나 또는 조직력이 갖추어져 있지 않기 때문에 정부가 할 수 있는 것이 아무 것도 없습니다. 지배층은 대체로 맹목적일 정도로 무지하고, 조선은 실질적으로 속수무책입니다.'" ---- 한승훈, 조선 균세정책(均勢政策)과 영국 간섭정책의 정립 및 균일(1874-1895), pp.30-31.

- 리차드 코노턴과 오경석의 발언 내용 비교
  - 부패 = ???
  - 재정 파탄 = 너무 가난함
  - 방위력 부재 = 군사력 궁핍, 조직력 결여
  - 봉건체제 집착 = 지배층의 맹목적성, 무지함

☞ 당시 우리에게 가장 시급하고 필요했던 것은 무엇이었나?

동학(東學)의 등장

■ 배경 및 교리

- 조선 후기에 들어 지배체제의 모순 심화, 민란이 빈발; 1860.4.5, 경상도 경주에서 몰락 양반의 서자, 수운 최제우(水雲 崔濟愚, 1824년 출생, 1864년 사형)가 동학을 창시, 부패한 현실 부정, 이상적인 미래상을 제시(상하귀천, 남녀존비 타파, 天國天民); 보은집회(1893.3) 선무사(宣撫使) 어윤중(魚允中)은 조정에 동학교도의 신분을 아래와 같이 분석/보고

  ①才氣를 갖추고도 뜻을 얻지 못한자, ②탐묵(貪墨, 욕심이 많고 더러운 짓을 함)이 횡행하는 것을 분히 여겨 민중을 위해 목숨을 바치려는 자, ③외이(外夷, 외국 오랑캐)가 우리 이원(利源, 이익의 근원)을 빼앗는 것을 분통히 여겨 큰 소리 하는 자, ④탐사묵리(墨吏, 욕심이 많고 더러운 짓을 하는 관리)의 침학(侵虐, 침범하여 학대함)을 당해도 호소할 바 없는 자, ⑤경향(京鄕, 서울 및 지방)에서의 무단(武斷, 무력을 써서 강제로 행함)과 협박 때문에 스스로 보전할 수 없는 자, ⑥경외(京外)에서 죄를 도망한자, ⑦영읍(營邑, 감영 또는 병영이 있던 고을) 소속 부랑무리배, ⑧영세 농상인, ⑨풍문만 듣고 뛰어든 자, ⑩부채의 참 독(毒)을 견디지 못하는 자, ⑪상천민(常賤民)으로서 뛰어나 보려는 자 ☞ 가난뱅이, 상놈, 백정, 종놈 등 다양한 사회 불만세력으로 구성된 기층민중(基層民衆), 만민평등 주장

- 기본가치 및 교리: **侍天主, 輔國安民, 後天開闢, 有無相資, 除暴救民, 廣濟蒼生**
  - 시천주(侍天主): 모든 사람을 하늘님으로 모심(사람이 곧 하늘이니 사람 섬기기를 하늘 섬기듯 하라)
  - 보국안민(輔國安民): 서양 제국주의의 침략에 맞서 나라를 돕고 백성을 편안하게 함
  - 후천개벽(後天開闢): 장래에 가난한 사람도 모두 부귀하게 되는 이상적인 새 세상이 열림
  - 유무상자(有無相資): 넉넉한 사람과 가난한 사람, 지식이 있는 사람과 없는 사람이 서로 돕고 아낌(공동체 정신)
  - 제폭구민(除暴救民): 포악한 것을 물리치고 백성을 구원함   광제창생(廣濟蒼生): 널리 백성을 구제함

■ 동학농민의 정치세력화

- 유교적 윤리가 지배하던 당시 사회에서 동학은 이단시; 동학교세의 급격한 증가는 큰 사회문제로 부각; 1864년 3월 최제우를 "좌도(左道)로 백성을 미혹시켰다 " 는 죄명으로 처형 → 이후 일시적으로 교세가 위축
- 수운의 제자 해월 최시형(海月 崔時亨, 1861.6, 동학에 입도, 1898년 사망, 38년 동안 수배자 또는 도망자 신분으로 경상·강원·충청도 산간지방에서 은둔, 동학교단을 지도, 北道中主人, 北接主人·法軒·道主로 불리었음)은 1870년대 후반에는 지도체제 확립, 기본경전(東經大全, 龍潭遺詞) 완성, 주요 종교의식 확립, 교세 확대(영서 산악지역 → 충청·전라도 평야지대)
- 1880년대, 충청도 지역을 중심으로 교세가 급격히 증가; 당시 지배층은 만만치 않은 위협으로 인식, 사학(邪學)을 금한다는 명분 하 탄압을 계속

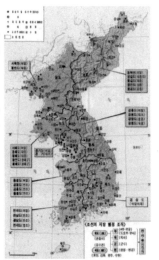

■ 동학농민의 정치세력화(계속)

- 1890년대, 동학교단은 교조신원운동(敎詛伸冤運動)이라는 합법적 청원을 통해 동학의 공인 및 포교의 자유 획득 시도; 집단적 시위운동으로 표출 → 척왜척양(斥倭斥洋) 노선 주장
- 공주집회(1892.10), 삼례집회(1892.12), 광화문 상소(上訴, 1892.11-1893.2), 보은/금구(金溝)집회(1893.3-4) → 동학농민운동의 전사적(前史的) 사건; 이 집회 해산 후 최시형은 체포령을 피해 지방으로 전전하며 피신 생활
- 해월이 임명한 접주 전봉준은 1893년 3월부터 금구(金溝)를 중심으로 독자적 세력 형성, 11월 고부 군수(조병갑)에게 불법 시정 요구, 1894년 2월 15일 해월의 지시 없이 농민봉기 주도, 동학농민군 봉기를 주도했던 세력을 남접(南接)으로 칭하며 장기 항쟁 시작; 충청도에서 강론하던 해월은 전봉준 봉기의 정당성을 인정

수운(水雲) 최제우(崔濟愚)　　　해월(海月) 최시형(崔時亨)　　　녹두장군(綠豆將軍) 전봉준(全琫準)

■ 동학농민의 정치세력화(계속)

● 흥선대원군은 정치적 재기를 위해 동학농민군을 이용, 고종 및 민비척족을
  제거하고 장손 이준용을 왕위에 올리고자 농민군 지도부와 접촉; 봉기 재촉

● 일본정부가 임오군란 이후 준비해온 청국과의 전쟁을 도발할 구실을 만들기
  위해 동학농민군의 봉기를 사주했다는 주장들
  - 김용삼: "동학농민봉기는 대원군과 일본이 부추긴 것으로서; 대원군은
    재집권을 위해, 일본은 파병의 구실을 만들기 위해 동학농민봉기를 촉발했다."
    * 배함섭: "전봉준과 대원군의 밀약설은 농민전쟁 당시부터 중요한
      정치적 이슈로 제기되었고.... 양자 간 모종의 연관이 있었음이 자명해
      지고 있다."
  - A.M. Pooley: "일본 정한파(征韓派)의 음모와 일본으로부터 재정지원을 받은
    동학도들은 조선남부에서 1894년 5월말 반정부 운동을 시작했다."
  - Denis/Peggy Warner: 토야마(頭山)의 고쿠리카이(黑龍會)는 동학교도들과
    접촉하여 자금을 제공했고, 외국인 혐오심리를 조장했으며 ....
    동학교도들은 일본이 조선에 개입할 수 있었던 매개체임과 동시 구실이
    되었다."

고종(高宗) 이재황(李載晃)
(1852-1919)

흥선대원군(興宣大院君)
이하응(李昰應)

■ 남접 동학농민군(전봉준 군대) 제1차 봉기(茂長起包, 1894.2.15~10.11)

● 경 과
- 1893.11, 전봉준은 (古阜) 군수 조병갑에게 불법 시정 요구,
  투옥/석방, 수십 명의 동학농민을 대동, "고부성 격파, 조병갑
  효수, 군기창/화약고 점령, 전주성 함락, 경사(京師, 서울)로
  직향 " 할 계획을 수립; 조병갑이 익산군수로 발령나자 보류
- 1894.2.15, 조병갑이 다시 고부군수로 임명되자, 해월 최시형의
  동의/이해 없이 고부군민 500여 명과 농민봉기를 주도;
  고부 관아(官衙) 점령, 무기고 파괴 후 무기 획득, 수세(水稅)로
  거둔 양곡 1,400여 석을 몰수하여 농민에게 반환, 만석보 밑
  새로 지은 보를 파괴; 장두청(將頭廳) 설치하고 장기항쟁에
  돌입; 해월은 추후 보고받은 후 봉기의 정당성 인정
- 1894.2.19, 전라감영에서 파견한 전주 병정(兵丁) 2명이
  동학농민군에 의해 처결(處決) 당했음
- 1894.2.25, 전봉준 군대, 백산(白山)으로 진(陣)을 이동
- 1894.4.18, 동학농민군이 해산 당하자, 전봉준은 심복 50여 명을
  대동하여 전남 고창군 무장(茂長)의 손화중 포(包)로 이동

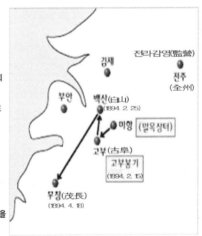

■ 남접 동학농민군(전봉준 군대) 제1차 봉기(茂長起包, 1894.2.15~10.11) [계속]

● 경 과

- 1894.4월초, 안핵사(按覈使), 지방 민란 수습을 위해 파견하던
  임시 벼슬) 이용태(李容泰) 진압 활동 시작
- 1894.4.26, 전봉준은 무장(茂長)의 손화중을 설득하여 약 4천 명의
  동학농민군으로 제1차 전면 무장봉기(武裝蜂起) 단행
- 1894.4.30, 부안(扶安)의 백산(白山)을 점령, 각지에서 농민군
  가세하여 약 8천 명으로 늘자, 4대 명의(名義) 제정

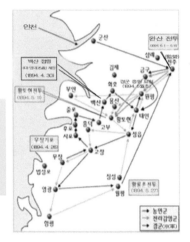

- · 불살인 불살물(不殺人 不殺物): 사람을 죽이지 말고 재물을 손상하지 말 것
  · 충효쌍전 제세안민(忠孝雙全 濟世安民): 충효를 다하여 세상을 구제하고
    백성을 편안하게 할 것
  · 축멸왜이 징청성도(逐滅倭夷 澄淸聖道): 왜놈 오랑캐를 물리치고 멸하여
    성스러운 길을 밝힐 것
  · 구병입경 진멸권귀(驅兵入京 盡滅權貴): 군사를 거느리고 서울에 들어가
    권세와 지위가 높은 자를 모두 죽일 것

- 1894.5월: 양호초토사(兩湖招討使, 충청도/전라도 민란 평정
  책임 京軍 지휘자) 홍계훈(洪啓薰)은 충청 감영으로 증원군 요청

■ 남접 동학농민군(전봉준 군대) 제1차 봉기(茂長起包, 1894.2.15~10.11) [계속]

● 경 과

- 1894.5.11, 백산(白山) 부근의 황토현(黃土峴) 전투(전봉준의 동학
  농민군이 관군을 격퇴)
- 1894.5.27, 장성(長城) 황룡촌(黃龍村) 전투(동학농민군, 한양에서
  파견된 경군[京軍]을 격파)
- 1894.5.31-6.9, 전봉준 군은 전주성 점령(10일천하), 전주성을 탈환
  하려는 관군과 성 남측의 완산(完山) 칠봉(七峰)에서 대치

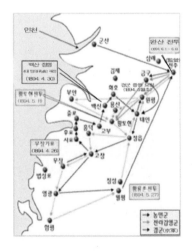

전주성 남문 일대의 경기전(慶基殿): 태조 이성계의 영정 봉안

■ 남접 동학농민군(전봉준 군대) 제1차 봉기(茂長起包, 1894.2.15~10.11) [계속]

- ● 경 과
  - 1894.6.1~6.6: 완산 칠봉 교전
    - * 홍계훈의 관군은 칠봉에 진을 쳤고, 동학농민군에게 포위 당했음

1차(6월1일)	2차(6월4일)	3차(6월6일)
- 관군은 전주성을 포격; 농민군 수백 명이 칠봉 탈취 시도 - 농민군 수백 명 사망 - 관군 포격으로 경기전(慶基殿) 훼손	- 농민군은 완산 주봉을 향해 돌진; 강화군(江華軍)이 관군 지원 - 관군은 회선포(回旋砲)로 농민군 300여 명 살상	- 농민군 피해를 입고 전주성으로 후퇴 - 농민군 500여 명 사망(200여 명 참수); 전봉준 허벅지 관통상

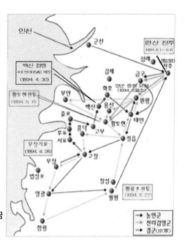

  - 1894.6.4, 고종(高宗)은 청나라 군대를 끌어들여 양호(兩湖)지방의
    동학농민군 진압 및 전주성 탈환 결심; 청나라 조정에 청병문서
    (請兵文書) 발송
  - 1894.6.7, 청국군 진압부대 선발대 2천여 명 아산만 상륙
  - 1894.6.9, 일본군 선발대 제물포 상륙
  - ※ 1894.6.10, 농민군과 관군은 교전 중지, 농민군은 한양 직향(直向)의 꿈
    연기, 27개 폐정개혁안 수용을 조건으로 전주성 철수

※ 북접 동학농민군(최시형 지도)의 뒤늦은 봉기(1894.5~10)

- ● 경 과
  - 1894.5월초: 해월 최시형은 충청도에서 봉기한 교도가 관병(官兵)에게 타살 당하자 진노하여, "호랑이가 물러 들어오면
    가만히 앉아 죽을까? 참나무 몽둥이라도 들고 나가서 싸워라!" 라고 하며 1차 기포령(起包令, 동원령) 발령
    - ☞ 1894.5월, 충청도 및 전라도의 금산[錦山], 장성[長城], 진산[珍山], 옥천[沃川], 진잠[鎭岑], 임실[任實] 등지에서
      전봉준의 남접 동학농민군과 별개로 연쇄 봉기
  - 5.12: 회덕(懷德)을 공격하여 무기 탈취, 5.13: 진잠(鎭岑)으로 진출
  - 5.14: 청주 진남(鎭南) 영병(營兵) 및 옥천 병정(兵丁)은 회덕의 동학농민군 격파, 무기류 회수; 동학교도 1천여 명 해산
  - 5.16: 양호초토사 홍계훈은 前 영장(營將) 김시풍, 농민군 김영배, 김용하, 김동근 체포하여 전주 남문 밖에서 효수
  - 5.17~19: 옥천, 문의, 청산, 보은, 목천 일대에서 무리 지어 이동,
    충청관찰사(監司) 조병호(趙秉鎬)는 동학교도 80여 명
    포획/심문; 충청도의 동학교도의 일부는 호남(湖南)으로 내려가
    전봉준 군에 합세
  - 5.22: 괴산, 연풍 등지에서 농민군이 봉기하여 토호(土豪)의 재산 탈취
    및 구타, 경상도 예천, 상주, 선산, 김산 등지에서도 농민군 봉기

동학농민군 진압에 나선 관군

청일 양국군 선발대 진입 후 사태 전개

■ 진행경과

- 1894.6.13, 일본군 남대문으로 진격, 한성 진입
- 1894.6.16, 일본군 오오시마 요시마사(大島義昌)의 혼성여단 3,000여 명이 인천/부산에 상륙
- 1894.6.17, 내무부 독판(督辦) 겸 친군경리사(親軍經理使) 민영준(閔泳駿), 위안스카아(袁世凱) 방문하여 請兵 재확인
- 1894.6.20, 일본군 후속 보병병력 1,024명 인천 진입
  - * 이후 7.월19일까지 청국과의 전쟁 시작을 정당화하기 위한 구실을 강구
- 1894.6.22, 일본은 청국에게 조선 내정 공동 개혁안을 제시, 청국이 거부하자 단독으로 조선의 내정을 개혁하겠다고 통보, 일청관계 절교서 발송
- 1894.7.20, 조선 주재 일본공사 오토리 게이스케(大鳥圭介), 청한종속(淸韓從屬) 문제를 빌미로 開戰外交 전략 추진

  > ※ 청국 정부는 고종의 동학농민군 진압을 위한 청국 군사력 지원 요청 관련, 일본정부에 통고한 문서에 "속국을 보호한다 " 고 기입
  > 일본정부가 조선 정부에 대해 부과한 질문: "조선은 청국의 속국인가?" 속국이 아니라면, 아래의 사항을 이행
  > 1. 조선은 자국의 독립에 반한 청국과의 모든 조약을 폐기
  > 2. 청국이 속방 보호를 이유로 조선에 파견한 청국 병사들을 조선 국경 외부로 격퇴

※ 조선 정부는 적절히 대응하지 못했고, 일본 정부는 이를 빌미로 7월23일 00:30부터 경복궁 무력 점령 작전 시작

제4강

청일전쟁의 경과

김석구*

차례

---

* 인천 출생. 예비역 육군 대령. 대한전쟁연구원 원장

청·일의 군사전략/전투력

■ 청국의 군사전략

- ● 배 경
  - 임오군란(1882.6.9~7.13) 직후 같은 해 8월 22일, 리홍장은 황제 광서제(光緖帝)에게 한림원(翰林院) 시독(侍讀) 장패륜(張佩綸)의 일본 정벌 상소문(請密定東征之策摺)을 보고 ☞ 청국 해군을 훈련시켜 – 서양인들의 보호 하 청국과 사투를 벌이게 될 – 일본을 미리 정벌할 필요성을 건의; 그러나 청국 정부의 막후 실권자 서태후는 자신의 별궁 이화원 공사에 해군 전력증강 자금을 남용
  - 손자병법의 부전승(不戰勝) 사상에 집착, 영국 또는 러시아를 이용하여 일본의 도발 야욕을 억제
    * 영국은 동북아 반러시아 전선 유지를 위해 일본이 필요했으므로, 일본을 지지; 러시아는 시베리아횡단철도 미비로 인해 동북아 내 군사력이 부족

서태후(예호나라싱천)

- ● 군사전략 개념
  해군은 주력을 황해 북부로 집결시켜 발해만 입구를 경계하고, 육군의 해상 수송을 엄호하며, 조선 주둔 육군과 합동으로 작전을 수행; 육군은 먼저 평양 부근에 집중한 후 조선 주재 일본군을 격퇴
- ● 작전계획: 구체화되지 못한 상태였음

리홍장(李鴻章)

■ 청국의 전투력

● 육 군

팔기군(八旗軍): 2만5천 ~ 3만 명	녹영군(綠營軍): 60만여 명
만주족 위주로 편성, 수도의 황제 보위, 지방의 행정관리 및 한인 감독 * 수도 - 禁旅팔기병: 약 1만명 지방 - 東北팔기병: 3,600명, 新疆팔기병: 1.2~1.6만명	각 지방의 치안유지 부대(衛所兵), 한족으로만 구성

● 해 군

계	북양함대	복건함대	광동함대	남양함대
51척	27척	6척	5척	13척

   * 함정 톤수는 310~7,430톤; 속도는 9~16.5노트 수준; 전투함, 포함, 순양함 등으로 편제; 각 함대 간 상호지원은 부재

   ※ 청국 정부는 외교(총리아문 담당)와 군사(군기처 담당)이 분리되어 조화를 못 이루었음; 직예총독 리홍장은 군사·외교·통상 업무 전권을 황제로부터 위임 받아 수행했으므로, 총리아문과 상이한 외교채널을 보유

   ※ 육해군 전투력에 대한 지휘권은 분산, 사병화(私兵化)되어, 리홍장은 발해 연안 3성(직예, 산동, 성경)에 대한 병권, 對조선 출병권을 별도로 보유; 북양함대 및 사비(私費)로 편성/운용 중인 북양육군을 관할 ☞ 청일전쟁은 '리홍장의 전쟁'으로 인식

■ 일본의 군사전략

● 배 경
   일본정부는 유럽제국주의의 식민지 쟁탈전이 절정에 이른 19세기 마지막 20년을 맞아, 서구식 세력권(Sphere of Influence) 논리를 모방하여, 한반도 및 만주를 포함하는 세력권(완충공간, 利益線)을 선점하여, 러시아의 동진에 대비하고자 했음

● 군사전략 개념
   청국군의 주력격멸 보다는, 군사작전 종결 후 전쟁을 종결시키기 위한 강화조약 체결 시 할양 요구 대상지역인 봉천(奉天) 이남의 요동반도와 산동반도의 연안지역을 확보

메이지(明治) 천황
(1852-1912)
* 목인(睦仁)

이토 히로부미(伊藤博文)
두 번째 총리 역임(1892~1896) 시
청일전쟁 도발

야마가타 아리토모(山縣有朋)
청일전쟁 시 제1군사령관으로 참전
* 세력권(利益線) 논리 최초로 주장

■ 일본의 군사전략

● 작전계획

1기
제5사단을 조선에 진출시켜 청국군을 견제; 본토의 육·해군으로 핵심요새지를 방호하면서 출정 준비
출정 준비기간 중 함대를 출병하여 청국 해군을 소탕; 서해와 발해에서 제해권 획득에 주력

2기
제1기 작전의 결과에 따라 진행

- 일본해군 제해권 확보 및 청국해군 소탕 시:
  →육군의 주력을 발해 입구로 투입; 필요시 화북평야에서 결전 수행

- 일본 해군 제해권 미확보 및 청국 해군이 일본 근해 미확보시(피아 제해권 미확보 시)
  →육군 주력을 조선으로 투입하여 청군 제압; 조선의 독립(조선 내 청국 세력 제거)에 주력

- 일본해군이 제해권 상실 시(청국해군이 제해권 확보 시)
  →능력범위 내 조선 주둔 제5사단 지원; 본토 방비를 완전히 갖춘 후 적의 공격을 격퇴

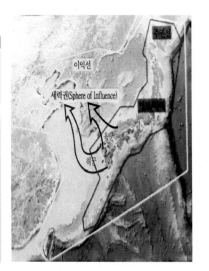

■ 일본의 전투력

● 육 군

계	제1군	제2군	근위사단
약 97,000명	제3·5사단, 제9혼성여단	제1·2·4·6사단, 제12혼성여단	-
비 고	나고야, 히로시마 주둔	황해해전(1894.9.17) 이후 편성; 도쿄, 센다이, 오사카, 구마모토 주둔	도쿄 주둔

* 예비군, 국방의용군 포함시 총 출정가능 병력은 **174,000**여 명 수준

● 해 군

계	요코스카(橫須賀) 함대	구레(久瀬) 함대	사세보(佐世保) 함대
27척	8척	9척	10척

* 함정 톤수는 615~4,277톤; 속도는 10~23노트 수준; 전투함, 포함, 순양함, 어뢰정 등으로 편제

※ 독일제국의 군사내각을 모방한 대본영(大本營)은 전시에 임시 창설/운용되는 천황의 전시 전쟁지휘통제기구, 육군·해군, 총리 산하 전 행정기관의 노력을 전쟁에 집중; 의회(귀족원 및 중의원, 천황의 자의적으로 소집/해산 가능)는 천황 및 군부의 전쟁 기획/진행을 견제할 수 없었음 ☞ 일반 대중의 여론을 무시한 독단적이며 모험적인 침략전쟁의 지휘수단으로 악용

청일전쟁 주요 전투

◆ 조선 영토 내부 전투

◆ 조선 영토 외부로의 확전

조선 영토 내부 전투

◆ 경복궁전투(1894.7.23, 04:00~07:40)
◆ 풍도해전(1894.7.25)
◆ 성환/아산전투(1894.7.26~30)
◆ 평양전투(1894.9.15)
◆ 황해해전(1894.9.17)
◆ 제1군의 압록강으로 이동 및 도하공격 전투(1894.10.3~27)
◆ 제2차 동학농민군 무장봉기(參禮起包)(1894.9.14~1895.1.25)

■ 경복궁(景福宮) 전투(1894.7.23, 04:00~07:40)

- 개 요: 일본정부가 청국과 개전(開戰)을 위해 도발한 최초 군사작전
- 교전부대
  - 조선군: 統衛營(북한산성 수비, 2,250명), 壯衛營(숭례문 수비, 1,898명), 摠禦營(광희문 수비), 龍虎營(왕궁수비, 500여 명)
  - 일본군: 제9혼성여단 예하 11·21연대(14개 중대), 포병 1개 대대
- 경 과
  ※ 00:30, 일본군 작전지휘부는 제9혼성여단에 명령 하달
  - 04:00, 제9혼성여단 군사작전 시작
    - 제11연대, 서대문으로 진입, 왕궁 외곽 점령; 21연대 1대대, 영추문 도착 후 대포 1발 발사하여 문 파괴 후 난입; 1대대장 왕궁 진입
    - 제21연대 3·6중대, 왕궁 포위, 조선군 응사하자 1중대를 증원
    - 제11연대 2대대, 광화문을 향해 기동, 왕궁 진입 과정에서 교전, 조선군 병사 중 사망자 발생
    - 제11연대장 다카다(武田), 왕궁 진입하여 국왕에게 압력
    * 제9혼성여단은 백성의 소요를 회피하기 위해, 동이 트기 이전 전체 작전부대를 한성(漢城)에 진입시켰음

■ 경복궁(景福宮) 전투(1894.7.23, 04:00~07:40)

  - 7:40, 고종은 일본군 대대장 협박 하 전투중지 지시, 수비대는 총기 유기, 군복을 찢고 도피
  - 11:00, 일본군 왕궁 점령 후, 흥선대원군이 일본군 제11연대 1중대 보호 하 왕궁에 입궐, 흥선대원군의 꼭두각시 친일 정권 탄생, 고종 및 민비정권 권력 상실, 민비의 廢庶人化 시도, 일본 반대로 실패
- 일본정부는 대원군 섭정 하 제1차 갑오개혁(1894.7~11) 추진; 대원 군은 친청정책(親淸政策) 비밀리 추진, 8월에 강제로 퇴출당했음
  - 기존 육조(六曹)를 팔아문(八衙門, 내무·외무·탁지·군무·법무· 학무·공무·상무)으로 개편, 과거제 폐지, 관료제도 등급 축소, 중앙정부 관리임용제도 제정, 유교경전 대신 실무과목으로 관리 선발
  - 정부 재정을 탁지아문이 전담, 은본위 화폐제도 통일, 토지세를 화폐로 지불
  - 인재 등용시 문벌 및 신분 타파, 문무관리 차별 폐지, 연좌제 폐지, 조혼금지, 청상과부 재혼 허용, 공사(公私) 노비(奴婢) 해산, 인신매매 금지, 의식(儀式) 및 제례(祭禮) 간소화
  ※ 고종의 친위부대(왕궁 수비부대) 해체, 군권(軍權) 박탈

■ 풍도(豊島)해전(1894.7.25, 07:52~13:30)

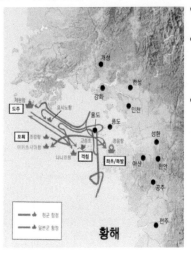

- **개 요**: 일본 해군이 아산일대의 청국 선발대에 대한 증원병력 (2,300여 명)를 서해연안에서 격멸, 한반도전구(戰區) 고립
- **교전부대**
  - 청국군: 군함(濟遠·廣乙·操江艦), 병력수송용 영국 상선(愛仁·飛鯨· 高陞號)
  - 일본군: 연합함대 전체 함정(27척) 중 15척(旗艦 = 마츠시마함)
- **경 과**
  - ※ 1894.7.17, 일본 대본영, 연합함대에게 조선 서안의 풍도 부근에 반(半)근거지 점령하도록 지시
  - ※ 1894.7.20, 청국정부, 영국 상선 3척을 임대, 충청도 아산에 증원 인력/물자 공급 결정(병력, 군량, 군마, 마초, 무기 등)
    - ☞ 청국정부, 2회에 구분하여 한반도 출병 선발대 전투력 증강

구 분	제1차(7.21~23)	제2차(7.23~25)
호송군함	제원함, 광을함	조강함
수송상선	애인호, 비경호	고승호
비 고	병력 1,200여 명	병력 1,200여 명

■ 풍도(豊島)해전(1894.7.25, 07:52~13:30)

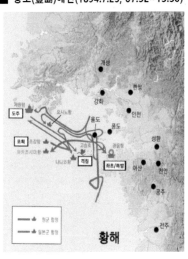

- 1894.7.25. 07:52, 일본 연합함대(사령관 이토유코[伊東祐亨]), 한반도 병력/물자 증원을 마치고 회항하는 제1차 파견대 군함 2척 및 도착하는 제2차 파견대(군함 1척, 상선1척)을 기습
  - *광을함은 도주하다가 좌초, 탄약고 폭발하여 침몰; 제원함은 도주 성공; 조강함은 일본 함대의 추격을 당해 포획
- 같은 날, 12:40, 고승호는 나니와함(浪速艦, 도고 헤이아치로[東鄉 八平郞] 지휘) 의 조사를 거부하고 회항하려다가 포격을 당해 침몰(13:30)
  - *일본 해군은 고승호의 선장(영국인) 및 백인 선원만을 구출; 나머지는 익사하도록 방치(147명이 인근 올도[蔚島]에 상륙/ 생존)
  - *영국 사회에서는 이 소식에 대해 분노하였고, 영국 정부는 일본 정부에 항의; 영국 정부의 공법학자 2인(웨스트레키, 홀란드)이 국제법상 일본 해군의 조치가 정당하다는 여론을 조성하여 이 사건을 무마했음

■ 성환(成歡)/아산(牙山)전투(1894.7.26~30)

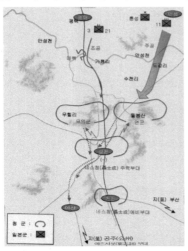

● 개 요: 청국의 한성 주둔 일본군 협격 및 일본군 북진 차단 전략의
일환으로 성환/아산에 분산 배치되었던 청군 선발대와 일본군
제9혼성여단(11·21연대로 편성)이 선전포고 이전 벌인 전투
● 교전부대
- 청국군: 무의군(武毅軍) 및 연군(練軍) 약 3,040명, 소총/대포 편제
  * 예즈차오(葉志超)는 공주, 네스청(聶士成)은 성환 및 천안에 주둔
- 일본군: 보병 3개 대대, 기병중대(-), 포병 1개 대대, 공병중대
● 경과
※ 청국군은 평양에서 집결 중인 주력부대의 남하, 부산에 상륙한
  일본군 제5사단의 북진을 차단하기 위한 시간을 벌기 위해, 성환에
  방어진지 편성
- 1894. 7.25, 제9혼성여단장 오오시마(大島)는 4,000여 명의 병력
  지휘, 한성에서 성환으로 남진
- 7.26. 09:00, 네스청은 2,500여 명의 병력으로 성환에 방어지대
  구축; 공주(公州) 주둔 예즈차오는 500여 명의 증원병력으로
  아산에 왔다가 방어선 구축이 여의치 않아 공주로 복귀

■ 성환/아산전투(1894.7.26~30)

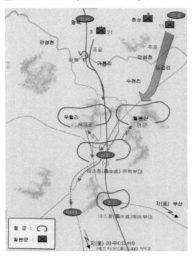

- 7.28. 08:00, 오오시마 부대는 성환 북방 소사강(素砂江) 일대 도착,
  당일 야간 공격 결심
- 7.29. 03:00, 오오시마 부대 공격 시작, 07:30 경 네스청 부대 진지
  일부 탈취, 주공은 월봉산 탈취 후 성환역으로 진격, 조공은 매복
  진지를 극복 후 05:00시 경 가룡리 점령
  * 양국 군대의 전투력에 결정적 영향을 준 것은 소총의 성능
    · 일본군: 당시 최고 성능의 무라타소총 및 18년식 단발소총 사용
    · 청국군: 다양한 외국산 수입 소총을 혼용(미국제 및 독일제 등)
- 7.30, 리홍장은 예즈차오에게 "북방으로 이동하여 평양의 청국군과
  연결하라"고 지시
  * 예즈차오는 성환전투에서 압도적으로 승리한 것으로 허위보고;
    후일 평양전투 시 해당지역 청국군 전부대 총사령관으로 재임명

청국군 지휘관
예즈차오(葉志超)

제9혼성여단장
오오시마 요시마사
(大島 義昌)

※ 성환/아산전투(1894.7.26~30) 패전 후 평양으로 후퇴(7.30~8.28)

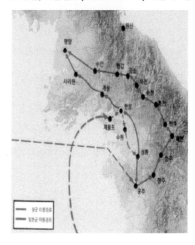

- 1894. 7.30~8.28, 예즈차오 부대 및 녜스청 부대는 일본군 주력을 회피, 청주, 충주, 제천, 원주, 홍천, 춘천, 화천, 금화, 평강, 수안을 경유하여 대동강 도하 후 평양에 도착
- 청국군은 사실상 패잔병 수준의 오합지졸; 청주에 도달하기 전 마차 및 전투장비를 유기; 퇴각로 주변의 마을을 노략; 경작지에서 각종 농작물을 갈취, 야전위생 군기 미준수하여 배탈/설사 환자 급증
- ※ 1894.8.1, 청일 양국 공식적으로 선전포고, 영국, 미국 등 구미열강 중립 선언
- ※ 1894.8.26, 일본은 성환전투 승리 후, 조선과 조일맹약(朝日盟約) 강요/체결

  1. 청군을 조선 국경 밖으로 철수시켜 조선의 자주독립을 공고히 하고, 조·일 양국의 이익 증진을 도모
  2. 예상되는 청국군의 공격 시, 일본이 전쟁을 담당하고, 조선은 일본의 활동에 전폭적으로 협조
  3. 청국과 일본 간 화약(和約)이 성립되면, 조일맹약을 파기

■ 평양(平壤)전투(1894.9.15, 새벽~16:00)

※ 서해 제해권(制海權) 미비를 고려한 일본육군 제1군(山縣有朋 지휘)의 평양에 대한 전투력 집중(8.26~9.14)

- 1894.9.1, 대본영, 야마가타 아리토모(1군사령관)에게 연합함대와 같이 조선 내 청국군 격퇴 지시
- ※ 야마가타 아리토모, 청국 북양함대는 전쟁 회피하고, 평양의 육군 주력은 남하하지 않을 것이라고 판단, 제3사단(-1)의 부산/원산에 대한 상륙작전을 취소하고 인천 상륙을 결정

제3사단	제5사단	제9혼성여단
·1개 연대: 원산→평양 ·사단(-1): 인천→평양	·사단(-1): 부산→강서 ·1개 연대: 원산→평양	·한양→평양

- 1894.9.15, 대본영 도쿄에서 히로시마로 전진 배치

■ 평양전투(1894.9.15, 새벽~16:00)

● 개 요: 일본 육군 제1군 산하 제3·5사단 및 제9혼성여단이 평양에 재집결하여 방어준비를 하고 있던 청국군 주력을 분진합격한 전투

● 교전부대
- 청국군: 성자군(盛字軍), 의자군(毅字軍), 봉군(奉軍), 봉천군(奉天軍) 산하 보병, 기병, 포병 약 **13,000명**
- 일본군: 제1군 산하 보병, 기병, 포병, 공병 약 **16,000명**

● 경 과
- 1894.9.12, 일본군 전체 분진합격 부대들이 평양을 전방향에서 포위
- 1894.9.14, 예즈차오, 평양성 포기 후 북쪽으로 철수 제안, 불허됨
- 1894.9.15, 새벽, 일본군은 4개 축선으로 구분하여 포위공격 시작

서측	북측	북동측	동측
제5사단	제3사단 18연대	제5사단 21·12연대	제9혼성여단

- 1894.04:00~09:00, 북측 현무문 외곽 청군진지 피탈, 서측/동측 일본군의 포격 및 압박
- 1894.16:00, 청국군은 성루에 백기를 걸고 항복; 21:00부터 평양을 포기하고 북측으로 퇴각

■ 황해해전(1894.9.17, 10:23~18:00경)

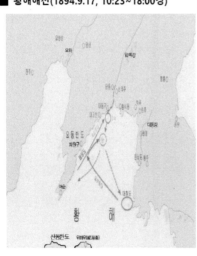

● 개 요: 일본 연합함대가 서해 상의 제해권 확보를 위해, 청국 해군 북양함대를 포착하여 격멸한 해상전투

● 교전부대
- 청국해군(13): 순양함 10척, 철갑전함 2척, 어뢰정 1척
  * 산동반도~압록강 선 이남 진출 불허, 평양 주둔 청국군 지원
- 일본해군(12): 순양함 8척, 철갑전함 2척, 포함 1척, 상선 1척
  * 대동강 하구 좌우 연하는 선 이북 진출, 서해 제해권 장악 시도

● 경 과
※ 1894.9.12, 청국 직예총독 리훙장은 위해위 주둔 북함함대 사령관 딩루창(丁汝昌)에게 여순 부근 청국군 병사들을 압록강 하구로 수송하여 평양 방어부대 증원 지시
※ 같은 날, 일본 연합함대는 제3사단 병력 수송선 27척을 호송; 위해위에 대해 정찰; 이틀 뒤 대동강 하구 일대 정찰; 북양함대 예상 정박지 탐색
- 1894.9.13, 딩루창은 위해위에서 여순으로 이동

■ 황해해전(1894.9.17, 10:23~18:00경)

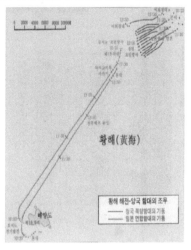

- 1894.9.15, 야간 ~ 다음 날 12:00, 대동구(大東溝)에 병력 하선 후 정박
- 1894.9.17, 10:23, 일본 연합함대는 해양도(海洋島) 북서쪽 20여 km의 해상에서 북양함대의 연기 발견
- * 청국 북양함대 역시 11:30경 경 일본 연합함대 발견
- 1894.9.17. 12:05~18:00경(6시간), 청일 해군 치열한 포격전
- * 청국 북양함대의 늦은 기동속도, 탄약의 부족 및 결함으로 인해 일본 연합함대에 패전(전함 5척 손실, 1척 침몰 800여 명 사상)
- 일본 연합함대(4척 피해, 300여 명 사상)가 정비를 위해 교전을 중지하자, 청국 북양함대는 재집결하여 여순으로 회항

※ 일본정부는 황해해전 이후 서해에 대한 완전한 제해권 확보; 제2군을 제1·2·4·6사단을 중심으로 신속히 편성
　☞ 1894.10.15~20, 대본영은 제2군(大山巖 지휘)을 히로시마로부터 요동반도 화원구(花園口)로 수송; 제2군은 10월23일부터 여순 방향으로 진격

■ 제1군의 압록강으로의 이동 및 도하공격 전투(1894.10.3~27)

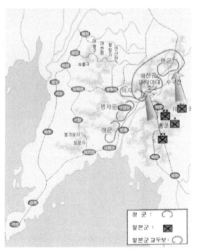

- ● 개 요: 일본 육군 제1군이 평양전투 승리 후, 청국 영토로 확전하기 위해 압록강 방향으로 이동 후, 강 북안에 교두보를 확보
  - * 요동반도에 상륙하는 제2군과 협조하여 남만주 내 청국군에 대한 전과확대(戰果擴大) 준비
- ● 교전부대
  - 청국군: 연군(練軍), 명자마대(銘字馬隊), 아산군(牙山軍), 명자군(銘字軍), 성군(盛軍), 의자군(毅字軍) 보병·기병 약 14,600명
  - 일본군: 제3·5사단, 제9혼성여단 산하 보병·기병·포병·공병 약 32,000명
- ● 경 과
  - 1894.10.3~5, 제3·5사단은 '의주'를 향해 제대별 구분 이동 시작
    - * '정주' 일대에서 해상 보급을 기대했으나, 낮은 수심으로 실패
  - 1894.10.6, 제1군은 주한 일본공사(오토리 게이스케)와 논의, 조선으로부터 노무자 및 우마(牛馬), 식량을 징발하기로 결정
  - 1894.10.15, 대본영은 제2군 편성 및 요동반도 투입 결정 관련, 제2군의 상륙작전을 위해, 제1군에게 청국군 견제 지시

■ 제1군의 압록강으로의 이동 및 도하공격 전투(1894.10.3~27)

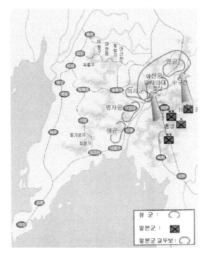

- 1894.10.18, 의주-평양 간 군용 통신선 개통
- 1894.10.20, 제3·5사단은 '의주'에 도착
- 1894.10.23, 제1군은 압록강 도하 가능 지역으로 '수구진' 및 '호산' 일대를 선정
- 1894.10.24~25, 부표와 뗏목으로 가교(架橋)를 설치 후 도하

구 분	호산	수구진
도하부대	제3사단(-1)	제3사단 18연대
후속지원부대	제5사단	-

* 도하작전 간 일본군 도하부대는 청국군 부대의 반격 격퇴
- 1894.10.27, 제3·5사단은 구련성(九連城)을 공격했으나, 청국군 주력은 봉황성(鳳凰城)으로 이미 퇴각

※ 일본 육군 제1군은 남만주 내륙으로의 확전을 위한 교두보 확보

※ 제2차 동학농민군 무장봉기(參禮起包, 1894.9.14~1895.1.25) ☞ 평양전투 ~ 산동반도 전투 기간 중복

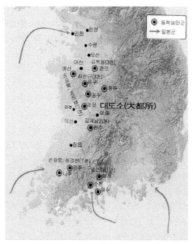

● 개 요: 경복궁 피탈 후 일본군의 침략성 및 농민군 진압계획을 인지한 남·북접 동학농민군이 척왜(斥倭)를 명분으로 일본군과 벌인 전면적 투쟁
  * 경기도, 강원도, 충청도, 경상도, 황해도, 평안도에서도 일부 동학교도가 봉기했으나, 정확한 현황 파악 곤란
  * 이미 청국 영토로 확전을 추진 중인 일본군은 후방안정 및 병참선 보호에 주력, 동학농민군의 말살이 절실했음

● 교전부대
- 동학군: 전라도 내 27개 고을, 약 10만8천5백 명
  * 화승총(火繩銃) 무장 ☞ 유효사거리 70m, 30초당 1발 발사
- 일본군: 후비(後備)보병 제18·19대대, 제6·10·22연대 약 5,800명; 해군 군함 2척 및 해병대 2개 중대(약 400명)
  * 작전통제 부대: 조선 중앙군(京兵) 약 2,700명, 지방군(營兵) 각 도별 250~500명, 지방유생이 조직한 민보군 및 의병
  * 미국제 개틀링기관총 ☞ 유효사거리 2.2km; 분당 200발 발사
    스나이더 소총 ☞ 유효사거리 350m; 초당 1발 발사 등 무장

※ 제2차 동학농민군 무장봉기(參禮起包, 1894.9.14~1895.1.25) ☞ 평양전투 ~ 산동반도 전투 기간 중복

- 2차 농민군 이동로
- 2차 관군 이동로
- 일본군 이동로
- 2차 전투로

우금치 전투
1894. 12

대둔산 전투
1895.1

2차 봉기 출발지
1894. 10

전봉준 체포
1894. 12

황해도
함경도
강원도
경기도
충청도
전라도
경상도

● 준 비

- 1894.7.9~9.10 일본의 정보원(대륙낭인)들은 전봉준을 접견, 정탐활동 ☞ 스즈키 텐간[鈴木天眼], 다나카 지로[田中侍郞], 다케다 한시[武田範之], 오자키 마사키치[大崎正吉], 우미우라 아츠야[海浦篤彌] 등); 전봉준의 對日 활동내용은 미확인
- 1894.8, 전봉준은 7월 23일 경복궁 피탈 후 잠시 집권했다가 8월에 실각한 흥선대원군의 밀사와 접촉, 정국추이 관찰, 재봉기 결심; 남원 대회(大會)에서 김개남 등과 재봉기 협의

● 경 과

- 1894.9, 전봉준은 삼례(參禮)에 대도소(大都所) 설치, 격문(檄文, 군병 모집 및 적군 비난하는 글) 발송; 전라도 각지에 통문(通文) 발송하여 무기 및 식량 확보 독려
  * 삼례 → 강경 → 논산으로 진출; 복접(최시형 지휘) 농민군 연결 시도

※ 제2차 동학농민군 무장봉기(參禮起包, 1894.9.14~1895.1.25) ☞ 평양전투 ~ 산동반도 전투 기간 중복

- 2차 농민군 이동로
- 2차 관군 이동로
- 일본군 이동로
- 2차 전투로

우금치 전투
1894. 12

대둔산 전투
1895.1

2차 봉기 출발지
1894. 10

전봉준 체포
1894. 12

- 1894.9, 대본영은 후비보병 19대대에게 동학농민군 진압을 위한 훈련 하달
  * 3개 통로로 분진하고 조선군과 협력하여 동학당을 초멸(剿滅); 일본군 사관이 조선군 부대의 진퇴(進退)와 조달(調達)을 결정

서로(西路) 중대	중로(中路) 대대(-2)	동로(東路) 중대
한양-공주-낙동	한양-청주-성주	한양-충주-대구

- 1894.10월 초순, 동학농민군 한양을 향해 북상 시작
- 1894.10.21, 남북접 동학농민군 대 조일연합군, 천안 부근 세성산에서 격돌, 조일연합군에게 포위 당해 섬멸; 戰線은 공주에 형성
  * 전사 370여 명, 부상 400여 명, 지휘관 2명 포획되어 총살

세성산 전투
기념비

※ 제2차 동학농민군 무장봉기(參禮起包, 1894.9.14~1895.1.25) ☞ 평양전투 ~ 산동반도 전투 기간 중복

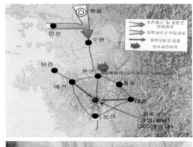

- 1894.10.23~25, 공주지역 1차 접전(이인·효포·능치 전투)
- 1894.11.8~11, 공주지역 2차 접전(우금치 전투)
  * 동학농민군 수만 명은 총알을 맞아도 죽지 않는 부적을 붙이고, 남색깃발을 든 신동(神童)을 앞세워 고개마루로 진격, 조일연합군의 기관총 사격에 대량 피해를 입고 패퇴
- 1894.11.10, 조일(朝日) 연합진압부대 남하 시작
  * 전라도 순천 앞바다에 군함 2척 파견, 초계활동; 동학농민군이 도서로 진입하는 것을 차단하고, 해병대를 상륙시켜 격멸 시도
- 1894.11.14~28, 동학농민군 후퇴
- 1894.12.2, 동학농민군 지휘자 전봉준 일본군에 체포, 한성으로 압송 후 이듬 해 교수형으로 사망
- 1894.12.5~1895.1.16, 잔여 동학농민군 항전
- 1895.1.24~25, 동학농민군 최후항전(대둔산 전투)

조선 영토 외부로의 확전

◆ 제2군의 여순전투(1894.10.24~11.21)
◆ 제1군의 요동반도 내륙전투(1894.11.3~17)
◆ 제1·2군의 해성 부근 협조된 공격전투(1894.12.13~1895.1.10)
◆ 제2군의 산동반도 전투(1895.1.20~2.17)
◆ 제1·2군의 협조된 후속 요동반도 내륙전투(1895.2.16~4.17)
◆ 타이완 침공 및 평정작전(1895.3.25~10.21)

■ 제2군의 여순(旅順, Port Arthur)전투 (1894.10.24~11.21)

- **개 요**: 일본 정부가 청국의 북양함대의 對한반도 영향력 제거를 위해 북양함대의 핵심군항 '여순'을 탈취한 전투

- **교전부대**
  - 청국군: 보루단(堡壘團), 성자영(成字營), 경자영(慶字營), 수뢰영(水雷營), 어뢰영(魚雷營) 산하 보병 및 기병 약 13,000명
    * 북양함대의 주요 군항 여순(旅順)포대에 대포 149문 설치
  - 일본군: 제2군 산하 제1사단·제12혼성여단 보병·기병·포병·공병 약 19,000명

- **경 과**
  - 1894.11.5~6, 일본 육군 1사단, 금주성(金州聖) 포격 후 점령
    * 11.7, 제1사단, 북양함대 기지인 대련항(大連港) 무혈점령
  ※ 1894.11.18, 리홍장(李鴻章)은 총리 이토 히로부미에게 화의서 (和議書) 전달했다가 이토에 의해 거절당함

■ 제2군의 여순(旅順 , Port Arthur)전투 (1894.10.24~11.21)

- 1894.11.21, 제1사단 및 제12혼성여단은 여순 공격, 청국군 총사령관은 천진(天津)으로 도주, 당일 12:30 요새 피탈
  * 여순 주둔 청국군(보병 1만여 명, 각종 대포 210여 문)은 전의 상실한 상태였으므로 많은 사상자를 내고 패전
  * 여순 시내 진입 일본군, 청국군 패잔병 소탕하는 과정에서 민간인도 살상, "여순 대학살(2천~2만여 명 피살)" 사건 발생
  * 리홍장은 요동반도 여순 피탈 책임으로 인해 직위 해제; 외교 실무는 그대로 유지
- 1894.12.1, 제2군은 사령부를 금주로 이동, 차후 작전 준비

<서방의 신문에 소개된 일본군의 시체 난자 묘사> ☞ 일본정부는 부정적 국제여론 무마에 주력

■ 제1군의 요동반도 내륙전투(1894.11.3~17)

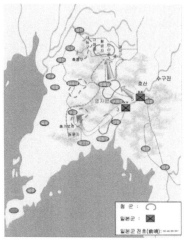

- 개 요: 한반도 내부 작전을 담당하던 일본 육군 제1군이 요동 반도로 상륙한 제2군과의 협조된 작전에 대비하여, 요동반도 중·북부 지역을 확보한 전투
- 교전부대
  - 청국군: 연군(練軍), 명자마대(銘字馬隊), 아산군(牙山軍), 명자군 (銘字軍), 성군(盛軍), 의자군(毅字軍) 보병·기병 약 8,000명
  - 일본군: 제3·5사단, 제9혼성여단 산하 보병·기병·포병·공병 약 32,000명
- 경 과
  - 1894.11.3, 제5사단은 청군이 이미 퇴각한 봉황성에 무혈입성
    * 이후 제3사단은 서측, 제5사단은 동측에서 '봉천(奉天)'을 향해 병행공격
  - 1894.11.4~11, 제3사단 산하 공격지대(攻擊枝隊, 보병 3개 대대, 기병 1개 중대, 포병 1개 대대(-)]는 '대고산(大孤山)-수암(秀巖)' 방향으로 정찰 후 전초(前哨) 부대 배치

■ 제1군의 요동반도 내륙전투(1894.11.3~17)

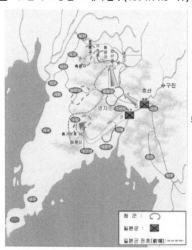

- 1894.11.5, 제3사단(-), 대동구(大東溝)-대고산까지 진격
- 1894.11.9~12, 제5사단은 봉황성-봉천에 이르는 2개 통로 정찰 후 전초(前哨)부대 배치
- 1894.11.14~17, 제5사단 소속 정찰대(보병 1개 대대, 기병 1개 중대) 봉황성에서 황령자(黃領子) 방향으로 정찰
- 이후 제1군은 청국군과 접촉을 유지, 차후 제2군과의 협조된 공격 작전을 준비
※ 제1군사령관 야마가타 아리토모는 출세욕에 취해 대본영의 작전 지도를 안 따르자, 이토 히로부미는 같은 해 12월17일 그를 해임; 후임 사령관에는 제5사단장 노즈 미치무라(野津首貫)가 임명

사령관 야마가타 아리토모	총 리 이토 히로부미
1894년 말 및 1895년 초 동절기를 이용하여 요동 반도 석권; 북경(北京) 탈취 주장	1895년 준계 직예(直隸)지역 결전을 위해, 동절기에 제1군의 전투력 복원을 지시; 제1군의 북경 점령 반대 ☞ 청국의 무정부화, 서구 열강의 개입 초래 유발; 일본과 서구 열강 간 전후 협상의 불리점을 들어 반대

■ 제1·2군의 해성(海城) 부근 협조된 공격전투(1894.12.13~1895.1.10)

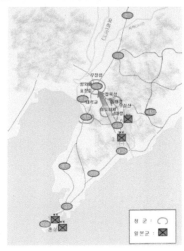

- 개 요: 요동반도로부터 발해만을 경유하여 북경에 이르는 기동로 상 전략적 요충지 해성에 대한 일본 육군 제1·2군 대 청국군의 공방전
- 교전부대
  - 청국군: 송칭(宋慶)·리우청티(劉成體) 예하 보병 및 기병 9,000여 명
    * 일본군 제2군 예하부대들의 금주→개평 방향으로의 공격에 대비
  - 일본군: 제1군 산하 제3·5사단, 제2군 산하 제1사단, 혼성여단 45,000여 명
    * 1894.11월 중순까지 여순을 점령한 제2군의 북측 기동로 확보, 북경(北京)으로 연결된 도로 확보(필요 시 북경으로 공격)
- 경 과
  - 1894.12.3, 제3사단은 안동(安東)에서 수암으로 이동
  - 1894.12.10, 제3사단은 절목성을 향해 기동, 제1사단은 여순에서 건양(建陽)으로 재배치하여 해성 방향 공격 준비
  - 1894.12.11, 제3사단은 절목성 일대 청국군 6,000여 명 교전하여 격퇴 후 절목성을 점령

■ 제1·2군의 해성(海城) 부근 협조된 공격전투

- 1894.12.13, 제1군(야마가타 아리토모 지휘)은 해성, 개평 방면으로 병력을 증강하는 청국군 격멸을 위해, 해성을 공격하기로 결정
  * 해성은 북경에 이르는 육로, 개평은 해안으로 감제 전략 요충지
  * 제3사단의 선두부대는 청국군 격퇴; 주력은 교전 없이 입성; 청국군의 종심지역으로 너무 깊이 진격하여 고립될 위기 봉착
  * 청국군(송칭[宋慶] 지휘)은 1만여 명의 병력으로 영구(營口) - 해성(海城) 방향으로 역습
  * 제3사단(카츠라 타로 지휘)은 해성에 소수 병력 주둔, 주력으로 역습을 준비 중인 청국에 대해 역공격 단행
- 1894.12.30~1895.1.10, 제2군 예하 제12혼성여단(노기 마레스케 [乃木希典] 지휘)은 영구/해성에 대한 청국군 위협 제거를 위해 개평(蓋平, 4천~5천 명의 청국군 배치)으로 정면공격
  * 이 작전 이후, 제1군 및 제2군 간 통선선 구축, 양개 군의 상호 지원 및 협조된 작전 수행 체제 구비
- ~ 1894.3.9, 제3사단은 해성 확보, 청국군의 4차례 반격 격퇴

■ 종전(終戰) 관련 유리한 정치적 협상을 위한 제1군 및 제2군의 북경 위협 전략

- ● 상 황
  - 구미(歐美) 국가들은 청일 전쟁에 대해 정치적 중립 유지 중; 그러나 일본이 북경을 점령하여 청국을 무정부상태로 만들 경우, 일본에 대해 간섭 예상
  - 청국정부는 여순항 피탈 후부터 일본에 3회에 걸쳐 강화(講和) 요청; 북양함대는 여순항 피탈 후 위해위로 재배치; 방어의 중점을 요동반도 및 봉천(奉天)에 두고 전쟁 진행; 산동반도 및 위해위 일대의 방어태세가 취약

■ 종전(終戰) 관련 유리한 정치적 협상을 위한 제1군 및 제2군의 북경 위협 전략

- 일본정부는 동계군사작전의 부담, 전쟁의 장기화에 따른 병력 및 물자의 소모를 우려; 유리한 정치적 조건 하 조기 종전 구상
- 일본정부는 국가적 중심(重心, Schwerpunkt), 수도 북경(北京)을 남북으로 위협하면서, 청국 정부와 유리한 강화 협상 진행 도모 ☞ 클라우제비츠가 주장하는 "전쟁이라는 정치적 수단으로써 정치적 목적을 달성" 시도
- ※ 제1군(노즈 미치무라): 요동반도-직예성-북경 방향; 제2군(오야마 이와오): 요동반도-산동성-북경 방향으로 진격 준비

■ 제2군의 산동반도(山東半島) 전투(1895.1.20~2.17)

- ● 개 요: 일본 정부가 총리 이토 히로부미의 조언에 따라 북경
  점령을 포기하는 대신, 위해위의 청국 북양함대 잔여세력을 격멸
  함으로써 발해 상 제해권 확보하기 위해 시행한 전투
  ☞ 수도 북경이 일본군의 직접적 공략에 완전 노출
- ● 교전부대
- 청국군: 육군 보병 및 기병 17,000여 명; 해군 함정 18척
  * 북양함대 여순항 피탈 후, 위해위(威海衛) 부근 유공도(劉公島),
  일도(日島)에 차단용 수중장애물 설치, 방어 준비
- 일본군: 육군 제2·6사단의 보병·기병·포병·공병 26,000여 명;
  해군 함정 20척 ☞ 육해군 합동작전 경험 축적
  * 북경에 이르는 해상통로 통제, 산동반도-북경에 이르는 지상
  기동로 장악 시도; 청국군의 저항이 미약하자 곧이어 동계
  전과확대 작전 시행; 필요시 직예(直隷)지역 결전 단행

■ 제2군의 산동반도(山東半島) 전투(1895.1.20~2.17)

- ● 경 과
- 1895.1.19, 일본군 제2군 예하 제2·6사단은 요동반도의 대련항
  으로부터 산동반도의 영성만으로 해상이동 시작
  * 청국해군은 리홍장의 "배를 보호하고 전쟁을 피하라 " 는
  지시에 따라 수세적으로 행동, 일본 해군에 무저항
- 1895.1.20~25, 일본군 제2군 예하 제2·6사단 위해위 후방의
  영성만(榮成灣)에 청국군의 저항을 받지 않고 상륙
- 1895.1.26~31, 제2·6사단은 위해위 방향으로 진격
- 1895.2.2, 청국 수비대가 이미 퇴각한 위해위 북측 해안/내륙포대
  점령, 북양함대를 직접 포격할 수 있는 여건 조성
- 1895.2.3~5, 일본 연합함대는 수뢰정 함대를 위해위 앞바다에
  침투, 위해위만 내 정박중인 청국 함정에 대해 어뢰 공격 단행
- 1895.2.7~10, 연합함대의 전 함정은 위해위의 잔여 청국군 포대
  및 북양함대를 포격하여 격멸
- 1895.2.11, 북양함대 사령관 딩루창(丁汝昌), 아편 과다복용/자살
- 1895.2.12, 07:30, 북양함대는 일본 해군에 항복문서 제시/투항

■ 제1·2군의 협조된 후속 요동반도 내륙전투(1895.2.16~4.17)

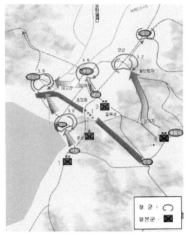

- 개 요: 일본군 제1·2군이 강화를 요청하는 청국과 유리한 정치적 흥정을 하기 위해, 요하 일대의 청국군 주요 거점을 공략한 전투
- 교전부대
  - 청국군: 쑹칭(송경[宋慶]) 지휘 하 보병 및 포병 2만여 명
    * 수도 북경을 방호하기 위해 요하 일대의 지역 확보
  - 일본군: 제1군 예하 제3·5사단, 제2군 예하 제1사단 4만여 명
    * 유리한 강화 조건 달성 위해, 청국을 군사적으로 압박
- 경 과
  - 1895.2.16~21, 청일 양국군은 우장/해성 일대에서 공방전
  - 1894.3.2, 제5사단은 안산(鞍山)으로 공격, 안산을 탈취
  - 1894.3.4~9, 제3사단은 해성-우장-전장대(田庄臺) 방향으로 공격, 목표 점령(전장대에 우장/영구지역 방위 청국군 총사령부 위치)
    * 3.6, 제1사단은 영구 점령 후 전장대 방향으로 계속 공격
  - 1894.3.9, 07:00, 대본영은 요동반도 내륙전투 부대들에게 교전을 중지하고, 전장대로부터 이탈하라고 지시
    *제3·5사단은 해성, 제1사단은 개평으로 철수

■ 제1·2군의 협조된 후속 요동반도 내륙전투(1895.2.16~4.17)

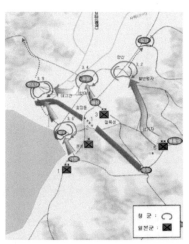

- 1895.3.19~4.17, 청국의 제3차 강화사절단(全權대신 리훙장)과 이토 히로부미는 최종 강화협상 진행
  * 1894.3.24, 리훙장이 일본측 암살범(小山豊太郎)에 의해 안면에 권총으로 피격; 일본은 국제여론을 우려하여 청국에 사과
  * 3.25부터 3주간 임시 휴전 선포(타이완에 대한 군사작전은 제외)
- 일본군 대 청국군 간의 戰線은 해성-개평-위해위를 연하는 선; 양국은 계속 강화협상 진행

후, 1896년 영국 총리 솔즈베리 및 독일 前재상 비스마르크 방문

■ 타이완(臺灣) 침공 및 평정작전(1895.3.25~10.21)

- 개 요: 유럽열강의 강요 및 유도에 의거, 일본이 요동반도를 포기하는
  대신 남방의 타이완을 침공해서 식민지로 만들기 위해 진행한 군사작전
- 교전부대
- 청국군: 팽호제도(澎湖諸島) 정규군 5,000여 명, 타이완 섬 민병대
  약 37,000명
  * 청국정부는 타이완, 팽호제도가 일본에게 피탈되는 사태를 방지할
    여력이 없었고, 차후 반환 받는 조건으로 영국에게 잠시 할양하는
    방안을 협의 ☞ 영국 정부는 타이완 할양이 청국에 대한 열강의
    간섭 및 대거 분할사태 촉발을 우려하여 청국의 제안에 반대
- 일본군:

1기: 1895.3~9	2기: 1895.10
팽호제도 원정대(5,460명)	·육군: 제2사단, 제4사단 일부, 팽호제도 원정대, 노기마레스케 원정대(6,330명), 근위사단(14,000명) ☞ 도합 4만여 명 ·해군: 함정 6척

* 시모노세키 강화조약(1895.4.17)에 의거, 타이완을 정전 대상지역
  에서 제외; 같은 해 10월까지 침공/평정작전 계속

■ 타이완(臺灣) 침공 및 평정작전(1895.3.25~10.21)

- 경 과
※ 러시아·영국·프랑스·독일 등 식민제국들이 일본의 북경 진출을 묵과할
   수 없어, 외교적 교섭 및 압력을 통해 일본의 차후 진출방향을 남방의
   타이완(臺灣)으로 전환하도록 유도
- 1895.3.25~29, 일본의 원정대가 팽호제도로 출발, 3일만에 섬을 점령
- 1895.5.10, 시모노세키조약(1895.4.17) 후 가바야마 수케노리(樺山資紀)
   초대 타이완 총독으로 부임
- 1895.5.23, 시모노세키조약 소식이 전해지자, 초대 대통령 탕징송
   (唐景崧)은 '자유민주 포모사 공화국' 개국 선포, 리우용푸(劉永福)를
   육군총사령관으로 임명
   * 타이완 주민들은 청국 정부가 이 공화국 건국하여 일본에 저항하도록
     하기 위한 잠정적 계략으로 간주; 냉소적 입장 견지
- 1895.6.3, 청국 정부 실권자 서태후의 지시에 의거, 타이완의 주권을
   일본에게 이양(기룡항[基隆港] 내 일본 군함 선상에서 주권이양식 거행)
- 1895.6.4, 탕징송 청국 본토로 도피
- 1895.6.7, 일본 원정군은 타이페이(臺北) 점령, 무질서 수습

■ 타이완(臺灣) 침공 및 평정작전(1895.3.25~10.21)

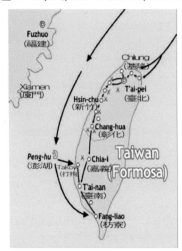

- 1895.6.14, 가바야마 총독, 타이페이 도착하여 대만 내 일본행정부 설치
  * 수천 명의 청국군 포로를 포획하여 청국 내륙 하문(廈門)으로 송환
- 1895.6.26, 리우용푸(劉永福), 자유민주 포모사 공화국의 대통령직을
  인수; 수도를 타이페이로부터 타이난(臺南)으로 이전
  ☞ 공화국의 수명을 5개월 더 연장
- 1895.6.28, 일본군 원정대는 타이완 중부지방 점령 후 타이난 (臺南)
  으로 진격 준비
  * 한족(漢族) 출신의 하카(客家)민병대가 일본군에 저항
- 1895.10.8~21, 일본 육군 증원병력 도착, 치아이(嘉義), 타코우(打拘),
  타이난(臺南)의 3개 방향으로 진격, 타이난 집중 공략 시작
  * 1895.10.10, 리우용푸(劉永福), "포로 미처벌, 관대한 대우, 하문(廈門)
  으로 송환 "을 조건으로 하는 투항의사를 일본측에 전달
  * 1895.10.20, 리우용푸는 패전을 감지, 노무자로 변장, 영국 상선을
  타고 하문(廈門)으로 도피
- 1895.10.21, 타이난의 자유민주 포모사 공화국 투항; 타이완 주민의
  저항 종식; 일본제국의 50년 식민지배 시작

강화(講和) 및 간섭(干涉)

■ 청·일 간 강화조약 체결 과정

일정	협상자		장소	내용	비고
	일본	청국			
1894.11.18	이토 히로부미 (伊藤博文)	리훙장 (李鴻章)	-	리훙장은 여순항이 함락될 무렵, 이토 히로부미에게 종전 및 강화조약 체결을 위한 화의서(和議書) 제출	이토는 화의서 거절
1894.11.26 (1차 사절단)		구스타브 데트링(독일인) 알렉산더 미치 (영국인)	히로시마 (廣島)	리훙장은 자신이 고용한 독일인, 영국인 대표를 히로시마에 파견 * 독일인: 톈진 관세청장, 영국인: 언론인	이토는 접견 거부 및 송환
1895.1.31 ~2.2 (2차 사절단)		존 포스터(미국인) 장인후안(張蔭桓) 샤오요리안(邵友濂)	히로시마 (廣島)	청국대표[미국인 외교고문, 총리아문 首長, 호남성(湖南省) 副省長]는 일본 천황 접견 요구; 이토는 청국 대표의 협상 전권(全權) 미보유를 이유로 협상 중단	존 포스터는 후일 미 국무장관 역임
1895.3.19 ~4.17 (3차 사절단)		리훙장 (李鴻章)	시모노세키 (下關)	이토는 청국이 수용할 수 없는 조건을 들어 종전 시기를 지연했고, 리훙장은 항의; 협상기간 중 리훙장이 암살미수 사건(3.24.)을 당하자, 일본은 국제여론 악화를 우려하여 청국에 사과; 3주간 조건부 정전(타이완 제외) 승인; 청일은 9개 조항의 합의문 타결	합의안: 일본이 먼저 제시, 청국 검토 후 최종 타결

※ 청국 3차 사절단과 일본 정부 간 강화조약 협상

1차(일본 → 청국): 1895.4.5	2차(청국 → 일본): 1895.4.9	3차(일본 → 청국): 1895.4.10
1. 조선의 완전한 독립 및 자주성 2. 청국의 영토 할양: 요동반도 및 개항장 우장(牛庄)을 포함하여 남쪽의 조선 국경으로부터 만주의 연해주 지역 전부; 타이완; 펑후(澎湖) 제도 3. 청국은 4년 반에 걸쳐 3억냥의 배상금 지불; 미지불액에 대해 5% 이자율 적용 4. 할양된 영토의 거주자들에 대해 의무적으로 일본 시민권 부여 5. 청국이 서구 열강들과 맺은 통상조약 수준으로 청일 통상조약 재협상 6. 국제 교역·거주·산업을 위한 7개 도시 개방: 북경, 호북성의 沙市, 호남성의 湘潭, 사천성의 重慶, 광서성의 梧州, 강소성의 蘇州, 절강성의 杭州 7. 청국은 다음의 하천/운하를 개방, 국제기선의 항해를 허용: 宜昌~重慶, 湘潭에 이르는 湘江 및 洞庭湖, 梧州에 이르는 西江, 蘇州/杭州에 이르는 吳淞江 8. 일본산 수출입 품목에 대한 통관세 면제; 일본제 수입품목 운송세 감소 9. 일본은 청국이 배상금 지불 시까지 위하이 및 봉천부(奉天府) 점령 10. 조약이 비준되는 순간, 모든 군사 공격작전 종료	1. 청국과 일본은 모두 조선의 중립을 인정 2. 영토할양은 펑호제도와 만주지역 중 조선과의 국경에 인접한 지역으로 한정; 만주에서 할양될 영토는 安東縣과 寬甸縣, 鳳凰城가 秀嚴縣로 한정; 상기 영토는 북경에서 가장 멀리 떨어져 있고, 요동반도의 牛庄의 개항장 또는 타이완을 미포함 3. 배상금은 최초 요구금의 1/3로 감액 4. 일본정부는 일본 신민들에게 보장하는 재산권을 할양된 영토에 거주하지 않는 청국인들에게도 동등히 보장 5. 새로운 청일조약은 완전히 호혜적이며, 청국이 유럽 열강과 맺은 조약과 같은 '불평등조약'이 아님; 국제통상을 위해 추가적으로 개방하는 도시 또는 강은 없으며, 관세도 미감면 6. 청국이 배상금을 완전히 청산할 때까지 무크뎬(奉天)을 제외한 위하이웨이(威海衛)만 일본에게 담보물로 저당됨 7. 향후 발생하는 모든 이견(異見)은 국제적 중재에 부침 8. 모든 공세적 군사작전은 조약이 비준될 때가 아니라 조인되는 순간 중지	1. 일본은 조선이 중립국임을 인정하는 것을 거부; 일본을 제외하고 청국만이 조선의 독립을 인정할 것을 요구 2. 일본은 만주 내 할양지역으로 요동반도 및 우장을 포함하되, 무크뎬을 제외한 해안을 연한 협소한 폭의 지역으로 축소하는데 동의; 타이완 및 펑호제도는 할양대상 목록에 포함 3. 일본은 배상금 2억냥 지급 관련 차액을 분할하고, 지급기한을 7년 6개월로 늘림 4. 청일은 할양된 영토 내 청국인들의 재산권 보장을 거부 5. 일본은 향후 조약에서 청국에게 동등한 대우를 미보장. 그 대신 청국이 과거 유럽열강과 맺은 조약들을 새로운 조약의 기준으로 삼음; 여기에 놓인 잠재적 메세지는 일본이 유럽국가들을 모방하여, 청국과 불평등조약을 체결할 의사가 있음을 의미 6. 일본은 국제통상을 위해 개방할 청국 도시의 수는 7개에서 4개로 감소. 북경, 湘潭, 梧州에 대한 개방 요구는 철회함; 牛庄과 湘潭의 개방되지 않고 조문 이들과 연결되는 수로 또한 제외되지만, 일본은 청국에서의 내륙통상권을 요구함 7. 일본은 무크뎬을 담보지로 삼지 않는데 동의; 위하이가 여전히 배상금 지불기간 중 담보지 역할; 그 이후 청국의 관세수입이 담보금 역할을 함 8. 일본은 차후 분쟁을 해결 관련 국제중재를 거부 9. 일본은 청국이 조약을 비준할 때까지 공세적 군사작전의 종료를 거부

※ 1985.4.10, 리훙장과 이토 히로부미는 재접견, 일본측의 3차 조약안을 수용; 4.17, 청일 양국의 전권대사(全權大使)들이 강화조약에 서명

※ 청국 3차 사절단과 일본 정부 간 강화조약 협상: 주요 할양/개방 대상지역

■ **독·러·불 삼국간섭** ☞ 국제정치의 지구화 현상 시작, 한반도에서 러·일의 대립시대 개막

● 간섭국가: 독일·러시아·프랑스
* Sarah Paine은 독일이 삼국간섭을 주도했다고 주장; 최문형은 독일이 러불동맹을 이간시키기 위해 삼국간섭에 참여 했다고 주장; 러시아는 청국에 대한 차관 제공(경제적 침투) 문제에서 독일을 배제 ☞ 삼국의 연합은 와해
● 간섭기간: 1894.4.23~7월초(약 2개월)
● 3개 간섭국가의 동북아 해역 내 무력시위 ☞ 일본정부에 대해 군사/외교적 압박

구 분	3개 간섭국가가 동북아 해역 내전개 해군력	일본의 해군력
함정수 및 배수량	38척, 총 배수량 95,000톤	31척, 총 배수량 57,000톤
전투력 비율	1.67	1

● 3개 간섭국가의 요구조건: 요동반도 반납
● 일본의 대응

제1방안	제2방안	제3방안
거부	수락	국제회의 중재
일본은 3국과 전쟁을 각오	일본에게 굴욕적; 국내 여론 반발 감수	일본은 청국이 일본에 보상금을 지불하는 조건 으로 요동반도 전면 반납 수용(5월10일) * 러시아는 이 조건에 추가하여 대만해협 자유 항행 보장 요구 ☞ 일본은 이를 수용

토 의

■ 생각해 볼 사안들......

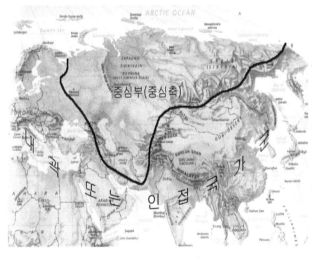

중심부(중심축)

내곽 또는 인접국가

● 19세기 매킨더가 주장한
유라시아 지정학적 관계는
현재와 미래에도 유효한가?

● 19세기 유라시아 중심부국가
러시아의 역할을 지금은
누가 하고 있는가?

● 19세기 유라시아 내곽(인접
국가) 영국의 역할을 지금은
누가 하고 있는가?

● 19세기 세력권(SOI) 논리는
현재 어떻게 작용하는가?

제5강

운요호 사건과 조일수호조규(강화도조약)
— 조규(條規)-조약체제(條約體制)의 각축

이희환*

차례

---

* 인천학연구원 학술연구교수, 계간 「황해문화」 편집위원

운요호 사건과 조일수호조규(강화도조약)

조규(條規)-조약(條約) 체제의 각축

이희환 인천대학교 인천학연구원 학술연구교수

"雲揚艦兵士朝鮮﹆工華戰之圖"(芳年, 1876)

인천개항사와 동아시아

기존 연구의 편향과 협소한 시각

-최근 개항시기 인천사와 仁川租界(개항장)에 대한 연구가 다양한 각도
 에서 시도되고 있음. 뿐만 아니라 중국, 일본 조계와의 비교연구로 확
 대되는 추세.
-그러나 그간 인천조계에 대한 연구는 주로 일본인들이 남겨놓은 자료와
 통계에 크게 의존해 연구되어왔음.

극복해야 할 과제들

1. <<仁川府史>>(仁川府, 1933)의 "仁川의 生成發達"이라는 시각에서
   크게 벗어나지 못함.
2. 인천조계에서 벌어진 사건들이 한국근대사 혹은 동아시아 근대사의
   주요한 흐름과는 다소 무연한 자리에서 고립된 채 개별적으로 연구됨
3. "인천에서 왜 병인·신미양요, 운양호사건, 제물포조약, 청일전쟁과 러
   일전쟁과 같은 굵직한 사건들이 일어날 수밖에 없었는가?"

인천개항사와 동아시아

기존 연구의 주된 논의

日本의 압도적 영향력만 강조
-'잡초만 우거진 한촌寒村인 濟物浦를 일본인들이 상전벽해桑田碧海의 근
  대도시로 만들었다'는 식민주의 담론

연구 영역의 축소와 '최초사' 담론의 공허
-인천 개항사는 濟物浦 지역에 공간적 영역을 한정하여 연구,
  전국적인 관점에서는 주로 '한국 근대최초'라는 담론에 한정

淸國租界 연구의 빈곤
-청일전쟁 이전 시기의 인천조계에서 청의 정책이나 활동, 그리고 청국조
  계의 생활상과 문화에 대한 연구 빈약

정태적인 연구
-인천조계의 변모과정을 동아시아 정세와 연관 짓는 역동성 결여

인천개항사와 동아시아

동아시아 시각의 필요성

中國 : 1840년 아편전쟁의 발발과 함께 남경조약의 체결로 5개항을 개항하
고, 이후 반식민지 상태에서 약개約開, 자개항自開港을 열었던 중국의 개항
사
日本 : 미국 페리 제독의 내함 이래 1858년 미국을 비롯한 5개국과 修好通
商條約을 체결하여 근대적 條約體制로 나아갔던 일본의 개항사
朝鮮 : 중화체제를 이끌었던 淸 帝國의 쇠퇴와 동아시아의 새로운 제국주의
국가로 성장하는 日本, 그리고 여기에 서구열강의 동아시아 정책이 각축하
는 19세기 동아시아 국제정세의 축소판인 조선의 개항사

동아시아의 시각
-중화대륙과 근대해양 사이에 위치한 조선반도의 뒤늦은 개항을 둘러싼 다
양한 역학관계, 여기에 조선 내의 다양한 주체세력의 현실인식과 대립, 투
쟁의 역동적 과정
-> 동아시아적 시각을 인천 개항사나 조계 연구에 적용해야
 (예 : 同順泰를 중심으로 한 華商 Network 연구 등)

동아시아 삼국의 개항

아편전쟁 광저우전투

요코하마에 상륙하는 페리함대

조일수호조규 협상

-중국 : 1840년 아편전쟁을 겪고 1842년 남경조약을 체결하여 서양세력에 5개 항 개항
-1860년 애로호(Arrow War) 사건으로 북경조약을 통해 천진을 비롯한 2차 개항
-이후 중국은 중체서용(中體西用)을 내걸고 양무에 힘씀
-일본 : 1854년 미국 페리 함대에 의해 불평등조약을 맺고 문호를 처음 연 일본
-일본은, 허약한 봉건 막부체제가 무너지는 동시에 명치유신 정권을 수립함으로써 급속한 근대화의 길로 나아감
-한국 : 1876년 2월 3일 일본과 조일수호조규(朝日修好條規, 일명 병자수호조약, 강화도조약) 체결하여 뒤늦게 세계체제로

인천 앞바다로 몰려오는 흑선들

베이질 홀의 대청군도 탐사

1816년 영국의 베이질 홀(Basil Hall) 함장은 군함 알세스트(Alceste) 호와 리라(Lyra) 호를 이끌고 조선 서해안 일대를 탐사하고 최초로 방문했던 대청군도를 해도에다 표기하면서 자신의 부친 이름을 따 'Sir James Hall Island'라고 명명

인천 앞바다로 몰려오는 흑선들

독일상인 오페르트의 3차 통상요구

"강화도 포대" 삽화

1866년 3월 프랑스 베르뇌(Berneux) 주교를 비롯한 신부 8명이 대원군에 의해 처형되는 병인사옥이 일어났다. 바로 이 해 독일계미국 상인 오페르트(Ernst J. Oppert, 1832~1903)가 조선의 서해안을 찾아왔다. 그는 젊은 시절부터 홍콩에서 무역업을 시작한 것을 계기로 1866년을 시작으로 모두 세 차례에 걸쳐 서해안을 탐사하면서 통상을 요구하였다. 1866년 2월, 1차로 흑산도를 거쳐 아산만 일대를 탐사한 뒤 돌아갔고, 6월에는 2차로 충남 해미를 방문한 후 덕적도를 거쳐 강화도를 탐사하면서 조선정부로 하여금 수교협상에 나설 것을 촉구하는 한편, 천주교 박해의 실상을 조사해갔다. 다시 3차로 1868년 4월 방문하였는데, 그는 바로 이때 대원군의 부친인 남연군의 무덤을 발굴하면서까지 통상을 요구하다가 발각되어 실패.

인천 앞바다로 몰려오는 흑선들

병인양요(1866)

프랑스 화보신문 〈일뤼스트라시옹〉에 수록된 조선원정 삽화

인천 앞바다로 몰려오는 흑선들

신미양요(1871)

함상에 帥字旗를 걸어놓고
기념촬영하는 털톤 대위(右) 일행

운요오호(雲揚號) 사건

서계 접수 갈등
명치유신 이후 조선과의 교섭에 적극적이었던 일본은 1875년에 여러 차례 교섭을 촉구하는 서계를 보냄. 그러나 새로운 일본이 거듭 보내온 서계에는 화이론(華夷論)적 질서에 어긋나게 황(皇), 칙(勅) 등 명치천황을 황제로 칭하는 용어를 구사하여 교섭을 요구하는 내용임. 서세동점 하에 중국과 일본의 정세를 헤아린 판중추 박규수와 훈련도감지사 양헌수(梁憲洙) 등은 서계를 접수해야 한다고 주장하였으나 대부분의 관료들은 기존의 관행에 어긋나는 서계를 받아들여서는 안 된다는 반대하여 결국 일본의 서계접수를 거듭 거부함.

일본에서 나온 정한론(征韓論)
명치정부의 외교문서인 서계 접수를 거부한 조선을 정벌하자는 주장이 나옴. 명치정부에서는 정부에 불만을 품은 세력의 관심을 외부 조선으로 돌리고자 정한론을 공공연하게 주장하고 이를 실제로 기획, 유도함.
1873년 실권을 쥐고 있던 대원군의 실각과 함께 고종이 친정을 펴면서 완강한 쇄국정책에서 한발 물러나는 상황이 조성됨. 명치정부에서는 무력을 과시해서 조선의 서계 접수를 강제하고 조선과 통상조약을 체결하고자 운요오호를 파견함.

운요오호(雲揚號) 사건

1875년 4월에 일본군함 운요오호가 예고 없이 부산에 입항하여 영일만 일대까지 해안을 측량하면서 무력시위를 벌임. 1870년 7월에 영국에서 건조되어 일본 해군에 인도된 최신식 군함이었던 운요오호는 동해안을 따라 함경도 영흥만까지 진입하였다가 귀환하면서 해안을 측량함.(제1차 운요오호 시위사건)

운요오호(雲揚號) 사건

1차 시위에도 불구하고 조선정부에서 운요오호의 함포 발사 등에 항의하고 여전히 서계접수를 거부하자 명치정부에서는 1875년 9월 운요오호를 조선 서해안으로 출병시킴.
이제까지 대외적으로 많이 알려진 것은 운요오호의 함께 이노우에 요시카(井上良馨)가 사건 이후 귀국해 정부에 제출한 보고서의 내용을 기초로 1875년 9월 21일 하루에 일어난 사건으로 알려짐.

<이노우에의 운요오호사건 보고서> (1875. 10. 8)
1875년 9월 21년 중국 우장으로 가던 운요오호가 식수를 구하고자 강화초지진 앞에 도착.
보트를 내려 10여 명이 타고 초지진 쪽으로 접근 중 조선 수비군의 포격 일본 국기를 단 운요오호에서 초지진을 향해 함포사건을 가함.
그날 오후 영종도에 상륙해서 수십 명을 죽이고 노획물을 거두어 귀환

-> 식수를 구한다는 인도적인 목적으로 타국 영해 침범을 합리화
-> 일본 국기를 달았는데도 조선에서 먼저 공격해서 대응했다고 서양제국에 합리화
-> 실제 3일간 전개된 운요오호의 의도된 도발을 고의로 하루로 축소.

운요오호(雲揚號) 사건

최초 운요오호사건 보고서
실제로 이노우에 함장이 보고서를 사실대로 기술해 제출한 것은 1875년 9월 29일자 사건보고서였으나 국제법을 위반한 일본의 행위를 감추기 위해 거짓 보고서가 작성돼 공개됨.

이태진교수가 발굴한 〈明治8년 孟春.雲楊 조선회항기사〉

운요오호(雲揚號) 사건

실제 운요오호의 행적

9월 20일
측량, 조사, 조선 관리 면담을 위해 소총으로 무장한 22명을 오후 1시 40분에 보트를 타고 웅도에서 강화 초지진으로 보냄. 오후 4시 30분, 초지진에서 대.소포 발사. 응사 후 퇴각, 밤 9시ㅇ 전원 귀함.

9월 21일
새벽 4시 전원 집합. 증기기관 점화. 보복 공격 다짐 후 10시 42분 초지진 초대로 접근. 수심이 낮고 조류가 빠르며 암초가 산재해 접근 불가. 상호 포격전 중 운요오호에서 발사한 포탄이 해안 포대 2대소에 명중. 육전을 하려고 했지만, 상륙이 어려워 초지진 포기하고 제2포대(황산도) 상륙해 불태우고 오후 6시 5분 퇴각

9월 22일
오전 5시 전원 집합. 제1포대(영종도)로 항함. 7시 43분 보트 2척으로 상륙해 상호 교전 중 30여 명 사살, 국기 게양, 대포 36문을 비롯해 많은 무기 노획하고 성을 불태움. 오후 10시 30분 전원 귀함. 승리 축하연

운요오호(雲揚號) 사건

조작된 운요오호사건 보고서

운요오사건의 기획은 당시 오쿠보 내각의 법제국 장관을 맡고 있던 이토 히로부미(伊藤博文)에 의해 사전 기획되고 실제 사건도 의폐된 것으로 밝혀짐.

급진파와 자유민권파의 오쿠보 내각에 대한 공격을 외부로 눈을 돌려서 차단하고 반대파를 제거하는 한편, 서계접수를 거부한 조선에 대하여 포함외교 방식을 동원해 조약을 강제하고 문호를 열게 함으로써 일본의 진출을 목적으로 한 치밀한 기획이었음.

명치언론의 호전적인 운요오호사건 보도

"雲揚艦兵士朝鮮江華戰之圖"(芳年, 1876)

명치언론의 호전적인 운요오호사건 보도

"朝鮮の戰爭"(芳年, 1876)

운요오호사건 이후

1875년 8월 22일(음력) 운양호가 영종진을 무단 침략하여 발생한 을해왜요 (乙亥倭擾) 전투에서 순국하신 호국영령 35위를 모시는 추모제가 2005년에 처음으로 인천문화발전연구원이 주최하여 영종발전협의회와 주민들이 함께 봉행해오고 있다2012년부터는 사단법인 영종발전협의회가 주민들과 함께 주최, 주관함.

영종진전몰영령추모비와 추모제 행사

운요오호사건 이후

영종도 전투에서 영종진 병사 중 35명이 사망하였으며 일본군은 2명
이 부상함. 일본군은 대포와 군수품을 노획한 뒤 성내에 불을 질러 관
아건물과 민가를 완전히 소진시키고 나가사키로 귀환.

영종진의 함락은 당시 조선의 위정자들에게 엄청난 정신적 충격을 줌.
영종진 함락 후 조선은 인천부를 방어영으로 승격시키는 동시에 강화
유수부에 예속되어 있던 영종진을 인천방어영에 예속시킴. 그러나 영
종은 바닷길의 요충지이므로 인천부에 예속시키지 말고 다시 진을 세
워야 한다는 경기감사와 강화유수의 건의에 따라 9월 30일에 영종진
을 복설함.

조선의 서해안에서 무력을 행사하고 일본으로 귀환한 운요오호는 식
수를 구하기 위해 초지진에 접근하였다가 포격을 받아 어쩔 수 없이
응사하였다고 역선전하며 일본인들의 조선에 대한 반감을 북돋움. 조
선측에서 일본인들에게 위해를 가할 수 있다고 하면서 부산 초량의 일
본 공관과 일본인들을 보호한다는 구실로 군함을 부산에 출동시킴

조일수호조규 일명 '강화도조약' 체결

운요오호의 무력행사로 충격을 받은 조선 정부는 좌의정 이최응(李最
應)의 건의에 따라 일단 서계 원본을 접수하기로 하고 일본과 교섭을
시도하였다. 그러나 일본은 이미 개항을 강요하고 전권변리대신을 파
견하여 조·일 양국의 국교를 일거에 타결하기로 결정한 상태. 조선이
서계를 받아들일 의사가 있다고 전달하고 전권대신의 파견을 중지하
라고 요청하였으나 일본측은 전혀 듣지 않음. 당시 일본은 조선과 조
약 체결을 위해 전쟁까지도 불사하겠다는 의지였으며 이를 위해 원정
군 편제까지 갖추어 놓은 상태.

일본은 또 교섭에 유리한 조건을 만들기 위해 청에 먼저 사절을 보내
어 협조를 구함. 군사동원체제를 갖추고 청의 간섭까지 배제한 일
본은 전권변리대신으로 구로다(黑田淸隆)를 보냄. 1875년 12월 19일
에 부산에 입항한 그는 조선과 상의하기 위해 강화도로 나아갈 것이
며 조선의 대신이 그곳에서 응대하지 않으면 서울로 직항할 것이라고
통고함.

조일수호조규 일명 '강화도조약' 체결

조선은 일본의 강압적 요구에 대해 강경 대응과 온건 처리를 두고 아무 대책도 수립하지 못함. 그러나 개국을 권장하기 위한 청의 사절이 도착하고 좌의정 이최응이 건의한 완화책에 국왕이 찬성하여 접견대신에 신헌(申櫶), 부관에 윤자승(尹滋承)을 임명하여 강화로 회담장소인 강화도에 파송함

"일본군함"(〈강화도조약사진첩〉, 1876)

조일수호조규 일명 '강화도조약' 체결

■ 조일수호조규

1876년 2월 3일(음력) 강화 연무당(鍊武堂)에서 전권대신 신헌(申櫶)과 특명전권판리대신(特命全權辦理大臣) 구로다 기요타카[黑田淸隆] 사이에 12조로 된 조일수호조규를 체결함.

중요 내용은 ① 조선은 자주의 나라로 일본과 평등한 권리를 가진다 (제1조) ② 양국은 15개월 뒤에 수시로 사신을 파견하여 교제 사무를 협의한다 (제2조) ③ 조선은 부산 이외에 두 항구를 20개월 이내에 개항하여 통상을 해야 한다(제5조) ④ 조선은 연안 항해의 안전을 위해 일본 항해자로 하여금 측량을 허용한다(제7조) ⑤ 개항장에서 일어난 양국인 사이의 범죄 사건은 속인주의에 입각하여 자국의 법에 의하여 처리한다(제10조) ⑥ 양국 상인의 편의를 꾀하기 위해 추후 통상 장정을 체결한다(제11조)

특히, 제1조는 조선과 청나라와의 관계를 약화시키려는 의도로 평가되며, 제5조는 원산과 인천을 개항하게 함으로써 통상 업무 이외에 정치적·군사적 침략 의도가 내포된 것. 그리고 제7조는 조선 연안 측량권을 얻음으로써 군사작전 시 상륙 지점을 정탐하게 하였으며, 제10조는 영사재판권을 인정한 불평등조약.

조일수호조규 일명 '강화도조약' 체결

조일수호조규는 근본적으로는 모든 독립국가는 평등한 주권을 향유한다는 서구적 이념과 원칙에 입각하여 한·일관계를 재규정함으로써 동아시아적 국교체제를 거부한 것. 간접적으로 중국의 종주권을 부정함으로써 조선은 일단 근대 국제사회의 일원으로 편입된 셈.

그러나 강화도조약과 1876년 8월에 조인된 조일수호조규부록 및 통상장정은 모두 전형적인 불평등조약. 부산과 동해, 서해에서 각각 한 곳씩 항구를 개방하여 일본의 경제·군사적 침투를 보장하였으며, 영사재판권에 의한 치외법권이 인정되고 조계에 해당하는 거류지가 설정된 것.

일본과의 수호조약 체결은 곧바로 부산의 개항으로 이어짐. 수신사 김기수 일행은 조약 체결 직후인 1876년 4월 29일 육로를 통해 부산까지 내려와서 일본 기선을 타고 근대화의 도상에 이미 들어선 일본을 참관하고자 동경으로 떠남. 이 해 연말에는 일본과 부산일조계조약(釜山日租界條約) 체결됨으로써 일본 세력의 조선 침략이 본격화.

1883년 제물포의 개항

■ 〈花島鎭圖〉(1879)의 원인천 지역인 문학산 일대

-제물포 지역은 원래 인천군 다소면多所面의 해안의 제물량濟物梁 일대로 인천군 관아가 있던 인천읍내와는 직선 거리로 7km 거리에 위치
-일본인들에 의해 제물포 지역에 개항장이 마련된 후 원인천의 중심 지역인 인천읍 지역이 몰락하고 개항장을 중심으로 한 '새인천'이 탄생함
-안관당의 훼철, 인천도호부 관아에 보통학교와 경찰주재소 설치.

〈화도진도〉상의 제물포지역(붉은원)과 문학산 지역(푸른 원)

19세기 후반 동아시아-'條規體制論'의 시각

김민규의 '條規體制論'
: '條規體制論'은 인천조계의 역사적 변동을 역동적으로 살펴볼 수 있는 거시적 시각을 제공함.
-주요내용: 서구의 조약체제에 맞서 중화체제中華體制의 변용變容인 條規體制의 강제를 통해 조선에서의 패권을 유지하려는 淸과, 근대 조약체제를 조선에 강제하여 청으로부터 탈각시켜 식민화하려 했던 日本의 각축이 1871년에서 1899까지 동아시아 정세의 핵심적 갈등 축

1871년에 체결한 '大淸國大日本國修好條規'
: "평등조약의 효시"이자 "자주적으로 맺은 최초의 근대적 조약"으로 평가되어 왔지만 이는 '條約'이 아닌 '條規'
- 조선에 대한 청의 종주권을 불식시켜 중화질서체제의 전복을 꿈꾸었던 日本의 요구와, 서구국가와는 달리 동아시아 국가와는 '조약'이라는 용어를 사용하지 않고 '條規' 혹은 '章程'이라는 형식으로 전통적인 조공체제를 온존시키려 한 淸의 이해가 맞물린 변형된 朝貢體制의 산물

19세기 후반 동아시아 '조규체제론'의 시각

-1876년 '江華島條約': 실제 조약문 명칭은 '大朝鮮國大日本國修好條規'
-1882년 '濟物浦條約': 壬午軍亂의 결과 조선과 일본간에 맺은 '濟物浦條約'도 '條約'이 아니라 '約定'임('明治十五年京城暴徒事變二關スル日韓先後約定')
-1884년 '漢城條約': 甲申政變의 사후처리로 조선과 일본이 맺은 '한성조약'도 역시 '약정'임('明治十七年京城暴徒事變二關スル日韓先後約定')
-일본과 청이 맺은 '天津條約'이 아니라 '天津會議'로 보는 것이 타당하다는 점 등을 실증적으로 제시함.

-> 1871년 무렵부터 청일전쟁을 거쳐 조선이 만국공법萬國公法에 입각하여 청과 대등하게 체결한 1899년의 '韓淸通商條約'의 체결에 이르기까지, 동아시아 있어 근대적인 **"條約體制"**와 길항했던 조공체제의 변형인 **"條規體制"**가 작동하였다!

"他國이 맺은 것이 條約인바 (이는) 반드시 양국의 批准을 거친 후에 행해지는 것이다. 지금 (우리가) 정하려는 것은 章程인바 (이는) 朝廷이 특별히 許諾하는 것이다. 條約은 彼此가 대등하게 맺는 約章이지만, 章程이라 함은 上下가 정하는 條規인 것이다. 그 명칭이 틀리므로 그 實 역시 不同하다."

　　　　　-李鴻章, <<淸季中日韓關係史料>> 第三卷, p.984

-1880년 황쭌셴黃遵憲을 통해 조선의 개화파 관료에게 <<朝鮮策略>>을 전해주면서 '親淸, 結日本, 聯美國'을 제언했던 底意
-> 조선을 '事大秩序의 租貢國'이 아니라 '國際法上의 屬國'으로 자리매김하는 동시에 조선이 구미국가와 대등한 조약을 맺는 것을 권장하여 조규체제 아래 조약체제를 포섭하려 했다는 것.

-1882년 조선이 서구국가와 맺은 최초의 대등한 국가간 조약인 '朝美修好通商條約'(1882. 4. 6)은 淸의 권유에 따라 체결된 조약
- 그러나 그 직후에 淸과 朝鮮과 맺은 '朝淸商民水陸貿易章程'은 그 前文에 屬邦條款을 명문화함.

朝鮮은 오랜 屬邦이므로 法典과 禮式에 關한 一切는 모두 定制가 있으므로 다시 議論할 必要가 없고 오직 現在 各國이 이미 水路로 通商하고 있는 만큼 우리도 急히 '航海禁止'를 廢止하여 兩國의 商民으로 하여금 一體相互貿易에 從事하여 한가지로 利益의 惠澤을 받게하는 것이 마땅한바 그 境界線과 '互市'의 例도 또한 隨時하여 變通할 것이나 오직 今番 締結하는 水陸貿易章程은 中國이 屬邦을 優待하는 厚意에서 나온 것인만큼 다른 各國과 一體 均霑하는 例와는 같지 않으므로 여기에 各項約定을 左와 如히 한다.

　　　　　　　-「朝淸商民水陸貿易章程」前文,
　　　　　　　<<舊韓末條約彙纂1876-1945>> 下, 392면.

'조규체제'의 강제와 청국조계의 성쇠

1882년 軍役商人의 조선 이주
청국은 壬午軍亂을 평정하기 위해 吳長慶 제독을 총지휘자로 삼아 군대를 조선에 파견할 때, 이들 청군과 함께 40여 명의 청국 상인들이 동행함.
이들 40여 명 상인들의 역할은 조선에 주둔하고 있는 군대에 각종 생필품을 공급.
廣東 등지의 南方商人들로 주로 구성된 이들 軍役商人들은 이후 조선에 있어 華商의 시장개척자의 역할을 담당
   - 이옥련, <<인천 화교 사회의 형성과 전개>>(2008), 44~45면.

청국조계 설정의 초기성격
1884년 4월 2일에 체결된 '仁川口華商地界章程'.

"제1조 1. 조선 인천 제물포의 海關 서북지방 繪圖에 붉은 그림으로 밝힌 地址에 華商 거주인이 가득 차서 마땅히 새로 확충하여 지지를 넓이게 될 때에는 華商들을 적당히 각국조계지 내에서도 역시 무역 거주하여도 가하다." - <<舊韓末條約彙纂1876-1945>> 下, 422면.

'조규체제'의 강제와 청국조계의 성쇠

	漢城	麻浦	仁川	釜山	元山	合計
1883	26	23	63			162
1884	352		235	15	64	666
1885	108		48	17	91	264
1886	119		205	87	57	468
1891	751		563	138	37	1,489
1892	957		637	148	63	1,805
1893	1,254		711	142	75	2,182

<표 2> 1883~1893년 淸國人의 도시별 居住者數

'조규체제'의 강제와 청국조계의 성쇠

인천조계에 있어서의 청국의 영향력
- '조청상민수륙무역장정' 전문에 속방조관 명문화
- (제4조) 漢城을 開市場으로 삼고 戶組(여행허가증)가 있으면 전국에 행상을 할 수 있음 (제7조)-沿岸貿易權 清나라에만 獨占적으로 허용
조선의 해관 설치에 있어서도 청국의 영향력이 크게 반영
- 이홍장의 추천으로 상해해관에 근무하던 독일인 묄렌도르프 고용
청의 보호 아래 인천 華商들의 급속한 성장
- 1890년부터 청일전쟁 때까지의 4년간은 수입무역에서 일본인들을 능가
삼리채거류지로의 확장 : 취급서나 조문도 없는 일방적인 雜居

"총 41가구에 인구는 521명(여자 23명), 직업별로는 관리 27명, 상인 100명, 노동자 371명, 농민 22명이다. 가옥은 대부분 서양식을 모방해 매우 볼 만하다. 거류민의 풍속은 소박하며 분수를 지키고 있다. 그러한 청국인의 풍속과 일본상인과를 비교하여 보면 거의 정반대라고 할 수 있으니, 요즘 들어 청나라 사람들의 무역이 날로 커가는 것도 까닭이 있는 것이다. (……) 청나라 상인들 중 德興號, 怡泰號, 同順泰, 義生號 등은 중요 상인들이다."
- **靑山好惠**, <<仁川事情>>, 朝鮮新報社, 1892, p.11.

'조규체제'의 강제와 청국조계의 성쇠

"1895년 1월 15일, 나가사키를 거처 제물포에 닿았을 때 (……) 한때 장사가 번창하고 밤낮으로 북소리 징소리 폭죽소리가 요란하던 중국인 거리는 조용하고 황폐했으며 (……) 거리에는 단 중국인도 없었다. (……) 일본 점령기의 중국인 거리는 중세의 페스트 오염지역 만큼이나 궤멸적인 모습을 보이고 있었다."
- 이사벨라 버드 비숍, <<한국과 그 이웃나라들>>(1897)

- 삼리채거류지를 중심으로 생계를 위해 남아있던 청인 약 150가구
- 조선인들과 삶의 터전을 놓고 치열하게 갈등
- 일제시대까지 인천에서 중국인거리를 이루고 살아옴

★예외적인 중국인 우리탕(吳禮堂, Woo Li Tang) : "淸國외교관 출신으로 仁川海關 일을 보면서 韓末外交의 숨은 공로자로 활동"(신태범, <<인천한세기>>, 53면)로 기억되는 인물로 존스톤별장과 함께 당시 인천의 랜드마크 구실을 했던 '오례당'이라는 독일식 호화주택의 소유자. 1912년 죽은 후에도 중국인묘지인 의장지에 묻히지 않고 각국조계에 있는 外人墓地에 묻힘

'조규체제'의 강제와 청국조계의 성쇠

淸國租界의 확장
- 초기 화교는 남방 상인의 비중이 높았으나 점차로 山東省 출신을 중심으로 한 북방 상인 중심으로 변모
- 청일전쟁 이전까지 袁世凱를 비롯한 자국정부의 강력한 후원 속에서 청국 전관조계는 전성기를 구가함
- 華農이 크게 增加하여 부천군 다주면에 농장을 차리고 경인간의 채소공급을 독점함.

청국조계의 쇠퇴
- 1894년 淸日戰爭의 敗北는 청국조계의 一時的 沒落을 가져옴
- 청국 상인들의 활동범위는 3개의 조계 지역으로 국한
- 청 거상들은 대부분 철수하였으며 기반이 붕괴됨.
- 경제적 측면에서는 청국조계는 지속적으로 주요한 화상의 근거지

개항 직후의 제물포 개항장

朝仁川濟物浦各國租界地圖
PLAN
of the
GENERAL FOREIGN SETTLEMENT
AT
CHEMULPO.

A 인천해관 / B 청국전관조계 / 가운데 일본전관조계 / 노란색과 붉은색 지역이 각국공동조계

■ 〈 제물포 각국조계지도〉 1883.
- 일본을 위시한 외국세력은 개항장(開港場)에서 통상거주(通商居住)와 치외법권(治外法權)의 자유를 위해 조계 설정.
- 일본과 인천구조계약서(仁川口租界約書, 1883. 9. 30) 체결
- 청나라와 조청상민수륙무역장정(朝淸商民水陸貿易章程, 1882. 8. 23), 인천구화상지계장정(仁川口華商地界章程, 1884. 4. 2) 체결
- 인천제물포각국조계장정(仁川濟物浦各國租界章程, 1884. 11. 7)을 체결.

1876. 2. 26. '朝日修好條規'의 체결.
1877. 1. 30. '釜山港居留地借入約書(釜山港租界條約)' 체결.
1879. 8. 30. '元山津開港豫約' 조인.
1881. 8. 4. '元山津租界協定書' 조인.

1882. 5. 22. 최초의 국가간 근대 조약인 '朝美修好通商條約' 체결.
1882. 6. 6. '朝英修好通商條約', '朝獨修好通商條約' 체결.
1882. 7. 23. 壬午軍亂 발발.
1882. 8. 30. 壬午軍亂의 사후처리를 위한
　　　　　　　'明治十五年日韓先後約定(濟物浦條約)' 체결.
1882. 11. 30. '朝淸商民水陸貿易章程' 조인.

1883. 1. 1. '明治十五年日韓先後約定'에 따라 인천항 개항.
1883. 9. 30. '仁川口租界約書' 체결에 따라 日本租界(7,000평) 설정.
1884. 4. 1. 仁川口華商地界章程에 따라 淸國租界(5,000평) 설정.
1884. 11. 7. '仁川濟物浦各國租界章程'에 따라
　　　　　　　各國共同租界(약 10만 평) 설정.
1884. 12. 4. 甲申政變 발발.
1885. 1. 9. 甲申政變의 사후처리를 위한
　　　　　　　'明治十七年日韓先後約定(일명 漢城條約)'의 체결.
1886. 6. 4. '朝佛修好通商條約' 조인.
1888. 8. 20. '朝露陸路通商章程' 조인.
1888. 11. 21. '仁川居留地規則' 조인.

조약체제의 작동과 인천조계의 형성

朝鮮 租界 전반적 특성
: 中國이나 日本의 租界(居留地)가 여러 나라가 함께 사용하는 共同租界의 성격이 강한 반면, 朝鮮에 설정된 租界는 전반적으로 日本의 독점적 지위를 보장하는 專管租界 성격이 강함

조선에서는 인천에 유일하게 各國共同租界가 설정됨.
(영국·일본·청국·러시아의 領事館 설치, 各國居留地 議會, 外人墓地, 濟物浦俱樂部 운영)

인천항과 동아시아 개항도시간 Network 구축
- 1884년 영국의 자딘 매디슨(Jardine Matheson, 이화양행)의 최초 국제 기선 운행.
- 1880년 중반부터 日本郵船會社와 中國商船會社(China Merchants Steam Navigation Co.)의 경쟁. 1892년부터 大阪商船會社 가담.

제물포 개항장의 청/일 영사관

■ 일본영사관, 청국이사청

-조계 지역 내에 별도의 외국인 행정기구로 각국 영사관 설치됨.
-1882년 4월에 가청사를 마련하면서 일본영사관이 처음 설치됨. 일본영사관은 1883년 10월에 양식 2층 목조건물의 본청사를 준공하여 이주하였고 부속경찰서와 병원, 감옥까지 마련하여 운영함.
-일본에 뒤이어 영국영사관(1884. 4)과 청국이사부(1884. 4)가 곧 개설되었고, 러일전쟁 직전에는 러시아영사관(1902. 10)이 이설됨.
-외국 영사관의 설치에 이어 각국조계가 설정된 뒤에는 이를 공동 관리하는 자치의회 격인 신동공사紳董公司가 설치되고, 그 집행기관으로 조계자치구청租界自治區廳이 조직되어 조계 내의 행정권과 함께 사법권까지 행사.

제물포 개항장의 지정학적 위치와 역사적 의미

"코리아의 서쪽 관문
제물포"
-스테레오뷰(1903)

-세 번째로 만들어진 개항장이긴 하지만, 제물포 개항장은 수도 한성의 해문요충이자 보장중지가 열렸다는 점에서 조선이 근대 세계체제와 교통하는 관문의 역할을 담당함.
-부산 개항장이 1876년에 제일 먼저 개항되었고 그 규모도 훨씬 컸지만, 왜관(倭館)이 설치되었던 지역인 부산 개항장은 개항기 내내 일본 전관조계적 성격을 유지.
-1879년 역시 일본에 의해 개항된 원산항은 동해안을 타고 남진할 러시아 세력에 대한 견제와 한반도의 자원을 반출할 목적으로 제한된 역할을 감당
-제물포에 개항장이 마련되었다는 것은 곧 수도 한성의 개방과 동시에 조선 전체가 동아시아와 서구 제국에게 개방되었음을 의미함.
-> 제물포 개항장의 국제성

조약체제의 작동과 인천조계의 형성

청일전쟁 직후 제물포의 국제汽船航路*

1) 홍콩-블라디보스토크 : 3주마다 1회
   (상해, 지푸, 제물포, 나가사키, 부산, 원산을 거쳐)
2) 고베-블라디보스토크 : 3주마다 1회
   (시모노세키, 나가사키, 부산, 원산을 거쳐)
3) 고베-우장 : 4주마다 1회
   (시모노세키, 나가사키, 쓰시마, 부산, 제물포, 지푸, 태고를 거쳐)
4) 고베-천진 : 4주마다 1회
   (시모노세키, 나가사키, 부산, 제물포, 지푸를 거쳐)

* 출처 : 러시아 경제성 사무국, KOPEИ (산끄뜨 뻬떼르브르그 : 1900);
  <<國譯 韓國誌>> 본문편, 한국정신문화연구원, 1984, 579-580면.

청일전쟁에 임박하여 인천 전관조계의 자긍심을 보여주는 일본인들의 인천조계 표상 – 일본인들을 위한, 일본인들의 도시 진센(じんせん)

鐵腸居士란 별호를 쓴 스에히로 시게야스(末廣重恭)*의 漢詩

오가는 자취는 갈매기만 대답할 뿐
지난 10년간 세상사도 많이 변했구나!
구름 걷힌 월미도가 아련히 푸른 모습을 드러내고
조수가 빠진 강화에는 흰 비단 물결이 흐르는데
뱃머리 용의 깃발이 힘차게 큰 배에 휘날리네
유리창과 흰벽으로 줄지은 누각에
일찍이 천자의 사신이 건너왔음을 그 누가 알겠는가?
사방에 쓸쓸한 가을 갈대만이 가득하구나!
　　　　　　　- 靑山好惠, <<仁川事情>> 서문

* 일본 삼대 정치소설인 <<雪中梅>>의 작가 스에히로 텟쵸(末廣鐵腸)

요코세(橫瀨文彦, 별호 華島半漁), <<仁川雜詩>>, 오사카, 1893
-인천에 대한 한시 총 51편으로 구성, 인천조계의 근대풍물 표제 한시집
<공원>
문명의 기운은 동쪽으로부터 일어났으니, /다른 사람이 이 공적 빼앗는 걸 허락하지 않는다. /진중珍重한 우리 국민 충후忠厚한 기운으로, /공원에서 먼저 태신궁太神宮에 제를 올린다. /또 말하길, 일본의 충후한 기운은 아마 다섯 대륙에서도 짝을 찾을 수 없다. /각 나라는 조차지에서 과연 국조國祖에게 제를 올리는 일이 있는지 시험삼아 묻는다.

인천 개척기념 책자들
1893년 <<仁川事情>> 개항10주년
1898년 <<新撰仁川事情>> 개항 15주년
1903년 <<仁川繁昌記>> 개항 20주년
1908년 <<仁川開港25年史>> 25주년
1933년 <<仁川府史>> 개항 50주년
– 이 책들은 일관되게 갈대만 쓸쓸했던 한적한 어촌을 개항시켜 거대한 근대도시로 만든 자신들의 노력과 성취를 자랑

결론

'條規體制論'의 한계
-논지가 선명한 만큼 단순논리에 빠질 위험
-淸의 의도 중시, 일본의 의도나 조선의 주체적 대응 간과
-미국, 영국을 비롯하여 조선과 대등하게 국가간 '통상조약'을 체결한 구미국가의 의도와 대응에 대해서는 상대적으로 과소평가
-가장 큰 의문은, 조선의 청의 속국으로부터 벗어나 근대적 조약체제로 끌어들이려 했던 日本이 왜 '(조일수호)조규'나 '약정' 용어 사용했는가?

치밀한 검토와 적용의 과제
-19세기 후반 조선이 처한 상황을 동아시아의 시각으로 파악하는 데 있어서는 그 유효성이 크다
--조선의 각 조계에서 벌어지고 있는 구체적 상황을 '조규체제'와 '조약체제' 간의 충돌과 갈등으로 실증적으로 연구해나가야 하는 과제
-개별적 사건으로 취급되었던 현상들을 보다 체계적으로 이해할 수 있는 시각의 확보 필요

결론

제물포 租界의 역사적 성격

-청이 강제한 조규체제와 근대 조약체제 간의 첨예한 충돌과 갈등이 노정되는 역사적 공간 -> 仁川租界의 공간적 구성에서 드러남.
-인천조계에는 인천 개항을 선도했던 일본 전관조계와 함께 중국의 조규체제를 물리적으로 현현한 청국 전관조계가 마주하고, 그 배후로 조선과 국가 차원의 비준을 거쳐 수호통상조약을 체결한 서구의 각국공동조계가 분점하여 자리 잡음. <그림 1> 참조.
-여타 동아시아 국가의 조계에서는 확연히 드러나지 않는 인천조계만의 이러한 공간적 구성이야말로 19세기 후반 조규체제와 조약체제의 각축을 상징(1883~4년 仁川租界의 설정은 그 잠정적 타협의 산물)
-이후 청일전쟁을 거쳐 러일전쟁에 이르는 仁川租界의 변천은 곧 근대 동아시아의 條規體制와 條約體制의 각축이 청일전쟁이라는 물리적 충돌을 통해 條約體制가 확립되는 과정
-즉 仁川租界는 19세기 말 동아시아 국제정세의 공간적 縮圖

제6강

아시아-태평양전쟁과 인천

김현석*

차례

---

* 인하대학교 대학원 한국근대사 전공. 인하대학교 박물관 학예연구사 역임

대륙을 향한 일본의 야망

섬들의 바다

- 포구와 갯벌의 공간
- 항구의 건설과 상업 용지 확보
- 1920년대까지 정미소, 양조장, 제분공장 등 건설
- 1930년대 공업도시 인천의 출발

인천의 섬

01

대륙을 향한 일본의 야망

만보산 사건과 인천

01

북항 개발과 황해 호수화 정책
- 서구-주안 해안의 매립 계획
- 경인공업도로와 북항 개발
- 경인일체화 구상
- 일본해의 호수화 - 황해 호수화 구상

01

북항 개발과 황해 호수화 정책
- 조선, 만주 북중국을 연결하는 경제 블록
- 정치, 경제, 교통, 군사적 측면의 활용
- 일본해의 호수화 : 청진항, 나진항, 웅기항
- 황해의 호수화 - 인천항(경인공업지대)의 재편

"이 공업항은 선박의 출입을 자유로 하게 된다 하며 출입 선박 톤 수는 3,000톤 내지 5,000톤의 선박이 거침없이 드나들게 될 것이며 해저를 발굴하여 주안과 서곶면 해안까지 선박의 정박을 하게 된다는 바, 이것이 실현된다면 동양 일(一)의 함구로 손색이 없을 것이라 하며, 원 13년도 제1차 계획으로 묘도 해면 4만 5,082평을 공비 65만 원으로 매립에 착수하였다 하며 지난 9일에 기공식과 동시에 미나미(南) 총독이 북인천항이라고 명명하였다고 한다."

01

대륙을 향한 일본의 야망

만주사변 중일전쟁과 경인일체화론

● "지나사변을 계기로 하여 경인 양 도시의 식자간에는 경인 일체론이 대두하게 되고 더욱이 총독부 당국에서도 경인지방른 대륙정책의 수출기지로서의 중요성을 감안하자 함해호수화의 대륙 정책른 경인일원화로부터라는 표어까지 싣기게 되어 경성, 인천 양쪽에서는 긴밀한 연락에, 또당국과 총독부 당국의 서의 뜻는 이해 밑에 경인일어 구현을 목표로 제반시설이 착착 발안을 보이려고 계획 진행을 보고 있음은 저간의 실식사이라 하겠다."

01

해안 매립과 공장 건설

1930년대의 해안 매립

● 공장지대 조성이 주요 목적
● 송현동, 화수동, 송림동, 만석동 등지의 매립
● 용현동, 학익동의 매립
● 일본 자본의 유치

도쿄시바우라제작소 공장

도쿄시바우라제작소 사택

01

해안 매립과 공장 건설

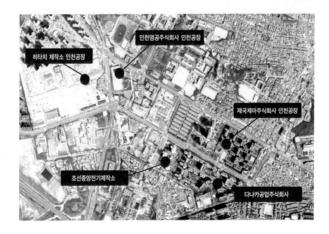

01

부평공업지대의 개발

1899년 부평역 개통

- ◆ 우각동역과 소사역 사이에 위치
- ◆ 광학산 산기슭에 조성
- ◆ 1930년대 중반 이후 역 주변 본격 개발
- ◆ 성현/장고개 방향으로 철도지선 설치

장고개 방향

성현 방향

01

부평연습장의 운용

1910년 이후 부평연습장의 운용
- 용산 주둔 일본군의 군사훈련장
- 연합훈련의 실행
- 민가의 징발과 피해

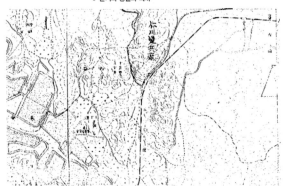

02

인천육군조병창의 건설

1940년 개창
- 부평에 조병창 본부와 제1제조소가 위치
- 1942년 평양병기보급창 부평분창 설치
- 1944년 학도동원 조치에 따라 학생들이 기숙사 입소
- 소총과 총검을 주로 제작

조병창과 부평분창

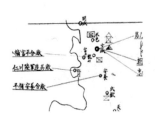

학생동원

02

산곡동 영단주택

1940년 무렵부터 건설 시작

- 조선주택영단이 건설한 주택
- 하쿠바죠白馬町에 위치
- 1945년 1월, 조병창 노동자들이 거주하는 구역으로 전환
- 구사택과 신사택으로 구분

현재의 영단주택

광복 직후의 영단주택

03

미쓰비시 사택

1930년대 후반 건설 시작

- 히로나카 상공 공장으로 시작
- 1942년, 미쓰비시 중공업이 인수
- 구내사택과 공원사택으로 구분
- 구사택과 신사택으로 구분

철거전 미쓰비시 사택

광복 직후의 미쓰비시 사택

04

다다구미 현장사무소 / 검정사택

조병창 하청 건설업체

- 일본인 다다多田嘉'가 1916년 평양에 설립한 건설 회사
- 강제동원된 노동자들이 배치된 구역 중 하나
- 전쟁 후 기지촌 형성
- 2020년 검정사택 철거

다다구미

검정사택

05

패전의 위기와 일본군의 대비

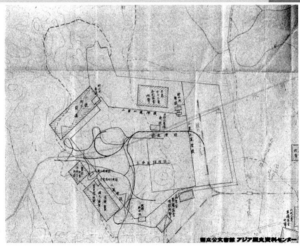

02

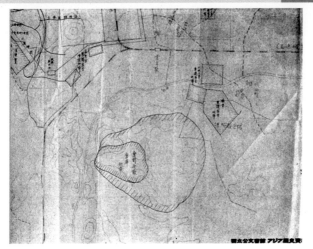

6.25전쟁과 평화도시 인천 그리고 미래

황보윤식*

들임 말

동아시아/세계의 평화 유전자는 대한민국 인천, 강화도에서 나옵니다, 강화도 마니산과 참성단입니다. 하여 마니산에서 나오는 평화유전자에 대한 이야기를 한 다음, 6.25전쟁이 평화도시 인천을 어떻게 쇠락시켰는지와 평화도시 인천을 만들기 위해 인천은 무엇을 해야 하는지에 대하여 이야기를 이어갈까 합니다.

평화 유전자에 관련한 글은 조선시대 국가 차원에서 편찬된『高麗史』(고려사)를 기본서로 하고 여타 논문들을 참고하였습니다. 그리고 인천의 미래에 대해서는 글쓴이가 평소 가지고 있던 소견을 중심으로 관련 연구서들을 참고하였습니다. 그리고 6.25전쟁이 평화도시

---

* 문학박사. 한신대학교 연구교수, 인하대학교 강사 역임. 함석헌학회 공동대표

인천을 어떻게 파괴하였는지를 알기 위하여 6.25전쟁이 왜 일어나게 되었는지를 알아야 합니다. 그리하여 6.25전쟁이 일어나게 된 동기, 배경, 원인에 대하여 글쓴이 나름으로 살펴보기로 합니다. 본론에 들기에 앞서 우리 역사에서 쓰고 있는 용어에 대한 정리도 해 보았습니다. 우리나라 역사교과서는 이제까지 엘리트 관료집단들이 '자기 우월적' 입장에서 만든 내용들로 가득 차 있습니다. 따라서 역사 용어도 엘리트 지배집단 중심의 용어를 그대로 따라 쓰고 있습니다. '민본주의적 민주사회'가 도래된 이 시대에도 일반 민인/민중들은 피지배계급으로 살고 있다는 생각입니다.

예를 하나 들어봅니다. 1996년 이전 중·고등학교 역사교과서에 이런 문장에 있었습니다. "3.1만세시위가 일어나자, 일제의 군경이 총칼로 진압을 했다"라는 내용입니다. 여기서 두 가지 오류가 발견됩니다. 하나는 '3.1만세시위'라는 용어이고, 다른 하나는 '진압'이라는 단어입니다. 시위라는 말은 항의의 개념이 강합니다. 일제가 우리 땅을 강탈한 상태에서 잘못된 무단정치에 항의했다는 의미를 가지고 있습니다. 그러나 이 용어를 '3.1민족기의'로 바꾸어 보겠습니다. 그렇게 되면, 3.1민족기의는 일제의 무단정치에만 저항한 게 아니고 일제 자체와 통치를 부정하고 반대하는 민족의 '분노와 희망'이었다는 해석이 자연스럽게 나옵니다. 곧 일제 민족(正: 적대모순)에 대한 우리 민족이 '해방된 정의사회'를 희망하는 저항(反: 파괴)이었습니다. 따라서 만세시위보다는 민족기의(우리 민족이 정의를 일으킨 행동)라고 쓰는 게 옳다고 봅니다.

두 번째, 진압(鎭壓)이라는 말은 전혀 잘못된 용어입니다. 진압은 윗전/통치계급에 대드는 옳지 못한 행동을 짓이겨 억눌렀다는 뜻입니다. 그러면 3.1민족기의가 옳지 못한 행동이었는지 생각해 봅시다. 3.1민족기의는 천만번 생각해 보아도 결코 '옳지 못한 행동'이 아닙니다. 3.1민족기의는 우리 민족의 분노와 희망이 담긴 정의로운 행동이었습니다. 따라서 정의로운 우리 민족의 거사(擧事)를 침략 권력이 탄압(彈壓)했다고 해야 맞지 않을까요. 그래서 우리나라 문교부에서 1996년경 중·고등학교 교과서에서 '진압'이라는 단어를 '탄압'이라는 용어로 수정해 놓았습니다. 그러나 만세시위는 아직도 고쳐지지 않고 있습니다. 만세시위가 아니고 '민족기의'가 맞습니다.

이외도 고쳐야 할 용어들이 많습니다. 8.15민족해방이냐 민족광복이냐, 그냥 해방이 맞는가 분단형 해방이 맞는가, 농민의 난/반란인가 농민기의인가, 농민(農民)이 맞나 농사(農士)가 맞나, 인민(人民)이 맞나 민인(民人)이 맞나, 노동자라는 말이 맞나 근로자라는 말이 맞나 등 아직도 고쳐놓아야 할 용어들이 많습니다. 민족해방이라고 할 때 단순한 표현이 됩니다. 민족해방이 아닌 '분단형 해방'이 맞습니다. 그래야 역사적 사실이 분명해집니다. 분단형 해방이라는 말에는 자주적 해방이 아닌 외세에 의해 분단된 해방이 되었다는 뜻이 담겨 있습니다.

이제 오늘의 주제로 설정된 '한국전쟁'이라는 용어에 대해서도 검토해 봅시다. 6.25전쟁은 청일전쟁(1894~5), 러일전쟁(1904~5)과 마찬가지로 우리 땅에서 일어난 타국끼리의 전쟁에 우리가 낀 것처럼 6.25전쟁도 두 냉전적 이념 세력들의 냉전실험(冷戰實驗)에 우리가 말려들어 우리 땅에서 우리가 희생을 당한 전쟁이었습니다. 희생이라 함은 미소 냉전(美蘇冷戰)으로 우리 땅의 한국과 북조선이라는 분단의 희생국가들이 쌈박질을 하였으나 서로 간에 아무 소득도 없었다는 뜻입니다. 따라서 우리는 한국전쟁/조선전쟁(이 용어는 이기적인 용어다)으로 불러서는 안 된다고 봅니다. 국제이념전쟁, 또는 국제폭력전쟁이라는 말에다 전쟁이 일어난 시간을 붙여 '6.25국제이념전쟁' 또는 '6.25국제폭력전쟁'이라고 쓰는 게 맞다고 봅니다. 이렇게 용어를 바꾸게 되면 전쟁 개념이 분명해집니다. 한국동란, 민족상잔이라는 말속에는 남한의 정치권력과 미국의 통치집단이 북조선을 침략국으로 단정해 버리는 일방적인 개념에 지나지 않습니다. 곧 우리는 가만히 있었는데 제들이 우리를 때렸다. 그래서 나쁜 놈이라는 목적의식적 개념이 들어있습니다. 6.25폭력전쟁의 원흉을 북조선에게만 돌리고, 6.25전쟁의 동기와 배경을 숨기려는 의도가 다분히 들어있습니다.

그래서 여기서는 6.25전쟁이 일어나게 된 동기와 배경에 초점을 맞추고, 평화도시 인천과 6.25전쟁에 관련하여 그 특성을 역사적으로 살펴보고자 합니다.

먼저 평화도시 인천에서 흘러나오는 평화 유전자에 대하여 생각해 보기로 합니다. 이어 6.25전쟁의 동기는 일제 침략과 '분단형 해방'에 있다는 점을 밝혀 봅니다. 그렇다면 분단형 해방이 왜 우리 역사 속에 들어오게 되었는지도 검토할 수밖에 없습니다. 동기론에 이어 6.25전쟁의 배경과 원인, 경과 그리고 영향을 살펴본 다음 인천에 미친 영향을 소주제로 정해 이야기해 볼까 합니다. 끝으로 평화도시 인천의 미래는 어떤 모습이어야 하는지를 글쓴이의 견해를 중심으로 이야기해 볼까 합니다.

인천과 관련하여 6.25폭력전쟁을 검토한 연구물과 자료는 많이 있습니다. 사회주의권에서 나온 자료와 연구서, 자본주의 세력권에서 나온 자료와 연구서들이 수도 없이 많습니다. 그러나 여기서는 이 글의 주제에 맞게 다음과 같은 자료를 참고하였습니다. NSC(미 백악관의 국가안보회의) 기밀문서 해제문서(국사편찬위원회 한국사 테이타베이스)와 박태균, 『한국전쟁-끝나지 않은 전쟁, 끝나야 할 전쟁』(책과함께, 2005), 박명림, 『한국 1950: 전쟁과 평화』(나남, 2003), 김명섭, 『전쟁과 평화』(서강대학교출판부, 2015) 등 자료를 기본 자료로 하고 필요에 따라 전갑생, 『인천과 한국전쟁 이야기』(글누림, 2020)과 「경인일보」 특별취재팀이 제작한 『세계사를 바꾼 인천의 전쟁』(다인아트, 2012)과 『과거사진상규명위원회 조사보고서』(2008) 등을 참고하였습니다. 6.25전쟁이 벌어지는 전투 국면에 대하여 연구자마다 시간차를 보이고 있습니다. 그리하여 글쓴이는 뒤에 첨부된 여러 참고 자료들을 종합하여 가장 설득력이 있다고 판단되는 시간을 채택하였음을 말씀드립니다.

I. 우리 땅의 평화 유전자 — 강화 마니산과 참성단

1. 평화란 무엇을 말함인가

평화의 개념에 대하여 많은 학자/연구자들이 정의를 내리고 있습니다. 우리나라 대학 강단에 처음으로 평화학을 개설하고 정착시킨 이재봉 교수(원광대 퇴임)는 다음과 같이 말합니다.

우리가 일상적으로 일컫는 평화, 또는 정치학이나 국제관계학을 비롯한 전통적 사회과학에서 말하는 평화는 대개 전쟁이 없는 상태로 정의된다.

그러나 질병이 없다고 건강하다고 말하기 어렵듯이, 전쟁이 없다고 해서 평화롭다고 말하기 곤란하다. 전쟁은 폭력의 한 형태일 뿐이다.

1960년대 초부터 서구에서 발전되기 시작한 평화학 또는 평화연구에서는 평화를 전쟁뿐만 아니라 모든 종류의 폭력이 없는 상태로 정의한다. 전쟁을 비롯해 사람의 목숨을 빼앗거나 신체에 피해를 가하는, 직접적/물리적/신체적 폭력뿐만 아니라, 사회적 불평등이나 차별 같은 간접적/구조적/제도적 폭력까지 없어야 진정한 평화가 이룩될 수 있다.[1]

또 '평화학의 아버지'라 불리는 요한 갈퉁 교수는 "물리적 폭력이 없는 상태를 '소극적 평화'(negative peace) 여기에 구조적 폭력까지 없는 상태를 '적극적 평화'(positive peace)라"고 평화의 범주를 말하고 있습니다. 그리고 『함석헌의 평화론』(모시는사람들, 2017)을 쓴 김대식 박사는 평화를 다음과 같이 정의하고 있습니다.

"소수의 타자를 배제하거나 무시하는 일이 없이 존중하는 것… 다양성, 다원성의 인식으로 소수의 타자를 포용하는 것" 또, "평화는 폭력(일체의 폭력)의 반대 개념으로 개인의 자유를 존중하면서 모든 존재는 유기적으로 하나의 생명이라고 인식하고 행동하는 것"이라고 했습니다(김대식, 135). 이렇게 평화라는 것은 사전적 개념에서 말하는 "전쟁에 대한 반대 개념만"을 말하지 않는다. 평화는 인간의 근본 문제다. 오늘 이 자리에서 평화에 대한 개념을 분명히 하기 위하여 먼저 한자에서 평화(平和)라는 말이 어떻게 나왔는지에 대하여 자원 풀이

---

1 이재봉·문정인·정세현 외, 『평화의 길, 통일의 꿈』(메디치미디어, 2019)에 나와 있으나 이재봉 교수로부터 통화하면서 정리한 것임.

를 통하여 살펴보도록 하겠습니다.

먼저, 平(5획)자부터 살펴보기로 하지요. 平은 고르게 펴다/ 바로 잡다/다스리다/평온하다의 다양한 뜻을 가지고 있습니다. 平은 그림 글자입니다. 한자 부수 어조사 우(亏, 3획)에서 찾습니다. 중국에는 원래 불평등의 중앙집권적 전제왕권정치가 지속되어 왔기에 누구나 똑같다는 개념의 평(平)이라는 글자가 발달하지 않았습니다. 그래서 천자문(千字文)에서 이 평(平)이라는 글자는 평등의 뜻이 아니고 땅이 고르다는 뜻만 가지고 있습니다.

平자가 나온 자원(字源)은 이렇습니다. 금속기(청동)가 발달하면서 추장들이 지배하는 부락/부족들 간에 전쟁이 빈번해집니다. 그래서 부족에 화급한 일이 생기면 급하게 호각(號角)이나 나팔을 불어 부족민에게 위험을 알립니다. 중국 은(殷)나라 시대 주거지(殷墟)에서 나온 갑골문자에서 보면, 평등/고르다의 뜻을 나타내는 평(平)자와 오늘날 어조사(語助辭: 문장을 마무리하거나 강조, 또는 보조의 역할을 하는) 호(乎)자는 같은 어원을 가지고 있습니다. 그래서 호(乎)자의 어원을 살펴보지요.

갑골문에서 乎자를 찾아보면 ꓵ로 그려 있습니다. 곧 丁 + ⼮의 모음 글자입니다. 여기서 丁는 우(亏)자의 갑골문체로, 호각 또는 나팔을 뜻합니다. 그리고 ⼮ 는 위로 올라가는 기운(소리)을 뜻합니다. 따라서 다급하게 부는 호각(나팔) 소리 자체를 나타내는 부호입니다. 곧 긴급(위급함)을 알리는 소리를 뜻합니다. 부락민을 급히 불러 모으는 신호(소리)이기도 합니다. 예를 들면 군대에서 아침 기상 시간에 급하고 요란스럽게 울려 퍼지는 기상나팔 소리와 같습니다. 이런 글자가 중국 은나라를 거쳐 서주(西周) 시대에 만들어지는 금문(金文)에 와서는 ꓵ자 머리 부분에 지사 부호인 ━가 더 붙어서 쓰기 시작합니다. 이것은 호각/나팔 소리가 평온하고 고요하게 들린다는 뜻입니다. 곧 군대에서 취침 시간에 나팔수가 부는 취침나팔 소리와 같습니다. 소리의 높낮이가 없이 고요하게 울려 퍼진다는 뜻입니다. 긴급한 상황이 끝나고 부락에 아무 일이 없다는 것을 뜻하기도 합니다. 이런 뜻의 글자가 금문 간자체로 오면 乎 와 같은 글자도 나옵니다. 따라서 긴급을 알리는 소리를 나타내는 글자는 호(乎)이고, 급한 사태가 수습되어 평온한 상태를 알리는 소리는 평(平)자로 쓰게 되었다는 뜻입니다. 이런 글자가 소전체로 오면, 乎 와 같이 되다가. 해서체에 와서 오늘날 어조사 호(乎)와 고르다의 뜻을 갖는 평(平)자가 구분되어 쓰이게 됩니다. 따라서 평(平)자는 본디 평온하다의 뜻입니다. 평등의 뜻이 아니었습니다. 여기서 고르게 하다, 고르게 만든다(다스리다)의 뜻이 파생되어 나온 것으로 봅니다. 또 다른 자원(字源) 풀이를 보면, 바닷물의 끝을 우리는 수평선(水平線)이라고 합니다. 이 평(平)자는 물과 관련하여 나왔다는 주장도 있습니다. 그래서 물 위에 뜬 수초(水草)들이 고요하게 물 위에 떠다니는 모습(그림)을 그대로 본뜬 게 평평할 평(平)이라는 주장도 있습니다.

다음으로, 화(和, 8획)에 대한 자원 풀이를 해 봅니다. 화(和)는 서로 응한다/온화할/따뜻할/섞을의 뜻을 가지고 있습니다. 뜻+소리(禾) 글자입니다. 한자 부수 입 구(口, 3획)에서 찾아집니다. 갑골문자에는 여러 개의 글자가 보입니다. 여기서는 글자 龢 를 가지고 설명을 해 봅니다. 이에 의하면 오른쪽 위에는 관악기(피리/대금 등)가 한 줄로 엮여 있는 모습이고, 그 왼쪽에는 벼 화(禾)의 갑골문(禾)이 그려 있습니다. 그리고 그 밑에는 사람의 입 구(口)의 갑골문(凵)이 그려 있습니다. 이것은 동시에 여러 종류의 관악기들을 연주하는 모습을 말합니다. 마치 생(笙)의 모습입니다. 여기서 화(禾)는 아무런 뜻이 없이 소리를 빌려주는 역할만 하는 것처럼 보이지만 사실, 논에 벼가 군락을 이루며 심겨 있는 모습은 아름답습니다. 곧 많은 볏줄기가 군락을 이루며 고요하게 평화롭게 줄지어 있는 모습을 뜻합니다. 따라서 생(笙)과 같은 관악기를 여러 사람이 합창단을 이루어 일제히 연주하는 모습의 글자가 화(和)입니다. 곧 여러 관악기를 연주할 때 아름답고 웅장한 소리가 하나의 소리로 울려 퍼지는 것을 화(和)라고 합니다. 이러한 웅장하고 맑은 합창의 소리를 들을 때 우리의 마음은 편안하고 평화로워집니다. 이런 뜻의 글자가 금문에 오면, 米ᛒ와 같이 왼쪽에는 벼 화(禾), 오른쪽에는 입 구(口)로 글자가 정리됩니다. 이런 글자가 다시 소전체(米)를 거쳐 해서체로 와서 입 구(口)와 벼 화(禾)의 위치가 바뀌면서 오늘날의 화합할 화(和)가 정형화됩니다. 따라서 화(和)의 본뜻은 관악기 생(笙) 종류의 악기를 연주하는 것을 말합니다. 곧 여러 사람이 한꺼번에 관악기를 불면서 아름다운 소리를 낸다는 뜻입니다. 여기서 합창의 화음(和音), 화창(和唱), 화기(和氣), 화합(和合: 화목하게 어울림), 화평(和平), 조화(調和)의 행복/기분 좋은 뜻들이 발전되어 나오게 됩니다. 화(和)가 들어가는 한자어로 조화(調和)라는 용어가 있습니다. 사전상 의미로는 서로 잘 어울린다는 뜻입니다. 바꾸어 말하면 두 가지 이상의 일이나 물건들이 어긋나지 않고, 아귀가 잘 맞아 균형 있게 돌아가는 모양을 말합니다. 바로 화의 참뜻은 서로 어긋나지 않고 잘 조화하는 것을 말합니다. 이 조화의 상태가 바로 행복입니다.

그러면 平자와 和자의 모음 글자(조합)가 되면, 和는 인간 누구나가 갖는 행복과 조화를 뜻하고 平은 골고름을 뜻합니다. 곧 누구나 똑같이 행복을 나누어 갖는다는 뜻입니다. 사전적 의미에서 평화를 전쟁의 반대 개념으로만 말하는 것은 평화의 본뜻이 부분적으로만 쓰였다고 볼 수 있습니다. 한편 평화는 평등/동등을 뜻합니다.

　그러면 평등은 어떤 의미일까요. 평등(平等 equality)이라는 말은 불교에서 처음 나오는 용어입니다. 불교에서 모든 중생이 어떤 차별도 없이 모두 부처가 될 수 있다는 종교적 교리용어입니다. 이러한 평등(平等)이라는 용어가 근대(近代) 서양에서 민주주의 사회가 되고 자유주의 사상과 결합하면서 사람은 누구나 '기회의 평등', '조건의 평등', '결과의 평등'이 이루어질 때 진정한 평등이 된다는 뜻입니다. 따라서 평등은 인간의 존엄, 권리, 인격, 가치, 행복의 추구 등에 있어서 차별이 전혀 없는 상태를 말한다. '법 앞에 평등'이라는 말은 상당히 잘못된 말입니다. 법 앞의 평등은 지배층/금수저와 피지배층/흙수저를 인정한 바탕 위에서 평등을 말합니다. 인생의 출발선이 처음부터 다르게 그어 있음을 인정한 위에서 평등입니다. 곧 자본의 크기, 빈부의 차이를 인정한 바탕 위에서 주장되는 개념입니다. 우리 말에 절대(絶對)라는 말이 있습니다. 절대라는 말은 '제한이 없는 순수함'을 뜻합니다. 따라서 평화는 인류 전체가 절대 자유를 갖는 상태를 말합니다. '절대 자유'라는 말은 어떤 제한(간섭, 통제)도 없는 천부적 자유, 그 자체를 뜻합니다. 따라서 개인의 자유에 어떤 제약도 가하지 않은 순수한 자유만이 곧 절대 행복을 만들어 낼 수 있습니다. 그래서 '절대 행복, 절대 평화, 절대 자유'를 갖는 인간사회를 만들어 낼 수 있습니다.

　절대 자유는 상대방의 절대적 자유 가치를 인정한 바탕 위에서만 존재가치가 있습니다. 따라서 상대방의 '자유 가치'를 인정하는 것이 절대 평화입니다. 상대방의 '자유 가치'를 인정하게 되면 폭력이나 전쟁 같은 사회폭력/국가폭력은 존재할 수 없게 됩니다. 자유와 평화를 가장 사랑하는 이념은 자본주의도, 사회주의도, 공산주의도 아닙니다. 그것은 아나키즘입니다. 아나키즘 중에서도 민본적 아나키즘입니다. 민본아나키즘에서 말하는 평화의 내용은 부록에서 다시 정리해 드리겠습니다.

2. 평화 유전자, 마니산과 참성단

조금 오래전 이야기입니다. 고인이 된 최기선(崔箕善, 1945~ 2018, 김포 출신)이라는 사람이 인천시장을 하고 있을 때 일입니다. 최 시장이 인천 사회 시민단체 대표자들이 함께 모인 자리에서 강화도에 산재(散在)되어 있는 고인돌을 모두 한군데(강화군 하점면 부근리 330-2)로 모아 고인돌 문화단지를 만들고 매년 고인돌 축제를 하겠다는 자신의 포부를 밝힌 적이 있습니다(1997. 12.). 이 자리에 참석하였던 글쓴이가 그 말을 듣고 최 시장에게 야단을 친 적이 있습니다. "만약 당신이 강화도에 널려 있는 고인돌을 하나라도 건들면 당신은 강화역사의 역적이 되는 줄 알아라. 어떻게 역사 유적지에 손을 대려고 하느냐." 그 때문인지는 모르나, 강화도의 고인돌은 태초의 자리에 잘 보존되어 오늘에 이르고 있고, 세계문화유산으로 등록될 수 있었습니다. 전라남도 보성의 고인돌은 세계에서도 아름답기로 유명하지만, 역사적 가치도 모르는 무식쟁이 전두환이 찬탈 권력을 쥐고 있을 때, 보성강 하류에 주암댐을 만들면서(1987년) 대부분 수몰되고, 일부 강 주변 둔치 등지에 산재되어 있던 그 많은 고인돌을 한군데로 모아 고인돌 단지/공원으로 만드는 바람에 세계문화유산 선정에서 제외되고 맙니다. 이와 같이 역사 유물은 손을 대서는 안 됩니다. 지금 전국사찰들이 물신(物神)에 현혹되어 옛 사찰유적지에 신축건물을 잔뜩 짓는 것이 유행처럼 되어 있는데 이것은 안 될 말입니다.

강화도 전역은 연맹왕국(聯盟王國) 이전의 단계로써 추장사회인 군장사회/군장국가(Chiefdom)가 존재했습니다. 군장국가 성립의 정확한 연대는 아직 밝혀지고 있지 않지만, 강화의 청동기가 기원전 2,000~1,500년경부터 시작된다고 보면, 청동기 초기부터 군장국가는 성립되었을 것으로 봅니다. 그런데 고려시대 지어진 『三國遺事』(삼국유사, 一然, 1277~1281년경)와 『帝王韻紀』(제왕운기, 李承休, 1287년)를 보면, 단군이 고(古)조선을 건국한 것으로 기록되고 있습니다. 고(古)조선은 천신사상을 이념으로 하는 청동기 문명을 가진 북방 이주민집단(기마집단)과 토템신앙을 가진 토착 세력 간에 성립된 군장국가로 보입니다. 당시 초대 군장이었던 단군(檀君)이 하늘에 제사를 지내기 위해 쌓았다는 강화도 '마니산(摩尼山)2: 참성단(塹星壇, 뒤에 塹城壇으로 글자가 바뀜)과 단군이 세 아들에게 명하여 쌓게 하였다고 전해지는 길상면의 삼랑성(三郎城, 傳燈山) 등이 있습니다. 일단 설화적 차원이 아닌 역사과학적 차원에서 참성단이 축성된 시기를 정확히는 사료 부족으로 알 수는 없지만, 이 분야 연구자의 연구물에 의하면 참성단 축성연대가 제각각입니다.3 어떤 연구자는 소서노가 이끌고 온 비류

---

2 『高麗史』권56, 「地理志」1, 號江都條에 보면 摩利山에 塹星壇이 있는데 설치연대는 모르고 世傳으로만 기록되어 있다(正陽社, 영인본 中, 1955, 259 하단). 또 『世宗實錄』권146, 「地理志」권148 江華都護府條에 보면 摩利山은 鎭山으로 '頭岳'(머리산)이라 하였다. 頭岳이라는 말의 뜻을 보면 백두산 천지와 한라산 백록담 사이에 있는 머리산으로 영산(靈山)으로 풀이된다. 조선인들도 摩利山을 성산(聖山)으로 보았다(國史編纂委員會 영인본, 1986, 622). 그러나 조선은 불교를 배척한 시대이므로 마니산이 불교와 관련된 용어임을 일부러 피했던 것으로 본다.

집단(단군의 후예로 보는)이 미추홀에 나라를 세울 때 강화 마리산에 참성단을 쌓았다(기원전 26년경)[4]는 주장을 합니다. 이에 비하여 고려 전기일 것으로 보는 연구자도 있습니다. 다만 마니산에 관한 기록이 『三國遺事』(삼국유사)에서 처음 보이는 것으로 보아 아마도 삼국유사가 쓰여진 시기(1281년) 이전인 13세기 이전부터 존재했던 것으로 보입니다. 참성단이 우리 역사에서 관심의 대상이 되었던 것은 외적의 침입으로 우리 사회가 혼탁해져 있을 때입니다. 곧 민족의 대동단결을 위해 민족의 시조로 단군을 재인식하였던 것으로 봅니다. 『高麗史』, 「元宗世家」에서 보면, 1264년 "몽골이 원종더러 元에 親朝하라고 여러 차례 귀찮게 하자, 몽골 사신을 피하기 위해 참성단에 가서 초제(醮祭)를 드렸다"[5]는 사실에서도 국난극복 정신을 참성단에서 찾고 있음을 봅니다.

참성단이 관측소(觀測所)라는 설도 있지만, 제단(祭壇)으로 밝혀졌습니다. 단군과 연결하여 참성단(塹城壇: 참호와 성벽 안에 있는 제단이라는 뜻, 처음 명칭은 단군대였다는 주장도 있다. 서영대 2001년)의 존재에서 신성한 정신을 찾고자 했을 것으로 보입니다. 그러나 참성단을 꼭 단군조선과 연관시키는 데에는 연구의 한계가 있습니다. 삼국유사 등에서 나오는 단군 설화는 역사적 사실(史實)을 설화(說話)화한 것으로 봅니다. 설화로만 알려져 오던 중국의 삼황오제(三皇五帝)의 설화가 고고학의 발달로 점점 '사실성 설화'(史實性說話)로 밝혀지듯이 단군 설화도 '사

---

3 참성단의 축조 시기를 기원전 2283년으로 기록한 책(野史)도 있다(帝命雲師配達臣, 設三郞城于穴口, 築祭天壇於摩璃山, 金塹城壇時夜: 「檀君世紀」戊午五十一年條, 『桓檀古記』).
4 鄭炅日, "마리산 참성단 연구," 「靑藍史學」 1(한국교원대학교, 1997년) 95-119.
5 『高麗史』, 「世家」 元宗 5년 6월조(正陽社, 영인본, 1955, 520 상단).

실성 설화'로 인식되고 있는 게 사실입니다. 그러나 참성단이 설화로
서는 단군과 연결이 되어 있지만, 학문연구로서는 아직 그 연결고리
를 찾지 못하고 있는 실정입니다. 단군조선의 역사가 사실(史實)로 드
러나고 있는 이상 참성단과 단군조선과의 연결고리도 언제인가는 찾
아지리라 봅니다. 안타까운 것은 북조선에서는 단군조선과 연관하여
'대동강문화권'을 설정하고(1994년) '요하문명'(遼河文明)과 같은 맥락
에서 대동강 단군문명을 세계 문명 5대 발상지로 내세우고 있지만,
남한 학자들과 학문적 교류를 통한 연구가 없다는 게 아쉬울 뿐입니
다. 게다가 북조선의 학자들은 '대동강문화권'의 연구를 통하여 중국
의 동북공정(東北工程, 행정상 2002~2006까지였지만 현재도 진행 중에 있음)의
그릇됨을 통렬하게 비판하면서 대응한 바 있습니다(2004년). 그러나
이러한 중국의 동북공정에 대하여 남북 역사학자들이 공동연구를 통
하여 함께 대응하였더라면 하는 아쉬움도 갖습니다.

어찌했던 남한 지역에서 단군조선과 관계가 있다고 생각되는6 역
사 유물은 강화의 참성단 그리고 삼랑성뿐입니다.7 단군조선이 활동
한 주된 역사 무대는 대동강 유역이 분명합니다. 천신(환인) 사상을
지난 북방 민족(청동기 문명을 지닌 환웅부족)이 바이칼호수 지역을 떠나
동아반도(한/조선반도)8로 진출합니다. 이들 북방 민족은 대동강 유역

---

6 천신사상을 가진 이주민집단(황웅부락)이 청동기 문화를 가지고 왔고, 청동기와 관련이 있는 무
  덤 문화는 고인돌이기에 고인돌이 강화 전역에 산재되어 있는 것으로 보아 강화가 단군조선문화
  와 연관이 있을 것으로 추측하고 있을 뿐이다.
7 삼랑성의 축조기법으로 보아 삼국시대에 축조된 성으로 보고 있다. 그렇다면 단군이 雲師를 시
  켜 같은 시기에 쌓았다는 참성단의 축조 연대도 삼국시대일 것으로 보인다.
8 우리 영토를 남에서는 한반도, 북에서는 조선반도라고 한다. 개화기 일부 개화 인사가 당시 우리
  영토를 동아반도라고 이름을 붙인 적이 있어 평화의 시대, 통일의 시대에 두 분단국가가 각각의
  명칭을 쓸 게 아니라 공동의 반도 명칭으로 '동아반도'(동아시아반도의 줄임말)라는 명칭이 좋지

의 토착 부락인 토템부족을 정복하고 초기국가인 단군조선을 건국합니다. 그리고 단군을 천신사상에 바탕한 신이(神異)한 설화로 지어낸 것으로 봅니다. 어찌했던 야사로써 삼국유사가 정사(正史) 기록으로 인정되고 있지만, 아직도 학계에서는 정사로 인정되지 않는 여러 재야기록(『桓檀古記』, 『檀君世紀』, 『揆園史話』 등)에서는 참성단에 관련하여 미확인 사실(事實)을 사실화(史實化)하여 기록한 것으로 봅니다. 강화도 마니산에 제천단 참성단이 있어 「단군세기」, 『환단고기/단군왕검』 등에서는 무오 51년(BC 2,282년)에 쌓았다는 기록이 있지만, 이 기록을 믿기는 아직 이르다는 생각입니다. 또 "일찍이 광개토열제도 말타고 순행하여 마리산에 이르러 참성단에 올라 친히 삼신상제님께 천제를 올렸다"(「고구려국본기」, 『환단고기/太白일사』 권6)라는 이야기가 있습니다.[9] 이 역시 역사적 사실로 받아들이기는 어렵습니다.

그러면 마니산과 참성단을 평화사상과 관련하여 이야기하기로 합니다. 곧 1) 참성단을 품고 있는 마니산(摩尼山)은 어떤 의미의 산인가, 2) 참성단의 축조구조인 상방하원(上方下圓) 형태가 갖는 의미는 무엇인가에 대하여 생각해 보기로 합니다. 먼저 참성단을 품고 있는 마니산에 대하여 여러 가지 의견이 많기에 이 점에 대하여 발표자 나름으로 살펴보기로 합니다. 여러 기록을 보면 마니산(摩尼山)[10]을 마리산(摩利山)/마루산/두악산(頭嶽山)으로 불렀다고 합니다. 16세기에 완필(完畢)되는 『新增東國輿地勝覽』(신증동국여지승람, 1530)에서 보면,

---

않을까 한다.
9 林薰 역, 『大韓民族史 桓檀古記』(배달문화원, 1985) 95.
10 『高麗史』, 「地理志」와 『世宗實錄地理志』에는 마리산(摩利山)으로 되어 있고, 그 후 摩尼山으로 바뀌었다.

'江華府摩尼山'(강화부 마니산)으로 나옵니다.[11] 마니의 용어에 대하여 여러 말이 있지만, 이 글을 쓰면서 밝혀보는 것은 마니의 원말(原語)은 불교의 마니보주(摩尼寶珠)에서 온 말로 생각됩니다. 마니(摩尼)의 한자말 뜻은 '아름다운 구슬'입니다. 마니산은 강화에서만 있는 산이 아니고 내륙에도 몇 곳에 있습니다.[12] 마니(摩尼)라는 구슬은 도리천(忉利天: 하늘)에 머물고 있는 제석천왕(단군의 할아버지, 석제환인[釋提桓因])이 전쟁을 끊임없이 일으켜 세상을 혼란으로 빠트리는 악신(惡神) 아수라(阿修羅, asura)와 싸울 때 그가 지닌 금강저(金剛杵)가 어느 바다에 떨어져 구슬이 되었다는 설화에서 보듯이, 마니보주는 바로 아름다운 구슬(如意珠)을 뜻합니다. 마니라는 구슬은 불교에서 말하는 중생을 이롭게(濁水의 淨化능력, 諸惡의 抑制능력, 炎火의 統制능력)하는 신물(神物)을 뜻합니다. 탁수의 정화, 제악의 억제, 염화의 통제는 곧 평화를 뜻합니다. 곧 평화의 상징이 바로 마니구슬입니다. 이로 보았을 때 마니산은 마루산이니 머리산이니 하는 어색한 뜻보다는 불교의 마니보주(평화의 상징물)에서 따온 말이라는 게 설득력을 갖습니다.

이렇게 평화의 상징인 마니산에서 천신에게 제를 올리는 참성단을 설치했다는 것은 당대를 살아가는 사람들에게 평화의 희망을 하늘에 갈구했다는 뜻이 됩니다. 조선 후기 역사학자 안정복(安鼎福, 1712~1791)도 그의 『東史綱目』에서 『高麗史』, 『地理志』를 인용하여

---

11 『新增東國輿地勝覽』, 江華府摩尼山條; 『국역신증동국여지승람』2, 「강화도호부」조 (민족문화추진회, 1967, 366) 참조. 최종적 고증이기에 摩利山보다는 摩尼山이 맞다는 생각이다.
12 『국역신증동국여지승람』2 앞의 책, 충북 영동군 양산면과 옥천군 이원면에 摩尼山이 있다. 이를 두고 마리봉성, 마리성이라고도 한다(566). 또 전북 진안의 진산에 馬耳山이 있습니다. 말귀 모양과 같다는 뜻인데 글쓴이 입장에서는 이 산도 마니산이었는데 후대 산의 모양을 보고 마이산으로 부르게 된 것으로 봅니다.

"마니산(摩尼山)의 참성단(塹城壇)은 세속에서 '단군이 하늘에 제사 지내던 단이다' 하고, 전등산(傳燈山)은 일명 삼랑성(三郎城)인데, 세속에서 '단군이 세 아들을 시켜서 쌓은 것'으로 전한다"라고 사평(史評)을 달고 있습니다. 그래서 이곳이 성소(聖所)였기에 역대왕조도 하늘에 제사를 드린 제천단(祭天壇)이라고 기록하고 있습니다.[13] 평화의 산으로 상징되는 아름다운 구슬산 마니산에다 하늘에 제(天祭)를 올리는 참성단(제천단)을 쌓았다는 것은 고려 전기 이전의 왕조사회에서 지배층들이 재난의 방지, 외적의 격퇴, 풍년의 기원과 백성의 안녕을 기원하기 위함이었던 것으로 보입니다. 한 나라의 지배층들이 백성/민인/씨울을 위하여 하늘에 제를 올리는 행위는 그 자체가 행복을 기원하는 평화로운 행위에 해당됩니다. 조선시대 마니산과 참성단에 대하여 가장 먼저 기록을 남긴 사람은 조선 초기 권근(權近, 1352~1409)입니다. 그의 문집인 『陽村集』(양촌집)에서 그의 말(塹城醮靑詞)을 끌어내어 봅니다. "바다 위 높은 산은 저 멀리 인간의 번잡하고 걱정들을 막아주고 있다. 단 가운데는 하늘이 가까워 신령(하늘의 기운)을 맞이할 만하다…" 이외에도 마니산은 단군을 제사하던 곳이라고 적고 있습니다. 또 제문(祭文)에는 예절의 아름다움을 계승하고, 외적을 막아 나라를 보전케 하고, 왜구를 격퇴하여 나라를 안전하게 해 달라는 내용도 담고 있습니다.[14] 곧 나라의 평화를 비는 제문입니다.

옛사람들이 살고 있던 그때(농경사회)부터 그들은 지구상의 생명이 살아 움직이는 것은 지구 위의 하늘(농사를 지배하는 神이 존재하는)이라

---

13 安鼎福, 『東史綱目』 附卷下, 「地理考」 檀君疆域考條(활자영인본, 景仁文化社, 1970), 558.
14 權近, 『陽村集』 권29, 塹城醮靑詞條(영인본, 민음고, 1967), 12.

는 공간에서 내려오는 기운이 지구 땅의 기운과 만나 생명을 잉태하고 자라게 한다는 이치를 알고 있었습니다(생명력). 그리하여 하늘(자연공간)은 천지의 기운을 만들어준다는 원(圓, 옛사람들도 하늘은 둥글다고 보았다)으로 이해하고, 땅은 생명을 움트게 하는 네모(四角形) 모양의 공간으로 이해하고 있었습니다. 天: 陽: 圓/地: 陰: 方의 유기/순환적 관계는 상호 대립과 갈등하면서 조화를 이룬다고 말합니다. 이 조화가 끊임없는 생성/변화/발전을 이루어 내면서 지양(止揚)/평화 상태를 만들어 낸다고 보았습니다. 중국의 옛사람들은 이런 이치를 하늘에서 내리는 햇볕 그리고 비와 바람을 통하여 그렇게 이해하였습니다. 이런 이치(천문지리)를 반영한 책이 주역(周易: 易經, 周代에 쓴 것으로 알려져 있을 뿐, 작성 연대를 모름)이고 주역에서 말하는 64괘 중에 옛사람들의 사고를 그대로 반영하는 괘 중 하나가 천지태괘(地天泰卦: 乾坤泰卦䷊)입니다.15

태괘는 하늘(乾卦☰: 陽)16의 기운과 땅(坤卦☷: 陰)의 기운이 교류(효[爻])함을 의미합니다. 주역에서 태괘의 경우, 건괘(하늘)는 밑에 있고 곤괘(땅)이 위에 그려 있습니다. 이런 주역의 이치에서 참성단은 땅(大地)을 상징하는 사각형(四角形)의 제단은 위에다, 하늘을 상징하는 원단(圓壇)은 아래에 설치하였습니다.17 원단(圓壇)에서는 천제(天祭)

---

15 下圓上方形의 제단이 중국 요하 지역의 홍산문명 유적에서도 발견된다고 한다. 그러나 이러한 제단축성원리는 고대인의 공통된 사유로 굳이 축성 연대가 정확히 밝혀지지 않는 참성단을 요하문화권(홍산문화권)과 연결하는 것은 아직은 무리라고 본다. 고고학 분야에서 더 연구하여 밝혀야 할 과제이다.

16 元者, 善之長也. 亨者, 嘉之會也, 利者, 義之和也. 貞者, 事之幹也. 君子體仁足以長人, 嘉會足以合禮, 利物足以和義, 貞固足以幹事. 君子行此四德, 故曰, 乾, 元亨利貞(『周易本義/泰卦』1卷(『四庫全書薈要/經部』3, 吉林人民出版社, 1997, 26).

17 참성단은 조사된 바에 따르면 자연석으로 쌓았다. 높이 5m, 기단(基壇)은 지름 4.5m의 원형이

를 올리지 않고 방단(方壇)에서 천제를 올립니다. 이는 태괘의 성질에서 왔습니다. 곧 하늘의 기운이 땅으로 내려온다는 자연의 이치를 이용한 인간의 사고입니다.

태(泰)의 뜻을 알기 위해 태(泰)의 자원 풀이를 잠시 해보기로 합니다. 태(泰)를 갑골문에서 찾아보면, 와 같이 글자의 위에는 큰 대(大)의 갑골문이 그려 있고 그 아래는 물 수(水: 냇물)의 갑골문체가 그려 있습니다. 위의 대(大)는 큰 사람, 곧 장정(壯丁: 인간)을 뜻합니다. 따라서 장정(大)이 냇가(水)에서 몸을 씻고 편안히 쉬고 있는 모습을 뜻합니다. 곧 편안/평화의 뜻입니다. 이런 글자가 금문(太)을 거쳐 전서체로 오면 와 같이 대(大)자 밑의 글자는 좌우로 왼손(Ψ)과 오른손(ⲕ)을 뜻하는 글자가 그려 있고 그 가운데에는 물 수(水)의 전서체가 그려 있습니다. 이는 두 손으로 물을 떠서 몸을 씻으니 몸이 개운하고 편안하다는 뜻으로 해석이 됩니다. 이런 글자가 해서체로 와서 오늘날의 클 태(泰)로 정형화됩니다. 따라서 태(泰)의 본디 뜻은 평안/평화입니다. 그래서 주역에서 말하는 태괘(泰卦)는 태평/편안/형통/행복을 뜻합니다. 원래 하늘은 위에 있고, 땅은 아래에 있는 게 자연의 이치입니다. 그런데 이 태괘는 거꾸로 음인 곤괘(坤卦, ☷)가 위에 있고 양인 건괘(乾卦 ☰)가 아래에 있습니다. 이는 하늘의 에너지가 땅으로 내려와서 땅의 생물이 위로 자라는 자연의 순리(생육/생성/양생의)를 뜻합니다. 주역에 의하면 "하늘은 상(象: 理)을, 땅은 형(形: 氣)을 이루어 변화가 나타난다. 그래서 하늘(乾)은 생명의 창조를 주관하고 땅(坤)은 만물의 완성을 주관한다"[18]라 하였습니다. 그리하여

고 上壇은 사방 2m의 네모꼴로 되어 있다.

천지의 상호작용을 통해 모든 만물의 생성과 변화가 생겨난다고 파악하고 있습니다. 곧 하늘은 알파로 생명의 창조자이고, 땅은 오메가로 생명의 완성자라는 뜻입니다. 이리하여 자연의 순리대로 움직이게 되면 태평/형통하게 된다는 뜻을 갖는 괘(卦)가 태괘입니다. 따라서 참성단이 주역의 원리를 그대로 적용하여 건곤태괘의 구조로 축조하였다는 것은 나라의 '평화'/태평을 기원하기 위하여 축조한 것으로 보입니다. 곧 우주만물이 생장하고 소통한다는 것은 개인으로 볼 때는 자연스러움: 평화를 말하고 국가로 볼 때는 태평성대를 의미합니다. 바로 이런 이치에서 마니산에 참성단을 조성한 이유가 찾아집니다.

이제까지의 이야기를 정리해 보면, 마니산에 참성단을 조성한 까닭은 바로 마니산의 갖는 두 가지 의미였을 것으로 생각됩니다. 하나는 태괘사상(泰卦思想)입니다. 땅의 음(陰) 기운은 생명의 뿌리를 내리게 하고 하늘의 양(陽) 기운은 생명의 싹을 틔우게 합니다. 이러한 양기와 음기가 교류(爻)하면서 한 곳으로 도치(倒置)하였다가 사방으로 퍼지게 하는데 가장 좋은 기운을 만들어 내는 곳이 앞의 중생을 이롭게(濁水의 淨化능력, 諸惡의 抑制능력, 炎火의 統制능력) 하는 능력의 상징을 가지고 있는 마니산이었다고 봅니다. 탁수의 정화, 제악의 억제, 염화의 통제는 곧 평화를 뜻합니다. 이 평화의 상징인 마니구슬산에 참성단을 지었다는 것은 우리 땅에 탁한 기운을 몰아내고 불의한 악행들이 사라지고, 재난과 전쟁상태가 없기를 바라는, 평화상태를 추구하는 당시 지배층의 염원이 담긴 실천적 결과라고 말할 수 있습니다.

---

18 『周易本義』1卷, 26.

참성단을 지배층의 생각 결과로 보는 것은 석축의 모양으로 보아 많은 석공과 노동 인력이 필요했을 것으로 판단하기 때문입니다. 이렇게 해서 우리 영토, 우리나라의 평화사상은 강화 마니산과 참성단에서 탄생하게 됩니다. 따라서 강화 마니산 참성단에서 시원을 이루는 평화사상이 곧 우리 땅/우리 민족/우리나라의 평화 유전자(平和 DNA)가 됩니다. 그러나 인천사람들은 물론 강화사람들조차 평화 유전자를 자신들이 지니고 있으면서 이를 깨닫지 못하고 있습니다(摩尼山泰基因, 而仁川民不識). 인천사람들조차 평화 유전자를 밖에서 찾고 있는 것은 어리석음입니다.

대한민국, 전 세계의 평화 유전자는 바로 인천 그리고 강화의 마니산/참성단에서 발원이 되어 온 천하로 전파되고 있습니다. 그럼에도 평화 유전자를 인천사람 스스로 인지하지 못하고 있는 것은 맥아더가 평화 유전자를 집어삼키고 있기 때문이 아닌가 하는 생각이 듭니다. 맥아더 동상으로 인천사람들의 마음이 오염되었기 때문이라는 생각입니다. 인천상륙작전을 6.25전쟁의 승전(勝戰)이라고 읽고 있는 사람들은 그의 마음이 오염되어 있기 때문이라는 생각입니다. 나를 들여다보는 거울은 깨끗하고 맑은데도 더러운 거울로 나를 보고 있는 이치와 같습니다. 깨끗한 거울을 더러운 거울로 보는 것은 마음이 더러움에 오염이 되어 있기 때문에 나타나는 현상입니다. 마음이 오염되어 있으면, 나타나는 현상도 오염된 현상으로 보기 마련입니다. 우리의 현실은 맑은 평화 유전자를 보여 주고 있습니다. 그러나 너무 오랫동안 오염된 마음 때문에 맑은 평화 유전자가 보이지 않고 있습니다(平和基因常淸淨, 而有因心塵不見淸鏡). 그러나 지금이라도 오염된 마음을 벗고 맑은 평화 유전자를 보게 되면, 인천은 우리 땅의 평화는 물론 세계평화에도 기여하리라 믿습니다.

이제 우리는 국가주의도 민족주의도 벗어던질 때가 되었습니다. 우리 땅/민족이 먼저 평화통일을 이루고 세계평화를 기인할 때입니다. 그것은 '평화 유전자'를 우리 인천이 갖고 있기 때문입니다. 우리 민인/민중은 민족의 구성원이요 나라의 주인공(民惟邦本)입니다. 나라의 주인은 공평합니다. 평등합니다. 편협하지 않습니다. 따라서 종교와 이념의 벽(壁), 세대와 빈부의 차(差) 그리고 남녀와 지역의 쟁(爭) 등으로 흩어지고 찢어진 우리 사회를 다시 하나로 묶을 수 있는 길은 평화 유전자(맑은 마음, 깨끗한 정신)를 나라의 안과 밖에 퍼트리는 일이라고 봅니다. 그래야만 분단이 종식되고, 편협한 종교도 사라지고, 균산적 사회를 만들어 내고, 지역의 갈등이 사라지는 평화로운 우리 사회가 될 수 있다고 봅니다. 그러면 평화도시 인천의 미래를 위하여 6.25전쟁의 성격과 전쟁이 인천에 끼친 영향에 대하여 살펴보기로 합니다.

II. 6.25전쟁의 기원론

우리는 6.25전쟁이 왜 우리 땅에서 일어나게 되었는지에 대하여 살펴보아야 합니다. 기원론/동기론을 알아보기에 앞서 6.25전쟁의 용어 문제부터 짚고 넘어가 보기로 합니다. 6.25전쟁은 묘한 뉘앙스를 가지고 있습니다. 역사적 사실에는 만약(萬若)이라는 용어의 삽입은 필요치 않습니다. 그러나 가정으로 말해 본다면, 만약 미국의 음모로 사회주의동맹 세력에 의한 전쟁의 발발과 함께 미국 주도의 유엔군이 참전을 안 했더라면, 곧 국제이념전쟁이 아니었다면 우리 땅/민족은 조선민주주의인민공화국으로 통일이 되었을 것이라는 가정이 생깁니다. 그리고 만약 1950년 10월에 사회주의동맹 세력(중국의 인민해방지원군과 소련의 재래식 무기)의 참전이 없었더라면 우리 땅/민족은 대한민국으로 통일이 되었을 것이라는 가정도 성립이 됩니다. 이렇게 본다면 사회주의동맹 세력도 자유주의연합 세력, 어느 세력도 우리 땅/민족이 통일국가/통일민족이 되는 것을 원하지 않았다는 해답이 나옵니다. 사회주의(소/중) 세력은 미국과 일본으로부터 자국(自國)의 정치이념을 보호하기 위해서는 북조선이 완충지대로 남아 있어야 했습니다. 그리고 미국과 일본은 공산주의/사회주의 세력으로부터 자국의 이익을 지켜내기 위해서는 대한민국이 완충지대로 남아 있어야 했다는 이야기가 됩니다. 따라서 우리 땅 주변의 어떤 나라도 우리 땅/민족이 통일국가/민족이 되는 것을 원하지 않았다는 결론에 도달하게 됩니다. 결국 사회주의동맹 세력이 '인민해방'이라는 명분을 내걸고 침공을 한 적화통일(赤化統一)은 물거품이 됩니다. 그리고 자본주의연합 세력이 유엔군이라는 이름으로 북조선 인민군의 침공을 막아낼 뿐, 이승만 분단 권력의 승공북진통일에는 동의하지 않았습니다. 이 결과로 우리 땅은 분단 고착만 심화되고 말았습니다. 곧 6.25전쟁은 냉전에 의한 파괴와 피해만을 남기고 원점으로 돌아가고 말았다는 이야기입니다. 그래서 글쓴이는 6.25전쟁의 성격 파악을 위해서는 6.25전쟁의 명칭 문제부터 먼저 살펴보고, 6.25전쟁의 동기와 배경 그리고 6.25전쟁 발발의 원인 등 전쟁 기원론을 살펴보아야 한다고 봅니다.

1. 6.25전쟁의 용어 문제

'한국전쟁'이 맞는가. 6.25전쟁이 맞는가. 일부 사회학을 전공하고 있는 학자 중에 6.25전쟁이라는 용어는 '단세포적 역사 인식'의 소산이라고 주장합니다(김동춘, 2020, 10.). 그리고, 6.25전쟁이라는 용어는 '냉전수구적'이라고 말합니다. 따라서 한국전쟁이라는 용어가 학문적이고 보편적이라고 주장합니다(박명림, 1989, 11.). 그러나 글쓴이는 한국전쟁보다는 6.25전쟁이라는 용어가 맞다는 생각을 합니다. 역사에서 용어는 당대 사람들이 정하지만, 후대 사람들 중심으로 쓰게 됩니다. 역사 속의 사건의 명칭에 대하여 알아봅니다. 대체로 사건의 명칭은 '일어난 시간+장소/주체+성격' 순으로 사건 명칭을 만들어냅니다. 가령 4.19혁명/4.19시민학생혁명의 경우, 1960년 4월 19일 시민, 학생이 이승만 독재정권을 타도하기 위하여 피를 흘리는 혁명을 일으킵니다. 곧 이승만을 타도하는 시민혁명의 시점이 4월 19일이라는 뜻입니다. 또 5.16쿠데타가 있었습니다. 1961년 5월 16일, 박정희 군부 세력이 정권 찬탈의 음모를 가지고 군사 반란을 일으킵니다. 그리고 반란군 군정이 3년 가까이 지속됩니다. 우리 역사에서 이를 가지고 반란군 군정의 시점이 5월 16일이기 때문에 5.16쿠데타라고 합니다. 이왕 나온 김에 쿠데타(coup d'État)와 혁명(革命)의 차이를 알아보지요. 혁명은 정의(正義) 편에 있는 다수가 비정의 편에 있는 권력을 '군중의 힘'으로 몰아내는 행위를 말합니다. 그러나 쿠데타는 비정의 편에 선 소수가 총과 칼이라는 군사적 힘으로 아무 잘못이 없는 정권을 찬탈하는 행위를 말합니다. 그래서 4.19는 정의로운 시민들이 일으킨 혁명이 되고, 5.16는 비정의롭고 비양심적인 파렴치한 일부 군인들이 일으킨 쿠데타가 됩니다.

6.25전쟁도 마찬가지입니다. 1950년 6월 25일, 새벽 4시경(4시 30 분이라는 군 견해도 있다) 사회주의동맹 세력(소련+중국+북조선)의 선두에 있던 북조선 인민군이 자본주의연합 세력(미국+일본+남한)의 선두에 있는 대한민국의 동·중·서전선(東中西戰線) 전역을 침공하면서 발생한 사건으로 3년간 지속됩니다. 곧 3년간 지속된 전쟁의 시발점이 6월 25일이라는 뜻입니다. 6.25전쟁은 언뜻 보면 우리 땅에서 우리 민족끼리 일으킨 동란(動亂)/전난(戰亂)으로 볼 수 있지만 그렇지 않습니다. 전쟁터는 우리 땅이었지만 전쟁의 주체는 냉전적 이념을 안고 있는 사회주의동맹 세력과 자본주의연합 세력이 일으킨 전쟁이었습니다. 따라서 전쟁의 주체는 냉전 세계를 주도하고 있는 두 이념집단이 됩니다. 때문에 6.25전쟁은 내전(內戰)이 아니고 국제전(國際戰)이 됩니다. 6.25전쟁은 처음에는 북조선이 주도를 하고 한국이 응수하는 것처럼 보였지만, 이 전쟁은 원초부터 냉전논리를 가진 미·소라는 두 세력이 배후에서 일으킨 전쟁이었습니다. 따라서 6.25전쟁은 배후에서 사회주의동맹 세력과 자본주의연합 세력들이 주도해 나간 전쟁이었습니다. 그래서 이 전쟁의 명칭은 6.25국제이념전쟁이라는 말이 맞다고 봅니다. 당시 미국의 대통령 트루먼도 6.25전쟁은 내전이 아니고 공산주의 국제연대와 싸우는 국제전으로 보았습니다(김명섭, 131쪽). 역사에서 특정 사건에 발발날짜를 붙여 사건의 명칭을 이름하는 것은 우리 역사의 오랜 관습입니다. 그런데 6.25전쟁이 '한국전쟁'으로 공식화된 것은 우리가 그리 붙인 게 아닙니다. 전쟁을 배후에서 이끌었던 미국과 유엔 그리고 소련입니다. 미국은 6.25전쟁을 'Korean War'(한국전쟁)라 불렀고 미국/유엔군사령부에서는 'The

Korean War'로 이름을 붙였습니다. 이를 학자들(브루스 커밍스, 2017, 101쪽)이 한국전쟁이라고 직역하고 다시 한국방송공사(kbs)가 6.25전쟁을 '한국전쟁'으로 방송을 내보내는 바람에 '한국전쟁'이라는 명칭이 일반화되었다는 생각입니다. 사회주의동맹권과 일본에서는 한국 대신에 조선이라는 국명을 붙여 '조선전쟁' 또는 '조선인민전쟁', '조선인민해방전쟁'이라고 이름합니다.

그렇지만 6.25전쟁은 역사 속에서 지울 수 없는 냉전 대립기 두 이념집단의 갈등이 우리 땅에서 폭발한, 결코 잊을 수 없는 전쟁(The UN-Forgotten War)이었습니다. 어떤 연구자는 6.25전쟁이 "계획에 없던 접전"(페렌바크, 2019, 8쪽)이라고 말합니다. 그러나 글쓴이는 계획에 없던 전쟁이 아니고 사전에 철저하게 음모된 전쟁이었다고 봅니다. 곧 냉전 이념을 주도하고 있던 두 강대국이 자신들의 이념의지를 실험한 전쟁이었다고 봅니다. 그래서 글쓴이는 6.25의 전쟁터는 우리 땅이었고 우리 민족(남과 북)이 국제 냉전의 이념에 놀아낸 전쟁이었다는 뜻에서 '6.25국제이념전쟁'(6.25전쟁)으로 쓰고자 합니다. 아직도 남과 북은 '낡은 우상'인 이념에 의해 대치한 분단국가 상태에 있습니다. 이 탓으로 남과 북이 다 같이 북은 소련이나 중국을 욕하지 못하고, 남한은 미국을 욕하지 못하는 현실 상황에서 6.25전쟁의 명칭조차 자주화하지 못하고 있는 실정이라고 봅니다. 그러나 북조선은 자기 입장에서 일방적으로 이름을 붙이고 있습니다. 6.25전쟁을 '조국해방전쟁'이라고 합니다. 이 역시 잘못된 용어입니다. 곧 북조선은 남조선이 미국의 식민지 상태에 있다는 전제 아래, 대한민국을 공산주의 이념으로 통일하기 위해 일으킨 전쟁이라는 그런 뜻에서 쓰고 있는 명칭입니다. 스스로 38선 이남을 침공했음을 드러내는 용어가 됩니다. 따라서 한국전쟁이니, 조국해방전쟁이니 하는 말은 남북의 공통된 역사 사건의 명칭이 될 수 없습니다. 우리는 여기서 다음 자료를 주시할 필요가 있습니다. 1950년에 근접한 시기에 사회 인식을 바탕으로 나온 용어가 '역사적 사실'에 가장 근접한다는 생각입니다. 1953년 국제연합(UN)이 주재하는 유엔 정치위원회에서 당시 한국대사 임병직(林炳稷, 1893~1976)이 연설한 내용을 잠시 살펴봅시다. "현재 한국에서 벌어지고 있는 전쟁은 '한국전쟁'이라고 할 수 없다. 전쟁의 원인이 한국에 있는 게 아니고, 전쟁의 목표도 한국인의 목표가 아니다. 공산침략 세력과 자유민주주의 동맹 세력 사이의 전쟁이다. 이는 사실상 전 세계적인 집단 안전보장의 방위를 위한 전쟁이다"(임병직회고록, 421).

한국정부는 6.25전쟁 초반부터 '6.25사변'으로 표기했습니다. 그리고 이날을 '6.25사변일'로 상기하자고 합니다(1973 교과서 등지). 또는 반공주의 입장에서 6.25동란으로 부르기도 합니다. 다시 6.25전쟁일로 개정을 합니다(2014. 3. 24.). 그러다가 서서히 대한민국의 국어사전(국립국어원 간행)에는 '한국전쟁'으로 표기되어 나옵니다. 또 일부 반공주의자들은 공산주의국가 북조선이 대한민국을 침공하여 일으킨 전쟁이라 하여 1950년(경인년[庚寅年])을 들어 경인공란(庚寅共亂)으로 부르기도 합니다. 이외 우리 땅 주변국인 중국에서는 'The Korean War'를 조선전쟁으로 번역하여 사용하고 있습니다. 또 다른 용어도 쓰이고 있습니다. 조선민주주의인민공화국의 '조국해방전쟁'에 미국이 남한을 지원했기에 자국도 북조선을 지원했다는 뜻에서 항미원조전쟁(抗美援朝戰爭)으로 부르기도 합니다. 이는 중국의 역사기록에서 임진왜란(1592~1599)을 항왜원조전쟁(抗倭援朝戰爭)이라고 표현한 이치와 같습니다. 같은 중국이지만 대만의 경우는 간략하게 한전(韓戰)/조선전쟁(朝鮮戰爭)이라고 표현하고 있습니다. 그런데 일본의 입장은 다릅니다. 일본은 전적으로 미국 편입니다. 이전에는 조선전쟁/조선동란으로 표기하였다가 최근에 들어서는 '한국전쟁'으로 표기하는 사례가 늘어나고 있습니다.

이제까지 살펴보았을 때 6.25전쟁을 놓고 명칭이 분분하다는 것을 알 수 있습니다. 한국전쟁이라는 말도, 조선전쟁이라는 말도 맞는 말이 아닙니다. 한국전쟁은 자본주의 연합 세력들 중심으로 나온 명칭이고 조선전쟁은 사회주의 동맹 세력들 중심으로 나온 말입니다. 곧 전쟁의 책임을 불투명하게 희석하는 용어입니다. 그래서 글쓴이는 '6.25국제이념전쟁'으로 쓰자고 하는 제안을 해 봅니다. 6.25전쟁은 분명 이념전쟁입니다. 동서 냉전 시대 사회주의와 자본주의 양편이 서로의 이념을 과시한 이념전쟁이었습니다. 우리는 역사에서 역사 사건의 용어들을 생각 없이 많이 쓰고 있다고 생각합니다. 외세의 침략에 맞서 싸운 사건이던, 나라 내부의 부당한 독재 권력에 맞서 싸운 사건이든 편리하게만 용어를 갖다 붙였지, 사건의 성격을 규정 짓는 용어가 아니었다고 봅니다. 그에 비하여 왕조시대는 사건을 분명하게 나타내는 용어를 갖다 썼다는 생각입니다. 예를 들면 왜놈들이 쳐들어왔을 때, 임진왜란(壬辰倭亂)이라 했습니다. 곧 1592년 임진년(壬辰年)에 왜놈이 조선에 들어와 소란을 피웠다는 뜻입니다. 그래서 왜란(倭亂)입니다. 병자호란(丙子胡亂)은 1636년에 북쪽 오랑캐가 나라 안으로 들어와 소란을 피웠다는 뜻입니다. 그래서 호란(胡亂)입니다. 그리고 개화기 병인양요(丙寅洋擾), 신민양요(辛未洋擾) 또한 병인년(1866년)에는 프랑스 서양 놈이, 신미년(1871년)에는 미국 서양 놈들이 우리나라에 들어와 소요(騷擾)하고 갔습니다. 곧 부녀자를 폭행하고 가옥을 불태우고, 파괴행위를 일삼았다는 뜻입니다. 그런데 일제침략기 동학농민혁명(東學農民革命)을 단순히 동학농민운동이라고 하는 것은 잘못입니다. 이는 동학농민이 반외세/반봉건의 기치를 내걸고 일으킨 혁명운동이었습니다. 따라서 갑오동학농민기의 또는 갑오동학농민혁명으로 표기하는 게 맞습니다. 그리고 3.1운동도 단순하게 3.1만세시위로 표기하는 것은 잘못입니다. 3.1운동은 분명히 일제라는 침략 세력에 대한 민족기의였습니다. 따라서 기미민족기의 또는 3.1민족기의로 쓰는 게 맞다고 봅니다. 일본이라는 침략 민족에 대한 우리 민족의 민족해방운동이었기 때문입니다. 이후 이승만 독재 권력에 맞서 일어난 4.19혁명 또한 4.19시민혁명/기의으로 써야 하고, 5.18광주민주화운동 또한 5.18광주민중기의로 쓰는 게 맞다고 봅니다. 6.10항쟁 또한 6.10민중기의로 써야 한다고 봅니다. 이렇게 보았을 때 6.25전쟁은 사실 내부 동란의 개념보다는 국제이념의 충돌(International conflict of ideology)의 개념이 맞다고 봅니다. 따라서 6.2전쟁을 남북전쟁이니, 동란이니 민족상잔이니 등의 용어로 표기하는 것은 적당하지 않다고 봅니다.

2. 역사의 모순: 일제병탄기

6.25전쟁이 일어나게 된 동기는 멀리 일제의 조선 침략이라는 모순에서 발단이 됩니다. 그러면 일제 병탄이 일어나는 과정을 적어보기로 합니다. 일제 침략은 이미 청일전쟁(1894~1895)에서 배태합니다. 전쟁의 결과 일제가 이기면서 시모노세키조약(しものせきじょうやく,

下關条約, 1895. 4.)이 체결됩니다. 시모노세키조약 결과, 1) 조선에 대한 청의 종주권 부정과 함께 일제의 조선에 대한 독점권을 확보, 2) 청일전쟁은 일제에게 막대한 경제적 이권을 안겨주었다. 랴오둥반도, 타이완, 타이완 서쪽 50km 지점에 있는 펑후제도(澎湖諸島) 할양과 2억 냥의 배상금을 챙깁니다. 2억 냥의 배상금은 일제의 금본위제도를 확립하는데 기여하게 됩니다. 이렇게 일제는 청일전쟁을 통하여 '시모노세키조약'을 맺고 조선 땅에서 중국을 축출하였지만, 이번에는 러시아가 일제국과 대립각을 드러냅니다. 러시아는 얼지 않는 항구를 얻기 위해 랴오둥반도(요동 뤼순항[遼東旅順港])를 노리고 남진정책을 추진하고 있었습니다. 그런데 시모노세키조약으로 일제가 랴오둥반도를 차지하자 러시아는 멍해집니다. 그래서 당시 일제를 견제하고 있던 독일, 프랑스와 짜고 러시아는 일제에게 랴오둥반도를 중국에 반환하도록 강요하게 됩니다. 이것이 역사에서 말하는 삼국간섭(三國干涉)입니다(1895. 4. 23.). 러시아는 주일(駐日) 러시아 공사가 일본의 외무성 차관 하야시 다다스(林董, 1850~1913)와 수교한 각서에서 "랴오둥반도를 일본이 소유하는 것은 단순히 청국의 수도를 위태롭게 할 우려가 있을 뿐만 아니라, 그와 동시에 조선국의 독립까지도 유명무실하게 하는 결과가 되어, 이는 장래 극동의 영구적인 평화에 대한 장애를 주는 것으로 인정하며… 따라서 러시아 정부는… 일본 정부에 권고하노니 랴오둥반도를 확연히 영유하는 것을 포기하기를 바라는 바이다"라는 삼국간섭의 이유를 들고 있습니다(김위현, 2009년). 이에 일제는 3국 열강을 상대로 하여 싸울 만한 전력(戰力)이 없었습니다. 이 때문에 일본과 러시아는 시모노세키조약은 그대로 체결하되, 랴오둥반도 반환 문제는 별개로 취급하는 묘한 입장을 정리하고 랴오둥반도를 청국에 반환하게 됩니다. 이 문제로 일제는 러시아(露國)을 숙적(宿敵)으로 여기게 됩니다. 그리고 러시아와 일전을 각오하면서 군비 확충에 들어갑니다. 한편 러시아는 일본에 대항하기 위한 '露·淸秘密同盟'(러·청비밀동맹, 1898년)을 체결하고 동청철도부설권(東淸鐵道敷設權, 현 하얼빈철도)을 획득하게 됩니다. 그리고 독일도 쟈오저우만(교주만[膠州灣])을 조차합니다. 러시아는 다시 뤼순(旅順)과 따랜(大連)을 25년간 조차하여 만주를 세력권화하려고 했습니다. 이 무렵에 청국에서 의화단기의(義和團起義, 1900년)가 일어납니다. 그러자 서양 열강들은 군대를 청에 파견하게 됩니다. 러시아도 동철철도를 보호한다는 구실을 붙여 만주에 집중적으로 군대를 주둔시키게 됩니다.

이에 태평양지역과 동남아에 식민지를 많이 갖고 있던 영국은 러시아의 남진정책에 불안을 느끼게 됩니다. 이러한 기운을 감지하고 일제는 러시아를 공동의 적으로 삼는 영일동맹(제1차)을 체결하게 됩니다(1902. 1. 30.). 이 조약은 대한국에 해를 끼치는 조약이 됩니다. 곧 영국과 일제국이 각각 영국은 일제에게 대한제국에 대한 이권을 인정해 주는 대신에 일제는 영국에게 청에 이권을 인정하는 내용입니다. 이 조약은 또 한쪽이 다른 나라와 교전할 때는 동맹국은 엄정중립을 지키며, 한쪽이 2개국 이상과 교전할 때는 동맹국이 협동 전투에 임한다는 방수동맹이었습니다. 이렇게 해서 영국과 일제는 공동으로 러시아를 견제하게 됩니다. 이에 일본은 영국, 미국과 함께 러시아에게 만주에서 철군할 것을 요구합니다. 그러나 러시아는 이를 거부하고 오히려 대한국에서의 지배권 확보를 위해 조선의 영암포를 강제로 점령(1903. 4.)하여 군사기지를 삼고자 했습니다. 이에 대한제국에 대한 지배권 상실을 우려한 일제는 러시아와 만주 조선을 분할 점령(39도선)하자는 흥정을 합니다. 그러나 서로 양보하지 않았습니다. 이에 일제는 미국과 영국의 지지를 배경으로 뤼순항에 정박되어 있는 러시아 함대를 선전포고 없이 기습 공격합니다. 이로써 러일전쟁이 야기됩니다(1904. 2. 8.). 한편 대한제국은 우리를 둘러싼 러시아와 일제 간 전쟁 분위기가 고조되자, 중외에 '엄정중립'을 선언합니다(1904. 1. 23.). 그러나 일제는 이를 무시하고 인천을 불법으로 점령하고 병참기지화 합니다. 이어 서울을 장악한 다음 러시아에 정식으로 선전포고를 하게 됩니다(1904. 2. 10.). 일제는 만주에서 러시아와 치열한 전투를 벌이게 됩니다.

한편 러일전쟁 중에 미국은 일제와 비밀각서를 체결합니다. 바로 '카쓰라-태프트밀약'입니다(The Katsura-Taft Agreement, 1905. 7. 29.). 이 밀약은 대한국에게 치명적 쥐약이 됩니다. 이 밀약으로 일제는 미국의 필리핀 지배를 묵인하고, 미국은 일제의 대한제국의 지배를 묵인하게 됩니다.[19] 제국주의들끼리 식민지 나누어 먹기입니다. 이 밀약으로 일본이 우리 땅에 대한 식민화를 노골적인 침략을 추진하는 직접적인 계기가 됩니다. 더 나아가 미국은 자국의 이익을 위하여 질이 나쁜 행위를 계속해 나갑니다. 그것이 러일전쟁에서 승자가 아직 나지 않았음(대체로 일제의 승리로 보고 있지만)에도 미국 대통령 루스벨트(Franklin Roosevelt, 1882~1945)는 일제와 사전에 조율합니다. 그리고 일제와 러시아의 전권대사를 미국의 조그마한 항구도시 포츠머스(Portsmouth)로 불러냅니다. 여기서 일제에게 유리한 포츠머스 조약

---

19 1981년 8월 이야기다. '카테 밀약'을 학생들에게 이야기했다고 검찰이 글쓴이를 반미주의자로 몰아 체포한 적이 있다.

(Treaty of Portsmouth, 1905. 9.)을 맺게 합니다. 이 조약의 내용을 보면 첫째, 대한국에 있어서의 일본의 우월권을 승인한다. 둘째, 청국 정부의 승인을 전제로 랴오둥반도의 조차권과 장춘(長春), 뤼순(旅順) 간의 철도(남만주철도: 동청철도)를 일본에 위양(委讓)한다. 셋째, 전쟁배상금을 묻지 않는 대가로 북위 50도 이남의 사할린(樺太島)을 일본에 할양한다. 넷째, 연해주 연안의 어업권을 일본에 허락한다 등의 내용이 들어 있습니다. 이렇게 해서 미국은 카-테밀약에 이어 포츠머스조약으로 자기 땅도 아닌 대한국을 일제에 팔아넘긴 셈이 됩니다. 미국이 우리 역사 비극의 심지에 불을 붙인 셈입니다. 곧 우리 민족 역사의 비극은 제국주의들끼리 나누어먹기식 톈진조약, 시모노세끼조약으로부터 시작하여 카-테밀약, 포츠머스조약에서 본격화합니다. 미국이 우리 역사에 간섭하고 분단 음모를 시작하는 시점은 카-테밀약이라 할 수 있습니다. 또 일제는 제2영일동맹을 맺습니다(1905. 8. 12.). 그리고 영국으로부터 대한국 지배를 묵인받습니다. 이렇게 하여 일제는 세계 4대 강대국(미국, 영국, 독일, 러시아)의 보장과 묵인 아래 대한국에 대한 독자적 식민지화를 추진해 들어옵니다. 일제는 지저분한 밀약과 더러운 동맹을 배경으로 안하무인격으로 대한국에 을사늑약을 강제해 옵니다(1905. 11. 15.). 을사5적의 민족배반적 행위를 종용하면서 비운의 을사늑약이 맺어지고 대한국은 외교권을 강탈당합니다. 이 결과로 재외공관의 폐쇄되고 대한국 내 외국공관들이 철수하기에 이릅니다. 이어 일제는 이를 제도적으로 보장하기 위하여 사전에 맺은 '한일협정서'(1904. 2. 23.)와 '한일협약'(1904. 8. 22.) 등에 의거 대한국에 중앙기구로 통감부(統監府), 지방기구로 이사청(理事廳)을 설치합니다. 통감부와 이사청의 설치는 대한국 병탄을 위한 예비적 수단이었

습니다. 통감부는 을사늑약에는 외교 업무만 담당하는 제한적 기능만 가지고 있었습니다. 그러나 대한국 8도에 이사청/지청을 설치하고 대한국 관리에 필요한 일체의 필요한 사무를 모두 처리하게 됩니다. 곧 통감부(중앙조직)는 대한국 정부 조직 속의 모든 행정사무를 감독하고 간섭하였습니다. 예비식민지통치기구가 됩니다. 통감부는 자국민 보호(거류민 재판권: 치외법권), 외교 행정 이외에 군대동원령, 언론통제권도 마음대로 강제하였습니다. 특히 군대동원령과 언론통제권은 대한국인의 저항권과 알권리, 인권 유린 기능에 속하는 권력이 됩니다. 또 이사청의 통제를 받는 은행을 설치하여 대한국의 경제권도 통제해 들어왔습니다. 이러한 외교권 장악, 행정권 장악, 경제권 장악, 언론권의 장악은 대한제국을 식민지로 삼기 위한 사전 정지작업이었습니다. 조선정부 말엽, 인천의 개항을 반대하였던 것은 군사적 이유 외에 경제적 이유도 있었습니다. 서울의 관문인 인천이 개항되면 외국 상품의 유입으로 서울을 비롯한 경기지역의 경제에 미치는 파급이 엄청나다는 것은 명확한 일입니다. 그리고 군사적인 측면에서는 인천이 서울로 가는 직선로라는 점 때문에 인천 개항을 반대했습니다. 인천이 개항되고, 인천을 통한 일제 침략은 대한민국이 일제강점하 노예 상태에 놓이게 됩니다.

3. 미국에 의한 분단형 해방

1) 광복(光復)인가, 해방(解放)인가

일제병탄기를 마치고 우리의 노력도 있었지만 제2차 세계 대전을 종결시키는 미국의 원자폭탄에 의해 일제는 미국(연합국)에 항복하게 됩니다. 그 덕분인지는 모르지만, 우리 땅과 민족은 해방을 맞게 됩니다(1945년). 그런데 일제로부터 우리 땅과 민족이 해방을 맞는 사실에 대하여 용어 문제에서 아직도 정착된 용어가 없습니다. 곧 일제 식민지에서 벗어나는 역사적 사실이 해방인가, 광복인가라는 문제입니다. 광복과 해방의 용어는 식민지조선 시기(이를 역사에서는 일제강점기라고 한다)의 성격을 어떻게 규정을 짓느냐에 따라 용어의 선택이 달라진다고 봅니다. 광복은 국가의 주권을 되찾다는 뜻입니다. 곧 남에게 빼앗겼던 나라와 영토주권을 되찾았다는 의미를 갖고 있습니다. 그리고 해방은 인간다움(삶살이)의 자유를 얻었다(노예 상태에서 풀려났다)는 의미를 갖고 있습니다. 곧 남의 나라와 사람들에게 노예살이(남살이)를 하다가 사람답게 사는 자유를 얻었다는 뜻입니다. 인격의 속박으로부터 벗어나 원자적 자아를 찾았다는 뜻이 해방이라는 말이 됩니다. 그러니까 식민지시기/일제침략기의 성격을 어떻게 해석하느냐에 따라 1945년 8월 15일은 광복이 될 수도 있고, 해방이 될 수도 있습니다. 우리는 1910~1945년, 36년 동안 일제에게 나라의 주권을 빼앗겼지만, 그보다도 더 뼈아픈 것은 나라 사람 개인이 자유를 속박당하는 노예살이를 강제당했다는 사실입니다. 나라의 주권을 빼앗겼다는 사실보다는 인간의 자유를 상실하고 노예 상태가 되었다는 점이 더 중요한 문제라고 생각합니다. 따라서 원자적 자아가 노예 상태에서 자유를 되찾았다는 뜻에서 8.15해방이라고 부르는 것이 타당하지 않나 하는 생각입니다. 그래서 광복은 국가 주권의 회복을, 해방은 개인 자유의 광명이라는 뜻을 갖습니다. 우리는 국가의 주권보다 개인의 인권이 더 중요하다고 봅니다. 가령 국가가 존재하지만, 국가의 법치(法治)에 의하여 인간의 자유와 인권이 속박/강제를 당한다면 그 국가는 존재가치를 부여할 수 없다고 봅니다. 따라서 일제로부터 우리 땅이 식민지에서 해소되었다는 것은 나라 사람이 노예 상태에서 자유를 되찾게 되었다는 의미로 볼 수 있습니다. 그래서 8.15해방이라는 말이 더 적절한 말이 아닌가 하는 생각입니다. 해방 당일부터 대한의 군중들은 일제가 망했다는 소식에 기쁨이 넘치는 마음으로 거리로 쏟아져 나왔습니다. 우리 군중들은 길거리에 '解放'(해방)이라고 쓴 걸게(프랑카드)를 걸고, 손에도 '解放'(해방)이라고 쓴 피켓을 들었습니다. 또 당시 건국 준비를 하던 민족인사들이 대중을 중심으로 연설을 할 때 연설문을 보면, "조선민족 해방의 날이 왔다…"고 했습니다.[20] 이러한 현장 분위기는 당시의 민족감정을 그대로 대변했다고 봅니다. 곧 나라의 주권 회복보다 노예 상태에서의 인간해방이 더 중요했다는 증거로 보입니다. 또 당시 태어난 아이들을 옛 어른들은 '해방둥이'라고 불렀습니다. '광복둥이'가 아니었습니다. 정치권에서도 이승만 권력이 출범하기 전 미군정 시절인 1946년과 1947년의 8.15기념행사를 '해방기념식'이라고 했습니다. 또한 글쓴이가 학교를 다닐 때, 국어 교과서에서 1945년 8월 15일을 '解放'(해방)으로 가르쳤습니다. 1970년대 국사 교과서 현대편에 보면, 역시 "민족의 해방과 국토의 분단"이라고 제목이 붙어 있습니다. 그러다가 전두환이 권력을 찬탈하고 나서, 교육부의 제4차 교육과정(1981. 12.~1987. 6.)이 나오게 됩니다. 여기서 '해방'을 '광복'으로 대체합니다. 이는 국가주의의 반영인 동시에 북조선 교육과 차별화(반공교육 차원) 때문인 것으

---

20 여운형이 서울 휘문중학 운동장에서 군중을 향해 한 연설문(「每日新聞」 1945년 8월 17일자: 국사편찬위원회 데이터베이스).

로 보입니다. 북조선에서 쓰는 '해방된 조국'이라는 용어에 대한 반대 개념에서 나온 용어의 선택인 것으로 보입니다. 남한의 교육 당국이 해방과 광복의 개념을 분명하게 알고 있었던 것은 아니었다고 봅니다. 따라서 수사학(修辭學)상 광복을 능동의 뜻으로, 해방을 수동의 뜻으로 해석하는 것은 맞지 않다고 봅니다. 광복도 해방도 능동과 수동의 뜻을 다 가지고 있습니다. 수동과 능동의 뜻으로 따진다면 해방이든 광복이든 1945년 일제가 식민지 대한을 포기한 것은 우리가 주체가 되어 온 게 아니고 남(미국)의 노력에 의하여 어쭙잖게 주어졌습니다. 이 때문에 38선 이남은 1945년 9월 8일 이후, 다시 점령군 미국의 간접식민지(미군정)로 전락하게 됩니다. 그 여파가 오늘날까지 지속되고 있는 실정입니다. 주권의 겉은 우리에게 있는 듯이 보이지만 주권의 속은 남에게 있다는 뜻입니다. 나라의 주권이 남에게 있는데 이것을 광복으로 볼 수는 없다고 봅니다. 인간적 해방은 왔지만, 국가의 주권은 미국이 뒤에서 장악하고 있습니다. 국가의 주권을 되찾은 것을 광복이라고 한다면 미국이 우리 영토에 군대를 주둔시키고, '이념폭력'으로 우리의 민족분단을 강요하고 있는 한, 우리 땅과 민족에 광복이 왔다고 보기는 어렵습니다. 어찌했던 일제의 노예 상태로부터 우리 민족 개개인이 자유를 되찾았다는 것은 분명 '인간해방'입니다. 따라서 미군의 우리 땅 주둔은 해방절(자유주의적 입장)은 왔으나 광복절(국가주의적 입장)은 아직 오지를 않았다고 볼 수 있습니다.

2) 분단형 해방

우리 영토와 겨레가 분단되는 역사적 배경에는 일제의 침략이라는 기본모순이 그 발단을 만들었다는 것은 부동(不動)의 사실입니다. 일제가 36년[21] 동안 한/조선반도의 식민 통치를 끝내는 과정에서 이미 민족분단은 배양되고 있었습니다. 이러한 민족분단의 원인은 기본모순 위에서 만들어집니다. 기본모순 위에 또다시 다른 모순이 겹치게 됩니다. 곧 對內外 분단 세력의 준동(蠢動)과 책동(策動)입니다. 이를 구체화시켜 살펴보면 외인(外因) 모순과 내인(內因) 모순입니다. 외인은 미국을 중심으로 하는 외세가 만들어 내는 물리적 모순이 해당됩니다. '제2차 세계폭력전쟁'(제2차 세계 대전) 당시 미국은 동아시아에 자본주의 경제질서를 이식하고자 합니다. 자본주의 경제질서는 필연적으로 자유주의 사회질서를 필요로 합니다. 한/조선반도의 분단은 미국이 아시아에 자본주의 경제질서 이식을 위한 자유주의 정치이념을 부식시키는 과정에서 나타난 희생물이 됩니다. 이렇게 우리 땅의 해방 이전 분단은 외인 모순이 더 크게 작용하게 됩니다. 그리고 해방 이후는 사상적 이념보다는 권력욕에 불타는 민족 내부의 분단 세력들의 책동인 민족적 모순이 크게 작용하게 됩니다. 기본모순인 일제의 침략과 식민 통치에 대하여서는 여기서 끄집어 볼 필요는 없습니다. 상식적으로 모두가 잘 알고 있기 때문입니다. 따라서 여기서는 한/조선반도 분단의 외인/물리적 모순과 내인/민족적 모순을 대략적으로 살펴보기로 합니다. 우리 땅/민족분단의 외인은 미국으로부터 비롯됩니다. 제2차 세계 대전 당시 미국은 '대서양헌장'(Atlantic Charter, 1941. 8.)에 의거하여 전체주의와 식민지주의를 거부한다(1941년)는 원칙을 가지고 있었습니다. 그런데 일제가 태평양

---

21 일제의 한반도 강점을 35년으로 보는 것은 잘못이다. 그 의미는 알겠으나, 일반수학으로 보면, 1945~1910: 35이지만, 일제의 강점 당해를 합산해야 하므로 36년이 된다.

전체 지역을 지배하기 위하여 하와이에 있는 진주만 미해군기지를 기습공격하여 파괴합니다(1941. 12. 7.). 이를 펑계로 미국은 연합국에 가담하여 제2차 세계 대전에 참전하게 됩니다. 그리고 대일전(對日戰)을 치르면서 일제와 전쟁을 조속히 종결시켜 동아시아지역에 소련 중심의 사회주의/전체주의가 확산되는 것을 저지하려는 전략을 세우게 됩니다. 이에 전쟁을 최단시일 내 종결시킬 가공할 대량 살상 무기 개발을 서두르게 됩니다. 이 신무기가 바로 핵폭탄입니다. 당시 이러한 대량 살상 무기의 개발을 서두르고 있던 나라는 독일(최초개발 시작)과 미국, 영국, 소련, 일본 등입니다. 이중 신무기 개발에 가장 늦게 뛰어든 나라가 미국입니다. 미국의 신무기 개발계획을 맨해튼 프로젝트라고 합니다. 이 개발계획의 책임자는 독일 출생의 베르너 폰 브라운(Wernher von Braun, 1912~1977)이었습니다. 그는 미국 NASA의 수장이 되어 핵무기 개발에 앞장을 섰습니다. 미국은 핵무기를 다른 나라보다 먼저 개발하고 핵실험에 성공을 합니다(트리니티[Trinity] 테스트). 일본은 북조선의 흥남에 세운 암모니아 공장에서 핵무기 완성을 눈앞에 두고 있었습니다. 잠시 우라늄 원석이 부족하여 독일에 우라늄 원석을 요청하게 됩니다. 독일은 1,200파운드의 우라늄을 일본에 제공하기 위해 잠수함에 싣고 바닷속을 통하여 일본으로 가고 있었습니다. 잠수함이 운항 중에 독일의 항복(1945. 5. 7.) 소식을 듣게 됩니다. 바닷속에서 이 소식을 접한 독일 잠수함이 일본으로 가던 항로를 미국으로 돌려 귀순하는 바람에 일제의 핵무기 개발은 성공하지 못하게 됩니다. 역사에는 가정이 없지만, 일본이 먼저 핵무기를 개발했다면 오늘의 역사는 어떤 모습이 되었을까. 우리 땅에 미국의 핵폭탄이 터졌을 것이라는 생각이 듭니다. 이후 흥남 암모니아 공장은 소련에 점령당하고 맙니다. 소련은 뒤에 핵실험에 성공하게 됩니다(1949. 8. 29.).

핵무기 실험에 성공한 미국은 제2차 세계 대전 중, 소련의 전체주의 이념에 의한 공산주의 경제질서가 소련의 주변국인 동유럽을 지나, 동북아시아와 동남아까지 확대하게 되는 것을 좌시하지 않았습니다. 이에 미국은 사회주의 세력의 확대를 저지하려는 국가전략을 세웁니다. 곧 일본의 항복을 앞당기고 소련의 사회주의 세력이 동아시아로 남하하는 것을 막고자 했습니다. 이것이 천인공노할 히로시마에 핵폭탄(Little Boy/dirty bomb)의 투하입니다(1945. 8. 6.). 그러니까 미국의 일제 땅에 대한 핵폭탄 투하는 일제에 대한 조기 항복을 끌어내리려는 의도도 있었지만 한/조선반도를 타고 일본열도까지 밀고 들어올 계획을 가지고 있는 소련을 위협하려는 의도를 다분히 가지고 있었다는 말이 됩니다.[22] 미국과 소련의 국가전략은 한반도에 비극의 씨앗을 뿌리게 됩니다. 무슨 소리냐 하면 만약 미국이 핵무기 제조에 성공하지 않았다면, 남진정책이 역사적 목표였던 소련과 함께 일본에 대한 연합국 공동관리를 했을 거라는 이야기입니다. 일본이 패망한 뒤, 일본이 연합국의 공동관리에 들어가게 되었다면, 독일의 점

---

22 미 국방부 1945년 9월 15일자 기밀문서를 보면, 실제 "펜타곤이 주요 도시 지역에 대한 조직적인 핵 공격을 통해 소련을 폭파시키는 계획을 고려했다"는 66개의 "전략" 표적 목록에는 소련의 주요 도시가 모두 포함되었다. 모스크바, 레닌그라드, 타슈켄트, 키에프, 하르코프, 오데사 등 규모가 큰 각각의 도시에는 6개의 핵무기가 사용될 예정이었다. "소련을 지도에서 지우기" 위해서 총 204개의 폭탄이 필요할 것으로 펜타곤은 추산했다. 핵 공격의 표적은 66개의 주요 도시였다. 이와 같이 끔찍한 군사 목표의 개요를 담은 문서가 발간된 것은 1945년 9월이었다. 히로시마와 나가사키 폭격(1945년 8월 6일과 9일)이 있은 지 불과 한 달 후였고, (1947년) 냉전이 시작되기 2년 전이었다. (캐나다 오타와 대학 경제학 교수인 미셸 초서도프스키 "전쟁의 세계화와 한반도 평화"(North Korea and the Dangers of Nuclear War)라는 주제로 미셸 초서도브스키(Michel Chossudovsky)의 발제문의 내용임(2018년 2월 21일 국회 의원회관에서 열린 백년포럼).

령지였던 프랑스/폴란드처럼 한/조선반도도 자연스럽게 독립하고, 오히려 일본이 분할되었을 것으로 봅니다. 역사는 만약이라는 가정이 없지만, 어쨌든 애석한 일입니다. 미국은 핵무기를 통하여 전체주의적 공산주의 경제질서가 서유럽 및 동아시아에 확산되지 못하게 하려는 국가전략을 세웁니다. 이에 일본을 연합국의 분할관리가 아닌 독점관리를 하려는 야심을 갖게 됩니다. 이러한 미국의 전략을 소련 또한 눈치채지 못할 리 없었습니다. 소련은 포츠담선언(1945. 7. 26. 미국, 중국, 영국, 소련이 참여한 선언)에도 불구하고 일본을 독점 관리하려는 미국의 의도를 알아차리게 됩니다. 자국의 핵무기 제조가 더뎌지고 있던 소련은 재빨리 만주와 한반도를 손에 넣으려는 전략을 세웁니다. 소련은 서둘러 일본 제국과 맺은 '소비에트 연방과 일본의 중립조약'(日ソ中立条約, 1941년 4월 13일에 체결)23을 파기하고 일본제국에 대해서 선전포고를 하게 됩니다(1945. 8. 8.).24 이어 지체할 시간도 없이 소련 제1극동방면군(150만 병사)은 만주에 있는 일본 관동군을 공격하기 시작합니다. 파죽지세로 남하하면서 두만강(훈춘 琿春 점령은 8. 12.) 에서 일본 관동군과 대치하게 됩니다(소련이 두만강을 넘어 조선반도로 들어오는 시간은 1945. 8. 12, 만주국 붕괴는 1945. 8. 18, 소련의 평양 진주는 1945. 8. 22.).25 그러자 미국은 일본을 자국의 안전한 자본시장으로 두기 위해

---

23 日ソ中立条約: 일제가 미국의 하와이를 공격하게 되면 소련은 이에 대하여 중립을 지킨다는 내용. 1이 조약의 성립으로 소련은 독일과의 전쟁(서부전선)에서 유리했고, 일본도 미국과 태평양전쟁을 벌이는 동안, 소련으로부터 전쟁에 필요한 상당량의 석탄, 목재, 철, 어류, 금 등 자원을 공급받았다(World War II: A Student Encyclopedia, 5 volume set, ABC-CLIO, February 23, 2005). 이후, 소련은 미영소 3개국 회담(크림반도 얄타)에서 소련은 독일이 항복하면 2~3개월 후에 대일전에 참가할 것을 약속하고 있다(『조선통사』하, 사회과학원역사연구소, 1988, 269).
24 북조선에서는 소련의 대일선전포고를 1945. 8. 9일이라고 적고 있다(『조선통사』하, 269; 『한국민중사』 II, 풀빛, 1896, 223).

서는 전체 한반도의 공산화는 막아야 한다는 위급성을 인식하게 됩니다. 한반도 전체가 공산 세력권에 놓이게 되면 도미노 원리에 의하여 일본이 공산 세력권으로 편입되는 것은 시간문제라고 생각하게 되었다는 뜻입니다. 그리하여 미국은 두만강을 아직 넘지 않는 소련이 한/조선반도 전체를 독식하지 못하게 할 필요성을 갖게 됩니다.26 일본을 보호국(자국의 자본시장화)화 하기 위해서는 한반도의 일부분이라도 완충지대로 만들어야 한다는 조급한 마음을 갖게 됩니다.

그리하여 소련이 대일선전포고를 하자(1945. 8. 8.) 미 제국은 다시 나가사키(長崎)에 원폭(Fat Man) 하나를 더 투하합니다. 이에 놀란 일제는 일왕(日王, 일왕은 스스로를 天皇이라고 부른다)은 사전에 항복 논의도 있었지만 급하게 '최고전쟁지도자회의'를 소집 개최합니다(8. 9. 이튿날 새벽까지 계속됨). 여기에서 천황제 유지를 조건으로 하는 항복을 결정하게 됩니다(8. 10.). 이러한 결정에 따라 일제는 미국과 천황제 유지와 일왕만을 전범재판소(戰犯裁判所)에 넘기지 않는다는 조건으로 '포츠담선언'을 수락(항복을 뜻함)하겠다는 의사를 타진합니다(8. 10.). 이를 무조건 받아들이게 된 미국의 입장에서는 전범재판소는 별로 중요하지 않았습니다. 일본을 독점하여 자국의 자본시장으로 만드는 일이 더 중요했습니다. 미국도 재빨리 대통령 직속 최고안보기구(SWNCC: 국무성과 육군성, 해군성)를 열고 실무자들과 함께 일본의 항복과 전쟁 종결에 대비한 전략회의를 열게 됩니다(8. 10.). 전략회의의

---

25 중국 측 기록에는 소련군이 38선을 넘어 서울을 점령한 상태라고 적고 있다(심지화/김동길, 124). 그러나 이 기록은 착오가 있는 것으로 본다. 소련군이 평양에 들어오는 시간은 1945. 8. 22일이 된다.
26 소련이 두만강을 넘는 시간은 미국으로부터 38도선 분단선을 통보받은 이후임.

결과는 이렇습니다. "동남아지역은 영국이, 중국 대륙은 중국 장개석이, 소련과 접전 중인 지역은 소련이, 일본 본토는 미국이 그리고 한반도는 38도선을 기준으로 이미 진주를 시작한 소련과 함께 한/조선반도 분단하여 북반부는 소련이 그리고 남반부는 미군이 일본군한테서 항복을 받는다는 지침을 정하게 됩니다. 이렇게 일제의 항복을 앞둔 미국은 급히 소련이 전체 한반도를 점령하지 못하도록 당시 펜타곤에 지시를 내립니다. 펜타곤의 존 맥콜리 지시를 받은 2명의 젊은 장교(대령), 딘 러스크(Dean Rusk)[27]와 찰스 보네스틸(Charles Bonesteel)은 서둘러 「내셔널 지오그래픽」 지도를 펴듭니다. 그리고 눈대중으로 보아도 삼상위원회 육군고문이었던 링컨 준장이 제의한 38도선이 한반도의 중간선이 된다고 간주하고 지도에 38도선을 긋게 됩니다.[28] 국무부 맥클리로부터 지도를 받아든 당시 대통령 트루먼(Harry

---

27 딘 러스크의 회고록 *As I Saw It*. 나는 38도선 탄생의 '목격자'이었으므로 보다 자세한 내용을 이야기할 수 있을 것이다. 갑작스러운 일본의 항복에 의해 국무성과 군 당국은 일본항복에 관해 맥아더 장군에게 보내야 할 지령 및 기타 연합국 정부와의 협정에 대해 긴급히 검토하게 되었다. 그 때문에 8월 10일부터 11일 사이, 국무성의 던(James C. Dunn), 육군성의 맥크로이(John J. McCloy), 해군성의 버드(Ralph Bard) 등 세 명이 펜타곤의 맥크로이 집무실에서 SWNCC 철야 회의를 열었다. 그날 회의는 밤을 새며 계속되었다. 의제는 일본항복 수리에 관한 협정이었다. 국무성 측은 미군이 가능한 한 북쪽에서 항복을 수리해야 한다는 의견을 제출했다. 군에 즉각 움직일 수 있는 병력이 없다는 사실에 직면했다. 시간적, 공간적으로 소련군이 들어오기 전에 북쪽까지 점령하는 것은 곤란했다. 군의 견해는 항복을 수리하기 위한 우리들의 제안이 예상되는 군사 능력을 훨씬 넘는 경우, 소련이 그것을 받아들일 가능성은 거의 없다고 하는 것이었다. 사실 시간도 없었다. 맥크로이는 본스틸(Charles H. Bonesteel) 대령과 본인에게 옆방에 가서 미군이 가능한 한 북쪽에서 항복을 수리해야 한다는 정치적 희망과 미군 진주 능력의 명백한 한계를 조화시키는 안을 작성해 오도록 요청했다. 우리는 소련이 동의하지 않을 경우 미군이 현실적으로 진주하기에는 어렵다고 생각했지만, 미군 점령지역 내에 수도를 포함시키는 것이 중요했기 때문에 38도선을 제안했던 것이다(Dean Rusk, "As I Saw It"(내가 본대로), 124; 정영주·정순주 공역, 『냉전의 비망록』, 시공사, 1991, 64). 참고. 러스크는 독도를 일본에 넘겨준 장본인이다. 참고로 38분단선을 처음 제안한 사람은 삼상위원회 육군고문이었던 링컨 준장이었다는 내용도 있다(윌리엄 스툭/서은경, 『한국전쟁과 미국 외교정책』, 25).

S. Truman)은 만주를 점령한 뒤 한/조선반도 동해안으로 진출을 시작한29 소련의 스탈린에게 38선을 기준으로 한반도를 분단(分斷, 군사분계선이 아닌, 영토 분단선)하자고 제안합니다(1945. 8. 15.). 미국이 제의한 38도선은 처음부터 한반도를 분단하자는 의도였지, 미소의 군사 활동을 위한 군사분계선: 분활선이 아니었습니다. 소련은 미국의 제안을 즉각 수용합니다. 그러면 소련은 38분단선을 중심으로 우리 땅을 점령하자는 미국의 제안을 왜 즉각 수용하였을까. 그것은 1) 미국의 핵폭탄 위력에 기가 눌렸다는 점, 2) 미국이 일본침공을 위해 군사력을 아시아에 집중시키고 있다는 점, 3) 미국이 한반도와 만주에 조기 상륙을 고려하고 있다는 첩보를 입수한 점, 4) 군사력에서 당시 소련은 미국의 상대가 되지 않았다는 점, 곧 핵무기의 일본투하 실험에 성공한 미국과 충돌을 피하고 싶었던 계산이 있었다는 점, 5) 미국은 일본을 자국의 자본시장화를 위해 한반도를 완충지대화 하려는 확고한 의지를 보이고 있다는 점 등 이러한 여러 가지 상황에서 만약에 소련이 미국의 제안을 받아들이지 않는다면 미국이 조선반도 전체를 독점할 수도 있다는 우려를 가지고 있었습니다. 만약 조선/한반도 전체가 자본주의 경제체제로 변하게 된다면 사회주의국가로 막 발돋움한 중국이 위험하다는 판단이었습니다. 따라서 소련은 조선/한반도

---

28 박명림은 38선을 이념에 의한 분단으로 보고 있다. 분단이라는 용어는 맞으나 38선의 분단의 원인을 이념으로 본 것은 인식의 오류로 본다(박명림, 『한국전쟁의 발발과 기원』 I(나남, 1996, 81).

29 소련이 한반도 웅기, 나진, 청진항 등 동해에서 일본해군을 격침시키는 시간은 1945년 8월 9일, 10일 사이이며 조선 북반부 동해안의 청진, 나남 등지로 점령해 들어가는 시간은 1945년 8월 14일이다(『조선통사』 하, 270). 원산과 함흥은 8월 21일에 점령한다(고등학교 한국사' 지학사, 2010검정, 262). 일부 8월 15일 이전에 소련이 평양을 점령했다는 주장은 근거 없는 주장이다.

에서 미국과 이익 및 영향력의 균형을 동등하게 유지하고자 하는 전략을 갖게 됩니다(심지화/김동길, 128쪽). 이 말은 미국이나 소련 모두에게 우리 땅은 최우선 순위가 아니었다는 뜻입니다. 미국에는 일본을, 소련에는 중국을 최우선 순위에 놓고 있었다는 말이 됩니다. 이에 소련은 즉시 미국의 제안을 수용하고, 곧바로 38분단선 북반부의 일제군을 몰아내기 시작합니다.[30]

일제는 14일 자국(自國) 전역에 '대동아전쟁 종결에 관한 조서'(大東亞戰爭の終結に關する詔書)[31]를 발표/방송합니다. 그리고 15일, 일왕이 직접 항복선언을 함으로써 패망을 공식화합니다.[32] 한반도 분단은 이렇게 일본의 공식적인 항복이 있기 5일 전부터 미국에 의해 편의대로 결정되고 있었다는 이야기입니다. 기가 막힐 일이 아닐 수 없습니다. 이렇게 소련이 대일선전포고(1945. 8. 8.)를 하고 미국이 나가사키에 원폭이 투하(8. 9.)하는 이틀 사이에 한반도 분단은 결정되고 있었습니다. 이렇게 한/조선반도의 운명/분단은 1945년 8월 10일을 전후로 섬광(閃光)처럼 미국에 의해 결정되고 있었습니다. 그리고 전략회의에서 나온 지침은 다음날 미국 '3성조정위원회'에서 확정되어 '일반명령 1호'로 필리핀에 있던 맥아더 사령부로 전달됩니다. 그리고 영국 등 연합국에게도 통고합니다(8. 15.). 이렇게 해서 38선을 경

---

30 브루스 커밍스는 한국분단의 기원을 일제강점기 공산 세력과 민족 세력의 서로 다른 저항방법에 있었다고 한다(브루스 커밍스/조행복 역, 『브루스 커밍스의 한국전쟁: The Korean War』, 현실문화연구, 2017, 85). 그러나 이러한 인식은 매우 위험하다. 독재와 침략자에 대한 투쟁방식은 다양할 수 있기 때문이다. 투쟁방식의 차이에서 분단 기원을 찾는 것은 잘못된 인식으로 본다.
31 이를 보통 '降服詔書', '終戰詔書'라고 부른다. 그러나 일제는 이를 '玉音放送'이라 말한다.
32 미군함상 USS 미주리 BB-63에서 항복문서 서명은 1945. 9. 2임. 이에 따라 포츠담선언도 발효됨. 제2차 세계 대전의 사실상 종결은 1945. 9. 9. 곧 중국에서 일본이 항복문서에 서명한 날짜임.

계로 남반부와 북반부는 미소 두 점령군의 점령지가 되고 맙니다. 미군은 9월 8일에 점령군으로 들어옵니다. 그리고 이들은 각각 점령군 군정청을 설치하고 군정(軍政)을 실시하게 됩니다. 이게 우리 민족 분단(물리적 모순)의 핵심 원인이 됩니다.33 일부 「조선일보」 등 황제언론에 투고하는 미시안적 글쟁이들이 "38도선을, 공산 세력을 막은 천만다행한 행운선"이라고 즐겨 말하고 있는 것은 민족이라는 대단원과 자유 평화를 맑은 마음으로 보지 못하는 슬픈 사고(思考)라고밖에는 말할 수 없습니다. 일제에 의한 인민의 노예 상태에서 해방되는 우리 땅은 분단을 당해서는 안 되었습니다. 그래서 38도선은 행운선(幸運線)이 아니라, 불행의 비극선(悲劇線)이 됩니다. 우리 땅 38선은 얄타회담(1945. 2. 4.~1945. 2. 11.)이나 포츠담선언(1945. 7. 26.)과는 무관하다는 사실입니다.

제2차 세계 대전은 끝났지만, 미국의 핵무기 개발과 일본에 대한 단독 지배는 미소(米蘇) 냉전 시대(1947년 이후)의 서막이 됩니다. 미소의 냉전논리는 결국 한반도를 희생양으로 몰아갔습니다. 분할관리가 아닌 분단점령과 함께 분단처리와 분단 고착의 음모입니다. 제2차 세계 대전의 3추축국(樞軸國) 중 독일제국주의의 항복(1945. 5. 7.)은 연합국의 연합작전의 결과입니다. 이에 따라 패전국 독일에 대한 전후 처리도 미국, 소련, 영국, 프랑스 4개 승전국 사이의 협상을 통해 이루어집니다. 그러나 우리 땅의 현실은 달랐습니다. 일본을 선점(先占)한 미국은 일본에 자유주의 사회질서와 민주주의 정치체제를 이식하여 자본주의 경제질서(태평양 안보)를 확립시키려는 전략을 짜게 됩니

---

33 당시 이승만 권력자들도 한반도 분단의 책임은 미국에 있다고 주장함("秘錄 韓國外交 28 : 政府樹立 직후 ⑩", 「경향신문」 1975년 3월 17일자).

다. 일본의 자본주의 경제질서와 민주주의 정치체제의 확고한 확립은 극동아시아에서 소련의 전체주의적 팽창을 저지할 수 있다고 보았기 때문입니다. 그러면 소련의 팽창주의를 어디서 멈추게 할 것인가. 그리고 일본의 자본주의 경제질서를 수호하는 데 필요한 조치는 무엇인가. 그것은 일본에 사회주의 세력의 영향력이 미치지 않게 하기 위한 완충지대34의 필요였습니다. 완충지대의 필요성을 우리 땅에서 찾게 됩니다. 이렇게 미국의 국익에 의해 물리적으로 우리 땅은 분단이라는 비극을 만나게 됩니다. 우리 땅/민족의 분단은 일제침략이라는 기본모순에 미국에 의한 물리적 모순이 겹쳐서 일어난 비극입니다. 다시 말하면 한반도 분단의 원인은 미국이 자국의 이익을 위해 우리 민족을 희생양으로 삼은 데서 비롯됩니다. 우리 민족의 의지가 완전히 무시된 결정입니다. 미국은 처음부터 소련의 전체주의 확장 봉쇄와 일본의 자본시장화가 우선 전략이었기에 애시당초 우리 땅에 독립적이고 자주적인 통일국가수립은 생각지도 않고 있었습니다. 그럼에도 아직도 한국의 무지한/몽매한 정치꾼과 지식인들은 미국을 자유주의를 지켜낸 은인(恩人)으로 인식하는 한심함을 보이고 있습니다. 우리에게 일제는 침략의 제1 원흉(元兇)이고 미국은 분단의 제2 원흉(元兇)이 됩니다. 또 "미국은 제2차 세계 대전 종전 무렵에 일본을 대신하여 아시아의 지배자로 군림하려는 야망도 가지고 있지 않았고, 남한을 미국의 세계제패를 위한 요충(要衝)으로 만들려는 생각도 가지고 있지 않았다"고35 보는 시각은 역사 사료를 전혀 왜곡하

---

34 완충국을 buffer state라고 부르며, 완충지대를 buffer zone이라고 부르는데, 38선은 세계적으로 유명한 '러·일 버퍼존'이다. 38도선을 행운의 선으로 보는 이들의 시각은 누구를 위해 종을 울리는지 모르겠다.

여 해석한 잘못이 있다고 하겠습니다. 이렇게 6.25전쟁의 동기는 분단형 해방에서 찾아집니다.

III. 6.25전쟁의 배경론

1. 미점령군 군정청과 친일반공 세력

제2차 세계 대전(1939. 9.~1945. 8.) 이후 미국과 영국을 중심으로 하는 자유주의연합집단과 소련과 중국을 중심으로 하는 사회주의동맹집단 사이에 냉랭하게 흐르는 대결 상태, 곧 냉전 상태가 세계질서를 만들어 내고 있었습니다. 1945년 5월 나치 독일의 항복이 있게 되자, 제2차 세계 대전 때 추축국을 상대로 결성되었던 전시동맹관계가 깨져나갑니다. 그리하여 미국과 영국의 자본주의 경제체제를 중심으로 하는 자유주의 연합진영과 공산주의 소비에트 연방공화국을 중심으로 하는 사회주의동맹진영 간에 대립 구도가 성립됩니다. 소련은 동유럽에 이어 동남아시아 및 동아시아에도 사회주의 팽창정책을 추구해 나갑니다. 당시 소련은 우리 땅의 가치를 다음과 같이 평가하고 있었습니다. "조선은 동북아시아에서 매우 중요한 전략적 위치를 차지하고 있다. … 각종 광산자원이 풍부하고 수력발전과 건축재료가 풍부하며 신속한 공업발전과 독자생존에 필요한 모든 조건을 갖추고 있다"(沈志華/金東吉, 2014, 121쪽). 소련이 우리 땅을 노리고 있었다는

---

35 양동안, "한반도 분단의 정확한 원인 규명", 「정신문화연구」 제30권 제4호(2007), 153.

뜻입니다. 이렇게 시작되는 동서 냉전은 1948년대 이후, 1950년대 초반에 절정기를 이루게 됩니다. 그래서 미국은 소련의 사회주의 세력 확대에 대응하여 '북대서양조약기구'(NATO, 1949. 4.)를 만들어 유럽군사동맹체제를 구축합니다. 바로 이 시기에 소련도 독자적 핵무기 개발에 성공합니다(1949. 8. 29). 이로써 소련은 군사적으로 미국과 맞설 수 있게 됩니다. 그리고 아시아에서는 중국 본토에 국민당의 장제스(蔣介石, 1887~1975)가 대만지역으로 쫓겨나고 공산당의 마오쩌둥(毛澤東, 1893~1976)이 공산정권을 수립하게 됩니다(중화인민공화국, 1949. 10. 1.). 이렇게 해서 미국+서유럽+일본의 자본주의 연합진영과 소련+동유럽+중국의 사회주의 동맹진영이 대립하는 냉상태가 극에 달하게 됩니다. 이 두 동서 이념 세력의 충돌이 우리 땅을 전쟁터로 잡은 6.25국제이념전쟁/6.25국제폭력전쟁으로 나타나게 됩니다. 6.25전쟁을 우리 민족 내전으로 본 브루스 커밍스의 주장[36]은 역사철학적 인식의 오류라고 말할 수 있습니다.

이제까지 이야기한 바와 같이 우리 땅의 분단은 기본적 모순(1)과 물리적 모순(2)에서 비롯됩니다. 미국은 동아시아에서 일본을 자국의 자본시장으로 만들고 사회주의 세력을 막아내는 보루로 삼는 국가전략을 세웁니다. 따라서 동아시아에서 일본은 미국에 최우선 가치가 있는 나라가 됩니다. 이에 우리 땅은 차순위가 될 수밖에 없습니다. 이러한 미국의 전략적 가치에 따라 우리 땅이 미국에 의해 38 이남의 완충지대화가 되고 맙니다. 곧 우리 땅과 민족의 분단입니다. 미국에 의한 우리 땅의 분단과 38이남의 완충지대화는 다시 민족적

---

36 브루스 커밍스, 『브루스 커밍스의 한국전쟁』.

모순(3)을 만들어냅니다. 민족적 모순은 한반도 내부의 분단 세력들의 염화적 권력욕에서 나옵니다. 1945년 8월 10일부터 일제 조선총독부는 패전을 예상하고 일본인의 안전한 귀국을 위해 국내 주요 인사들과 다각도로 접촉을 시도해 나갑니다. 이에 대하여 온건적 민족주의 세력인 송진우(宋鎭禹)는 일제의 협조 요청을 거부합니다. 앞을 내다볼 줄 모르는 감정 쓰레기로만 가득 찬 두뇌 수준을 가진 사람들의 미시적 생각이었습니다. 그러나 온건적 사회주의 세력인 여운형(呂運亨)과 안재홍(安在鴻)은 일제의 입장을 수락합니다. 그리고 1년 전부터 조직해 둔 비밀조직인 '건국동맹'(建國同盟)을 모체로 전국의 일제 관할 형무소에서 석방된 16,000여 명의 정치범을 인적 자원으로 하여 '건국준비위원회'(建國準備委員會, 이하 건준)를 결성합니다. 인천에서도 중앙의 건국준비위원회 인천지부를 결성하게 됩니다(1945. 8. 25.). 건준 인천지부는 현재 중구 큰우물로 16, 동인천역 근처의 인형극장에서 결성됩니다. 주도적 인물은 조봉암(曺奉岩, 1898~1959)/이승엽(李承燁, 1905~1953) 등입니다. 이들과 친분을 갖고 있던 양곡업 상인 그리고 사회주의 이념을 가지고 있던 사람들이 함께 모여들었습니다. 건준 인천지부가 결성되자, 조봉암은 다시 인천 시내 경동 애관극장에서 보안대를 결성하여 치안유지에 들어갑니다.

한편 일본 요코하마에 주둔해 있는 미육군태평양사령부(美陸軍太平洋司令部: 맥아더사령부)에서 38선을 기준으로 남북의 분단과 함께 남반부지역은 미군이 점령한다는 통보를, 통치 권력을 이미 상실한 일제총독부로 보냅니다(8. 22.). 이에 망(亡) 일제총독부는 미국에 의해 통치 권력을 다시 쥐게 됩니다. 일제는 조선에 대한 식민 통치권을 상실했음에도 불구하고 미국에 의해 통치권을 유지하면서 오끼나와에 진주해 있던 미군 24군단장(하지 중장)의 지시를 따랐습니다(8. 30.). 따라서 망한 일제총독부는 건준에게 실질적인 행정권을 넘겨주지 않는 한편, 그동안 넘겨주었던 치안권마저 회수하게 됩니다. 미국과 일제의 합작이 시작됩니다. 이리하여 미군 선발대가 인천을 거쳐 서울을 점령(9. 8.)할 때까지 망(亡)일제총독부의 통치 권력은 20일 이상 유지됩니다. 인천은 최초의 개항장이면서 외국인의 거류지인 조계지가 설정되어 있어서 일인의 인구가 많았습니다. 해방 이후, 인천은 일제국으로 탈출하는 일인의 탈출 통로였습니다. 일제는 자국민 보호를 위해 인천세화회(仁川世話會)를 조직하여 일인의 안전한 탈출을 돕게 됩니다. 미군이 남한에 대한 점령을 위해 첫발을 디딘 곳은 인천입니다.

미점령군은 서울 망(亡)일제총독부의 통치 권력의 심장이었던 중앙청에 걸려 있던 일장기를 내리고 태극기가 아닌 성조기로 교체합니다(9. 8.). 새로운 식민 세력이 등장했다는 상징물이 허공에서 펄럭였습니다.37 결국 우리 땅은 분단형 해방이나마 온 것 같았는데 이마저 완전한 해방을 보지 못하고 맙니다. 결국 미군과 일제의 합작 방해로 우리는 자주적 독립국가를 건설할 수 있는 기회를 잃어버리고 말

---

37 하지는 "일본군은 미군이 그 책임을 인계할 때까지 북위 38도 이남에서의 조선 치안을 유지할 것"과 그리고 행정기관의 존속, "경인 지구의 치안유지와 재산 보호를 위하여 동 지구에 필요한 최소한의 무장한 일본군의 존속"을 허가하면서, 조선인에게 직접 경고하기 위해 그 내용을 포고문으로 하여 오늘(9월 1일) 미군기가 투하할 것이라고 대답했다. 9월 1일 미군에 의해 뿌려진 삐라의 내용은 미군의 상륙이 가까워졌다는 사실을 알리면서 모든 것은 "조선 국민의 행동 여하에 달려 있다"고 강조하고, "철저한 복종은 나라의 재건을 빠르게 하고 또 민주주의적 지배하에 행복하게 생활할 수 있는 날을 앞당길 것"이지만, "경솔하고 무분별한 행동"은 인명의 손실과 국토의 황폐, 독립의 지연만을 가져올 뿐이라고 경고한 것이었다. 이러한 과정에서 9월 7일 인천에 상륙한 미군을 환영하기 위한 군중들을 향해 일본군은 사격을 가해 2명이 사망하고, 수십 명이 부상당하는 사태가 일어났음에도 미군은 일본군의 행동을 지지했다.

았습니다. 곧 우리 땅 북반부의 민족해방운동 세력과 정치적 협상을 통하여 독립적/자치적 단일정부를 만들 시간을 놓쳐 버렸다는 이야기가 됩니다. 미군은 38선 이남의 남반부를 점령하기 전 미육군태평양사령부 사령관 더글라스 맥아더(Douglas MacArthur, 1880~1964)는 '포고령 1호'를 발표합니다(1945. 9. 7.). "점령군(占領軍)에 대해 반항하는 자는 엄벌에 처한다"는 경고입니다.38 이렇게 미군은 인천으로 상륙하면서 한국을 적지(敵地)로 보았습니다. 인천에서는 통행금지가 내려졌고 미군 환영 행사도 금지되었습니다. 미군에 대한 반감을 가진 세력으로부터 공격을 받을 것을 염려해서입니다. 실제 인천항으로 나가 미군을 환영하였던 군중들이 일제 경찰로부터 총격을 받기도 했습니다. 이에 격분하여 일제 발포책임자를 미군에 넘겼지만, 미군은 전혀 처벌할 의사가 없었습니다. 서울로 진격한 미군은 '재조선미국육군사령부군정청'(在朝鮮米國陸軍司令部軍政廳', USAMGOK, 이하 미점령군사령부 군정청, 미점령군 군정청)을 설치합니다(9. 12.). 미점령군사령부는 일제의 총독부 인천부(仁川府)로부터 행정권과 치안권을 접수 장악해 나갔습니다.

미점령군 군정청을 설치한 미군은 그들 행정기구에 해방정국으로 공포에 떨고 있던 친일파를 그대로 관료와 군인(박정희, 김재규, 백선엽 등)으로 써먹게 됩니다. 곧 친일파들은 민족적 죄악에 대한 면죄부를 받은 셈입니다. 미점령군 군정청에 근무를 하게 된 친일파들은 친일개(犬)에서 친미개(犬)로 둔갑하여 미국/미군을 위해 '자발적 노예'가

---

38 미군은 점령군이었다. 우리 땅은 해방이 되었음에도 적지였다. 맥아더는 우리 땅을 점령한다고 하였다(the victorious military forces of my command will today occupy the territory of Korea south of 38 degrees north latitude).

됩니다. 그럼에도 "미국은 남한 주민의 진정한 자치기관을 해산하거나 민주-애국 세력을 탄압하거나 친일파를 식민 통치의 기반으로 삼지 않았다"[39]고 주장하는 연구자는 그 자신이 미국에 대한 자발적인 노예라는 사실을 모르고 있는 것 같습니다. 이렇듯 친미주구가 된 미 점령군 군정청 친일/친미관리들에 의하여 민중들의 자발적인 건국 노력인 건준(建準)과 인공(人共)은 해체를 당하게 됩니다. 해방 이후 우리 민족에게 닥치는 비극의 시작입니다. 곧 자주독립국가를 건설하여 새로운 사회를 만들겠다는 우리 민중/민인들의 건국과 혁명 의지가 역사의 한구석으로 밀려나게 되었다는 뜻입니다. 이에 친일파들은 세계적 반공주의 대부(代父)인 미군에 대한 감사한 마음으로 이 땅에 반공정책을 대의(大義)로 내걸게 됩니다. 이러한 미점령군 군정청의 태도는 곧바로 이승만에게 이어집니다.

우리 땅을 북반부와 남반부로 나누어 점령한 미군과 소련군은 남북 통일정부 수립 문제를 놓고 의견대립을 보이게 됩니다. 미국은 일본의 자본주의 경제질서와 자유주의 사회질서를 토대로 한 민주주의 정치제도를 유지시키기 위해서는 우리 땅이 미군 관리의 완충지대로 남아 있어야 한다는 기본전략을 가지고 있었습니다. 이러한 기본전략을 숨긴 채 남북통일정부 수립 문제를 소련과 논의해 들어갑니다. 이에 모스크바삼상회의(1945. 12. 16~25. 미/영/소)를 열었습니다. 여기서 우리 땅에 분단선을 제거하고 새로운 독립정부를 수립해주자는 논의가 있게 됩니다. 논의 결과, 1) 조선을 독립국가로 재건설하며, 2) 이를 위해 미소공동위원회를 개최하고, 3) 제(諸) 정당 사회단체

---

39 양동안, "한반도 분단의 정확한 원인 규명," 153.

와 협의하고 최고 5년간 4대국의 신탁통치를 받도록 한다는 내용이 결정됩니다. 곧 미소가 합의한 신탁통치안은 한국인이 당분간의 자주적 자치능력이 없다는 판단 아래, "민간정부에 평등한 자치권을 주고, 한국민들에게 자치를 연습"시키자는 목적이었습니다. 이러한 삼상회의 신탁통치 결정에 대하여 국내 한 신문사에서 왜곡 보도(誤報)를 냈습니다. 당시 「東亞日報」 1면 기사를 보지요. "蘇聯은 信託統治主張,(蘇聯의 口實은 三八線分割占領) 米國은 卽時獨立主張"이다(소련은 신탁통치 주장 ─ 소련의 구실은 38선 분할점령 미국은 즉시 독립주장).[40] 이런 보도는 전혀 사실과는 정반대되는 보도였습니다. 우리 땅 남북에 분단 권력이 등장한 것은 '분단 해방' 후 3년이 경과한 뒤였습니다. 그렇게 본다면 5년이란 신탁통치 시간은 그리 긴 시간이 아니었습니다. 그리고 신탁통치 이후는 분단이 아닌, 단일의 자주 독립국가가 건립될 수 있었습니다. 결국 38이남 사회는 찬탁(사회주의+민족주의 진영)과 반탁(이승만과 김구 그리고 친일파 진영)의 대립이 극에 달하게 됩니다. 사회주의와 민족주의의 대립이라는 이분법적 논리에 의해 민족 내부를 분열(찬탁 데모와 반탁 데모)시키는 어처구니없는 결과를 가져오게 됩니다. 곧 민족적 모순입니다. 이 민족적 모순은 이미 일제가 통치를 수월하게 하기 위한 조직적인 분열 술책에 세뇌(洗腦)된 '식민지 노예병'이었습니다.

---

40 미국은 대일전을 치르면서 일본이 항복하면 조선을 신탁통치하기로 전략을 세웁니다("카이로 협정", 1943. 11. 27. 프랭클린 루스벨트 미국 대통령은 "조선민족은 자치의 경험이 없으므로" 라는 전제 하에서 미국의 필리핀 식민 통치의 경험으로 미루어 전승국 공동의 40~50년 간의 신탁통치를 제안했다. 처칠 영국 수상은 약 30년 간을, 스탈린 소련 서기장은 약 10년 간을 제안했다. 중화민국의 장개석 총통은 "조선민족은 오랜 독립국가의 역사를 가지고 있다"는 이유로 신탁통치의 과정이 없는 즉시 독립을 주장한 것으로 기록되어 있다).

이렇게 독립된 통일국가 수립을 위한 아까운 시간이 흘러가는 가운데 미국과 소련은 삼상회의 결과에 따라 미소공동위원회(美蘇共同委員會)를 두 차례 열었습니다(덕수궁, 1차: 1946. 1. 16. 2차: 1947. 5. 21.). 1차 미소공동위원회(1946. 3. 20. 이하 '미소공위')에서 단일정부 수립안이 결렬됩니다. 여기에 우리 스스로의 주체적인 통일정부 수립운동을 통한 자주통일국가 수립운동도 실패하게 됩니다. 그리고 2차 미소공동위원회(1947. 10. 21.)도 미소의 의견대립으로 결렬됩니다. 사실 이러한 미소공동위원회의 결렬은 처음부터 우리 땅에 통일된 자주독립국가를 세울 생각이 없었던 미국의 기본전략 때문입니다. 결국 미국은 그들이 의도한 대로 일본에 자본주의 경제질서를 유지 시키기 위하여 완충지대인 우리 땅 38도선 이남에 더 이상의 사회주의/공산주의 경제질서가 남하하지 못하도록 하는 데만 신경을 썼습니다. 미국의 입장에서 일본은 최우선 순위였고 한국은 차 순위였기 때문입니다. 그 결과 일본을 보호하기 위한 조치로 한반도의 문제를 미국의 영향권에 있던 UN으로 넘기게 됩니다(1947. 9. 17.). 지금도 마찬가지이지만, 당시 유엔은 미국의 대변 기구였습니다. 따라서 미국이 한반도/조선반도의 문제를 유엔에 넘긴다면 결과는 미국의 계산대로 나올 게 뻔하였습니다. "미소 양국 군대의 철수와 국제연합 감시하에 남북한 총선거 실시", "정부의 수립과 미소 양군의 철수를 위한 감시 및 협의기구로 국제연합임시위원단을 구성/파견한다"는 미국이 제출한 안이 유엔에서 가결됩니다(1947. 11. 14.). 미국은 유엔의 결정에 따른다는 명분으로 이내 미군 전투부대를 남반부에서 철수하기 시작합니다. 결국 UN은 우리 땅에 통일된 독립정부 수립을 주장하는 소련의 반대에도 불구하고 'UN한국임시위원단'의 감시 아래 인구비례

(人口比例)에 의한 총선거 실시를 결의하게 됩니다. 당시 우리 땅의 인구분포는 북반부보다 남반부가 더 많았습니다(당시 북반부은 남반부의 54% 수준). 결과는 뻔한 일이었습니다. 그리니 북반부를 장악하고 있던 소련과 분단 세력 김일성 집단이 이에 응할 리가 만무(萬無)였습니다. 이 결과, 38선 이북의 사회주의 세력은 'UN한국임시위원단'의 입국을 거부하게 됩니다. 이로써 38이남의 남반부만 총선거(1948. 5. 10.)를 실시하여 제헌의회를 출범시킵니다. 여기서 대한민국 헌법이 마련되고 공포됩니다(7. 17.). 이어 대통령과 부통령이 선출됩니다. 이렇게 해서 38이북 북반부까지 대한민국 영토로 간주(看做)하는 '대한민국'이라는 분단 권력(상하이 임시정부 출신 이승만이 주축이 된)을 만들어 냅니다(1948. 8. 15.). 참으로 가슴 아픈 일입니다. 뒤이어 북반부(동북항일연군 출신의 김일성이 주축이 된)도 도/시/군 인민위원회대회를 창설(1947. 2. 17~20.)하고 북조선인민회의를 구성합니다. 그리고 '조선민주주의인민공화국 최고인민회의'가 설치될 때까지 입법권과 아울러 국가의 최고 권력을 행사하는 국가기관이 됩니다. 최고인민회의는 전체 노동자에 대한 단결과 공산주의 혁명노선을 관철하기 위해 조직/동원하는 역할을 하게 됩니다. 이즈음 남반부에서 먼저 '대한민국'이라는 분단국가가 성립되자 북반부도 최고인민회의에서 총선거를 실시합니다(1948. 8. 25.). 그리고 총선거에 의한 정식 최고인민회의를 다시 구성합니다. 여기서 조선 반도 전체를 북의 영토로 간주하는 사회주의 신헌법을 채택합니다. 이어 김일성을 수반으로 하는 '조선민주주의인민공화국'이라는 분단국가를 수립하게 됩니다(1948. 9. 9.). 이리하여 대한민국은 한반도의 자본주의 한국 민족이 되고 조선민주주의인민공화국은 조선반도의 사회주의 조선 민족이 됩니다. 결국 우리

땅은 미국에 의해 이념을 달리하는 두 개의 분단 권력이 수립되는 세계적인 비극의 현장이 됩니다. 이렇게 해서 38선은 사회주의 민족주의 진영과 자본주의 민족주의 진영이 첨예하게 대립하는 동서 냉전의 국경선이 되고 말았습니다.

이 결과, 대한민국 초기 친일/친미 관료[41]들의 반공 논리는 오늘날 수골정당 세력들에게 계승됩니다. 이들의 감정 쓰레기 반공이념으로 무장한 정치꾼들은 오로지 권력 유지에 필요한 '자유민주주의'만 부르짖습니다. 자유민주의의 주장은 곧 '반공애국'을 뜻하는 말입니다. 자유민주주의를 부르짖는 이들에 의하여 남한은 '반소반공민족'으로 변질되고 말았습니다. 뇌 속에 감정적 쓰레기로 가득 찬 이들은 오로지 '빨갱이 척결'이 평생 과업이 되고 말았습니다. 어처구니없는 무지요 무식입니다. 민족을 외면한 이러한 무지와 무식이 오늘날까지 이어오고 있습니다. 이들이 말하는 자유(自由)는 반공주의와 부패/타락한 자본주의를 뜻하는 용어로 전락하고, 민주주의라는 용어는 이승만식/박정희식 한국적 민주주의를 뜻하는 용어로 전락하고 말았습니다. 우리 민족의 대부분 남북의 대중들은 이념이 무엇인지도 모르면서 정치권력자들이 강제한 이념에 의해 반공과 반동이라는 정서적 분단을 강제당해야 했습니다. 이 결과 남한에서는 "공산주의가 싫어요"라는 정서가 하늘을 찌르고 있습니다. 이 때문에 촛불혁명으로 권력을 상실한 수골 세력들은 말끝마다 내뱉는 '친북좌빨', '親

---

41 특히 일제에 빌붙었던 친일 세력은 1917년 러시아혁명 이후 이미 철저한 반공의식으로 무장한 '친일반공애국자'가 되어 있었다. 해방이 되면서 이들 친일 세력은 한반도 남반부에서 다시 친미 세력으로 둔갑하여 '친미반공애국투사'가 된다. 오늘날 수구정당이 진보 세력을 '친북좌빨' 논리로 몰고 가는 추잡한 언행은 하루아침에 이뤄진 것이 아니다. 이러한 역사적 과정이 존재하고 있다.

북정권', '종북 세력', '종북주의자', '암약하고 있는 친북주의자' 등 쓸데없는 말들을 남발하면서 분단의 고착을 부추기고 있습니다. 오늘날 태극기와 성조기(심지어 이스라엘 국기까지)를 함께 들고나와, 되지도 않는 집회 시위를 하는 무리는 분단의 비극조차 모르는 무식의 소치를 드러내는 행동을 하고 있습니다. 집회 시위는 자유지만, 집회 시위의 목적이 평화와 통일의 의지를 꺾는 일이라면 그것은 정의 편이 못됩니다. 사악한 일입니다.

2. 6.25전쟁의 배경 1: 분단 권력

6.25전쟁의 배경과 원인에 대하여 친일/친미적 사고를 지닌 연구자들은 소련의 팽창주의: 세계 공산화 정책에 방점을 두고 있습니다. 이런 주장을 하는 연구자들을 전통주의 학파라고 부릅니다. 이와 반대로 미국 제국주의 팽창정책이 빚어낸 전쟁이라고 주장하는 연구자들도 있습니다. 이들을 수정주의 학파라고 부릅니다. 그러나 글쓴이 입장은 다릅니다. 글쓴이는 전통주의도 수정주의 입장도 아닙니다. 전쟁의 배경은 우리 땅 내부의 분단 권력과 이들의 버팀목 역할을 해주고 있는 강한 이념 세력끼리 힘의 대결이었다고 봅니다. 6.25전쟁은 계획에 없던 접전이 아닙니다. 사전에 일본의 자본주의 공업문명을 조기에 성장시키려는 미국의 음모와 함정 그리고 우리 땅 전체를 사회주의화 하려는 소련의 음모가 상호작용하여 이루어진 폭력이었다고 봅니다. 북의 김일성 분단 권력은 늘 국토완정론: 조국해방을 부르짖고 있었고, 남의 이승만⁴² 분단 권력은 승공북진론을 부르짖고 있었습니다. 이러한 힘의 역학관계에 금이 가는 역사적 환경이 조

성되고 있었습니다. 힘의 균형을 깬 것은 미국입니다.

미국은 제2차 세계 대전 말엽부터 동아시아에서 일본을 자유주의 사회질서와 자본주의 경제체제를 갖춘 나라로 확고하게 자리매김하려는 국가전략을 가지고 있었습니다. 이러한 미국의 전략에 의하여 우리 땅은 분단형 해방을 맞게 되고 분단 고착이 강요되어 왔습니다. 대한민국은 3단계 분단 고착 과정을 만들어 냅니다.

1단계_ 이념적 분단 음모(1946): 신탁통치를 둘러싼 찬반으로 이념적 분단 고착화
2단계_ 정서적 분단 음모(1950): '6.25한반도국제전쟁'과 적대적 감정 형성과 분단 고착화
3단계_ 권력적 분단 음모(1972): '7.4공동성명'을 통한 영구적 분단 고착화 음모

여기서는 분단 고착 음모의 2단계인 6.25국제이념전쟁(6.25전쟁)에 대하여 이야기를 하기로 합니다. 앞에서도 누누이 말해 왔지만, 6.25전쟁은 대한민국 사회에서 통상적으로 말해지고 있는 민족상잔(民族相殘, National conflict/Civil War)이 아닙니다. 국제적 이념전쟁(International ideological war/ International War)이었습니다. 국제이념전쟁이라고 규정하는 것은 전쟁터는 우리 땅이었지만 싸움은 자본주의 연합진영(서)과 사회주의동맹진영(동)이 우리 땅에서 벌린 동서 냉전체제의 실험전쟁이었다는 뜻입니다. '6.25전쟁'이 어떤 원인으로 발

---

42 브루스 커밍스의 기록에 의하면 이승만을 미국이 극비리에 38이남으로 입국시켰다고 한다. 이에 이승만은 기고만장했다고 한다(브루스 커밍스, 앞의 책, 99.).

발했는지는 중요하지 않습니다. 배경이 더 중요합니다. 판단은 각자의 판단이겠지만, 이것만은 말해둘 필요가 있습니다. 이제까지 줄곧 이야기해 왔지만, 당시 우리 땅의 38남북 분단선은 우리 땅의 분단선이 아니라, 세계의 분단선이었습니다. 곧 우리 땅에 그어진 38선은 모스크바-북경-평양으로 이어지는 사회주의동맹 세력43과 위싱턴-도쿄-서울로 이어지는 자본주의연합 세력 간에 대립/대치하는 분단선이었습니다. 그 분계선(38)의 최일선에 북의 분단 권력자 김일성과 남의 분단 권력자 이승만이 마주하고 있었습니다. 이들은 38분단선을 서로 넘나들며 식량의 약탈과 부녀자 성폭행 등 잦은 마찰을 빈번히 일으키고 있었습니다. 작은 우연의 조각들이 필연을 만들어 낸 것이 6.25전쟁이 됩니다.

6.25전쟁의 배경 중에서 민족 내부, 남북 권력의 정통성도 작용하고 있었습니다. 우리 땅의 분단 권력의 정통성 문제를 잠시 짚고 넘어가기로 하지요. 분단해방 후 북반부에서는 탈식민 조치를 급진적으로 추진해 나갑니다. 이 결과 북반부에서 발을 붙일 수 없었던 친일 세력(일제식민시기 지주, 관료, 경찰, 군인 등)들은 38선을 넘어 남하할 수밖에 없었습니다. 이들이 바로 대한민국에서 우익을 가장한 독재 세력들입니다. 그래서 한국 땅의 우익이라고 자칭하거나 불리는 사람과 정파(政派)는 친일파에 뿌리를 두고 있습니다. 친일파들은 일본제국주의 하에서 "천황에게 충성하라, 일본 군인으로 죽는 것이 본분이다. 징병에 참가하라, 징용에 응하라, 정신대44에 나가라" 이렇게 국

---

43 6.25전쟁이 발발하기 전, 마오저둥(毛澤東)과 저우언라이(周恩來)가 모스크바를 방문하여 소련과 '중소우호동맹상호원조조약(中苏友好同盟互助条约)을 체결한다(1950. 2. 14.).
44 慰安婦: 정신대(挺身隊)라는 용어에서 파생한 용어이다. 정신대라는 말은 1940년대 전후로

민을 선동했던 언론, 학계 지식인, 군인들입니다. 이들은 일제에 그 랬던 것처럼 해방 이후 오로지 부와 권세만을 붙들기 위해 두 가지 길을 택하게 됩니다. 1) 이승만에게 접근합니다. 단독정부 수립을 주 장하는 이승만은 당시 정치적으로 통일정부 수립을 주장하는 김구보 다 열세에 놓여 있었습니다. 이에 이승만은 주저 없이 반민족 세력들 을 감싸 안고 자신의 세력을 키우게 됩니다. 2) 친일 세력들은 자신들 의 반민족적 죄상을 은폐하고, 친일 행위에 대한 면죄부(免罪符)를 얻 기 위해 일제강점기 때 의식적으로 배운 반공(反共)을 대의(大義)로 삼 아 이승만의 반공주의를 부추기게 됩니다. 이들은 미군정을 거쳐 이 승만 권력에서 고위직 관료(행정, 경찰, 군인)로 성장하게 됩니다. 거꾸 로 남한에 있던 공산/사회주의자들은 이승만의 반공정책의 압력을 받아 북으로 탈출하게 됩니다. 그리고 북조선에서 고위직 관료를 지 내게 된다.45 이렇게 하여 남북은 서로 적대감을 갖게 되는 이질적인

나타나는 용어이지만 태평양전쟁이 한창일 때 주로 많이 사용되던 용어이다. 이 말의 뜻은 말은 일본 군대의 승리를 위해 온몸을 바쳐 충성한다는 보국단, 보국대의 뜻이다. 여기에는 '사상의 정신(挺身)부대', '농촌정신대', '연료(燃料)정신대', 군부대장의 이름을 딴 '마쓰모리(松森)정 신대', 요리영업정신대, 조선여자근로정신대(朝鮮女子勤勞挺身隊) 등이 있었다. 그런데 점 차 태평양전쟁의 전선이 확장되면서 고향을 떠난 일본군의 사기를 돋우기 위해 정신대에 동원 되었던 여성들을 차출하여 '특별여자청년정신대'를 조직하고 일제군의 성노예로 전락시켰다. 일본군 성노예로 차출한 여성정신대는 일본군 승리를 위해 온몸으로 일본군을 위로하였다는 뜻의 위안부(慰安婦)라는 용어로 따로 사용된다. 그러니까 정신대니, 위안부니 하는 말은 일 제가 그들 군대의 군인들을 위하여 '충성하는 여인'이라는 뜻이다. 그렇다면 우리 민족의 남성 이나 여성이 일제군의 승리를 위해 온몸으로 충성할 리가 있을까(박정희/백선엽을 빼고는). 모 두가 강제 노역이었고, 강제로 성노예로 전락된 여인들이다(1만명이나 되었음). 그럼에도 한국 인이 스스로 정신대니 위안부니 하는 용어를 쓰는 것은 부끄러움을 안겨준다. 강제노역자, 강제 성노예자 등으로 명칭을 바꾸어 써야 한다.
45 북조선에서 고위 관료를 지내는 월북 인사들: 백남운(白南雲), 박헌영(朴憲永), 홍명희(洪命 熹), 이극로(李克魯), 허헌(許憲), 김원봉(金元鳳), 유영준(劉英俊), 김창준(金昌俊), 허성 택(許成澤) 등.

관료들로 구성됩니다. 이들 두 지역의 서로 다른 체제를 맡고 있던
관료들은 이질적인 이념과 정책들을 쏟아놓게 됩니다. 북의 관료들
은 남조선 동포를 친일적 민족 반역자의 지배에서 해방시키고 적산
가옥/적산토지를 농민에게 돌려주어야 한다고 주장합니다. 그리고
남의 관료들은 북한 동포를 공산도배에서 해방시켜야 한다고 주장합
니다. 이 결과 이승만은 연일 북진통일(지금도 곳곳에 '北進統一'이라고 쓴
비석들이 있다)을 외쳐댔고, 김일성은 국토완정론(國土完整論)을 내세워
남진통일을 연일 외쳐댔습니다. 북(北)의 권력은 탈식민정책을 추진
하여 친일파를 대부분 제거합니다(반제반봉건혁명의 성공). 그리고 토지
개혁을 성공시켜 공산주의식 균산사회(均産社會)를 만들어 인민정권
을 확고히 해 나갑니다. 그런데 당시 남(南)의 권력은 친일파 제거에
실패하고 토지개혁도 실패합니다(반제반봉건혁명의 실패). 여기서 정통
성 문제가 제기됩니다. 때문에 일제의 통치방식을 계승한 미국이 민
족 정통성이 없는 이승만 독재 권력을 지지해 주지 않았다면 이승만
권력은 존재할 수 없었습니다.

이렇게 색깔을 달리하는 두 분단 권력 집단은 민족통일은 생각지
도 않고 38선에서 크고 작은 총격전을 일상처럼 자행해 들어갔습니
다.[46] 당시 남한이 38선 지역에 군대를 집결시키고 북조선을 공격할
준비를 한다는 소문에 대하여 당시 북조선에 주재하는 소련대사는
다음과 같이 분석하고 있습니다. "현재 남쪽 군대가 공격을 개시할
가능성은 적으며…. 남쪽이 38지역에 군대를 집결시킨 이유는 북쪽
군대의 공격을 막고 서울을 보호하기 위한 것"이라는 분석이었습니

---

46 남북의 작은 충돌: 김일성이 소련의 스탈린을 만난 대화에서 이러한 사실이 분명하게 드러나고
　있다(박명림, 앞의 책, 97).

다(심지화/김동길, 295쪽). 이렇게 38선을 경계로 한 동서 냉전의 대립은 결국 '6.25국제이념전쟁'으로 나타나게 됩니다. 북조선이 굳이 자신들이 일으킨 전쟁을 '북침'으로 평계를 대는 것은 모스크바의 스탈린이 어떤 경우에도 남한이 먼저 공격해 올 때만 반격하라고 김일성에게 지시를 내렸기 때문입니다.[47] 그런데 김일성은 이에 대하여 "그러나 이승만이 지금까지 공격을 하지 않고 있어 남조선의 인민의 해방과 국가 통일사업이 이처럼 지연되고 있다"고 하였습니다(1950. 1. 7. 이주연초대 중국대사로 임명되어 가는 환송연에서). 이 말은 북조선이 이미 남한을 침공할 준비가 되어 있었다는 뜻입니다. 그리고 소련은 김일성을 도울 준비를 하고 있었다는 해석이 됩니다.

3. 6.25전쟁의 배경 2: 미국의 음모와 함정

6.25전쟁을 야기시키는 배경에 대하여 여러 가지 주장들이 분분합니다. 여기에 글쓴이도 한 주장을 보태봅니다. 글쓴이 입장에서 여러 자료를 통하여 설득력이 있는 전쟁의 시대적 배경을 찾아보았을 때 다음과 같은 결론에 도달하게 됩니다. 미국은 일본의 자본주의 공업문명을 조기에 달성시키기 위하여 군수산업 발전에 필요한 전쟁 명분을 아시아 어디에선가 찾아야 했습니다. 그 지역이 일본 땅에서 가깝기도 했지만, 동서 냉전의 최일선에 있는 우리 땅에서 찾게 되었다는 판단입니다. 이 주장을 뒷받침해 줄 수 있는 근거는 나중에도 이야기하겠지만, 6.25전쟁 이후 일본은 세계 경제 2대 강국이 되었

---

47 같은 곳.

다는 점입니다. 이제 6.25전쟁이 일어나게 되는 배경을 살펴보았을 때, 미국의 음모와 함정이었다는 의구심이 깊게 배어 나옵니다. 다음 역사적 사실에서 그 근거를 찾아봅니다(胡海波, 『朝鮮战争备忘录1950~1953』, 黃河出版社, 2009, 23쪽). 제2차 세계 대전(1939. 9.~1945. 8.) 종결 이후 세계는 미국을 주축으로 하는 자본주의연합 세력과 소련을 주축으로 하는 사회주의동맹 세력 간에 제한적인 대결 상태/냉전 상태가 진행되고 있었습니다. 긴장 관계를 먼저 조성한 것은 소련이었습니다. 소련은 독일의 점령지였던 동유럽에 진주하면서 사회주의 정권을 수립해 나갔습니다(1945~1948). 곧 유럽의 경우는 독일의 점령지였던 동유럽의 폴란드, 헝가리, 불가리아, 루마니아, 알바니아, 체코 등 국가에 사회주의 정권이 들어서기 시작했습니다(1945~1948). 이러한 소련의 태도는 얄타협정(1945. 2.~11. 소련 얄타, 미/영/소 수뇌 참석)의 합의 정신에 어긋나는 일이었습니다. 여기에다 터키와 이란, 그리스에까지 사회주의 팽창정책을 펴나가려 했습니다. 이렇게 전후 독일과 베를린 분할, 동유럽 장악 등을 놓고 미 · 소가 분열, 갈등 관계로 발전하게 됩니다.

소련의 사회주의 팽창정책은 아시아로 이어졌습니다. 그러자 미국 내부에서 국제파(소련과 협력을 통한 문제해결을 주장하는)와 펜타곤파(소련을 경계해야 한다는 군부 세력)가 대립하는 양상을 보이게 됩니다. 펜타곤파에는 맥아더-하지도 포함됩니다. 맥아더-하지 등 현지 점령군 사령관들은 소련과의 대결 구도를 주장했습니다. 1947년부터는 군부 세력의 주장들이 설득력을 얻으면서 그 여파가 우리 땅에도 영향을 미치게 됩니다. 이에 대한 증거는 미국 대통령(트르먼) 영국 수상(처칠)의 반공 연설에서 입증이 된다. 처칠은 "오늘날 발트해(海)로부터 아드리아해(海)에 이르기까지 유럽을 둘러싼 철의 장막이 드리워져 있다"(1947. 3.). 그리고 트루먼(Harry S. Truman, 1884~1972)은 미국 상하양원 합동회의에서 트루먼 독트린(Truman Doctrine. 반공 연설, 1947. 3. 12.)을 발표하게 됩니다. "미국은 무장한 소수파 내지 외세 압력에 굴종을 거부하며 저항하는 자유민에 대하여 군사적/경제적 지원을 제공하는 정책을 펴야 한다"는 내용입니다. 이 원칙은 그 후 미국 외교정책의 기조가 되었으며, 유럽부흥계획과 북대서양조약으로써 구체화됩니다. 그리고는 미ㆍ영 중심의 자본주의 진영은 독일의 대소(對蘇) 전쟁배상금 지불을 못하게 합니다(47.6.). 그리고 그리스와 터키에 대해 경제와 군사 원조에 착수하는 한편 소련에 대한 봉쇄정책(Containment Policy)을 추진합니다. 또 미국은 트루먼 독트린에 따라 마셜(Marshall, 1880~1959) 국무장관은 하버드대학교 졸업식에서 "시장경제체제를 채택하는 나라들이 그들의 국내 경제를 부흥시키기 위해 집행하는 계획에 대하여 미국은 대규모 재정적 지원을 하겠다"며 대규모의 유럽 경제원조 계획을 밝힙니다(1947. 6. 5.). 이것이 마셜 플랜(European Recovery Program, ERP)입니다. 이에 대응하여 소련은 미국의 마셜 플랜을 "자유시장체제를 통하여 유럽과 대서양까지 자본주의 지배를 강화하려는 술책"이라고 비난합니다. 그리고 소련 자신도 동유럽국가와 상호물자교환협정 및 통상차관협정을 체결합니다(47년 7월 이후). 또 소련공산당을 중심으로 코민포름(Cominform, 국제공산당 정보기구)을 결성합니다(1947. 10.). 이에 대응하여 미국 하원도 유럽과 일본에 대한 마셜 플랜을 의결하게 됩니다(1948. 3. 31.). 마셜 플랜은 서유럽 여러 나라의 경제 재건을 지원함으로써 유럽 자본주의국가 내부의 사회적 혼란을 극복하여 소련이 추진하는 공산주의의 확대를 봉쇄하는 데 일차적인 목적을 두고 있었습니다. 이러한 미국의 유럽경제 부흥계획은 자본주의 세력과 공산주의 세력이 대립하는 냉전체제로 치닫게 만듭니다. 그런데 미국의 마셜 플랜은 유럽에만 국한되지 않고 일본에도 적용하고 있었다는 점입니다.

마셜 플랜의 핵심적 목적은 유럽과 일본의 경제부흥을 통하여 공산주의 경제질서의 확산을 막자는데 있었습니다. 곧 제2차 세계 대전의 영향으로 유럽에 만연되고 있었던 기아와 빈곤으로부터 해방 그리고 경제적 불안의 해소였습니다. 이와 함께 전쟁의 패망으로 급속도로 추락하는 일본경제를 부흥시켜 공산주의동맹 세력으로부터 서유럽과 일본을 보호한다는 목적이었습니다. 이러한 미국의 유럽과 일본에 대한 경제지원의 결과는 사실상 미국의 국익으로 나타나게 됩니다. 곧 유럽과 일본이 미국의 자본시장화 되었다는 점입니다. 미국 자본주의가 유럽과 일본 시장을 지배하는 결과를 가져왔습니다. 그것은 미국이 경제원조라는 이름 아래 통화(通貨), 유통(流通)의 50%는 미국 돈과 선박을 이용해야 했기 때문입니다. 이로써 이후 세계경제는 미국 중심의 자본주의 경제체제가 주도하는 결과를 가져오게 됩니다. 한편 마셜 플랜에서 일본경제를 포함하면서 미국 내에서는 이상한 기류가 포착됩니다. 아시아에 대한 전략의 변화입니다. 1940년대 후반 당시 미국의 합동참모본부 산하 전략조사위원회(JSSC)는 보고서에서 다음과 같은 내용을 담고 있습니다. 먼저 미국은 국가안보의 중요성에 따라 세계지역을 주변 지역(Peripheral)과 핵심 지역(Vital)로 분류합니다. 여기서 대한민국은 주변 지역으로 분류되고 있습니다. 이에 따라 미국의 안보 지원 순위 16개국 중에 대한민국은 15위에 있게 됩니다(1947. 4. 29.). 또 미국무부는 미국 합동참모본부에 대한민국의 군사 전략적 가치에 대한 평가를 요청한 적이 있습니다 (1947. 9. 15.). 이에 합참본부는 "군사적으로 볼 때 미국은 한국에 현재 수준의 병력이나 군사기지를 유지할 전술적 의미가 없다"라고 통보합니다. 곧 당시 대한민국은 미국의 입장에서 군사적으로 전략적 가치가 낮다는 뜻입니다. 그러면서 소련의 일본 공격을 경계해야 한다는 내용을 담고 있습니다. 곧 "극동아시아에서 미군의 현 병력 수준이 명백히 부족함을 감안할 때 현재 한국에 주둔 중인 미군 2개 사단 총 4만 5천 명의 군단 병력은 다른 지역으로 전용될 수 있다. 한국에서 이만큼의 병력을 철수시켜도 그 결과는 소련이 남한과 일본 본토를 공격할 수 있는 대병력을 집결시키지 않는 한 미 극동군의 군사태세를 손상시킨다고 생각할 수 없다"라고 보고합니다. 이는 소련으로부터 일본을 보호하기 위해서는 주한미군 2개 사단을 일본으로 돌리는 게 낫다는 판단입니다(1947. 9. 26.). 또한 소련 측에서 미군의 한국 주둔에 대한 평가를 보면, "미국의 군사적 측면에서 보면, 한국은 동북아시아에서 소련을 억제하는 미국의 전초기지 중 하나에 불과하다"라고 평가하고 있습니다(이상, 심지화/김동길, 297쪽). 이러한 주장은 당시 소련 측에서 미국의 한국에 대한 관심 수준을 어떻게 보고 있는지를 보여주고 있습니다.

이외 미국이 1947년 이후, 38선 남반부에 대한 전략적 포기에 관한 발언들을 모아 보았습니다. 미국의 국가 기구 중에 '국가안전보장회의'(National Security Council, NSC)가 있습니다. 이 기구에서 작성된 기밀문서들이 있는데 해제된 기밀문서를 종합해 보면 다음과 같은 내용들이 들어 있습니다. 당시 마샬 미 국무장관은, 한국은 미국에 군사적으로 결정적 이익이 없는 지역임으로 미국이 할 일은 위신에 큰 손상이 없는 방법으로 철수하는 것임을 밝히고 있습니다(1947. 11.). 또 미국은 이미 북조선의 남한 점령이 예측된다는 첩보(정보가 아닌)를 가지고 있었습니다(1948. 4. 3.). 그럼에도 불구하고 미국은 남한에서 철수를 결정합니다. 곧 미 육군차관 드레이퍼(W. H. Draper)는 남한의 생존에 대해 큰 관심이 없다면서 "어차피 소련의 지배하에 들어갈 운명에 있는 남한에 막대한 양의 군사시설을 남길 필요가 없다"고 발언합니다(1948. 8.). 미군은 미군정이 끝나고 우리 땅에서 소요 폭동 등 우려가 있다는 형식상 명분만을 가지고 사전에 미군 및 미국인에 대한 철수계획을 수립하고 있었습니다(작전명: 스트롱바크 [Strongbark], 1947. 12. 8.). 이 계획은 몇 차례 지연되고 수정된 후 차우차우(Chow Chow, 1949. 7. 18.) 작전명으로 최종 결정되어 남한 지역에 있는 미국인을 96시간 이내에 일본으로 철수시키도록 하고 있습니다. 주한미군사령부는 이를 1급 비밀에 부쳤습니다. 또 분단영토 남반부에서 여순군인기의(麗順軍人起義, 역사에서는 여순반란사건이라고 하였다가 지금은 麗水順天事件이라고 한다. 1948. 10. 19.)가 일어나자 미 국무부는 맥아더에게 미군 주둔 문제에 대하여 의견을 구합니다. 그러자 맥아더는 미 합동참모본부에 보낸 의견서에서 "한국군이 공산주의자들이 도발하는 국내 소요와 전면적인 침략에 대처할 정도의 수준까지 장비 및 훈련 면에서는 아직 능력을 갖추지 못했다"고 평가한 후, 1948년 12월 31일까지 점령군을 철수할 것을 주장하고 있습니다 ("NSC8", 1948년 4월 2일자).[48] 이렇게 미국의 현지 사령관들은 한국에 있는 미군을 스스로 점령군이라고 표현하고 있습니다. 그리고 점령군

---

48 NSC 해재된 기밀문서는 국사편찬위원회 한국사데이타베이스에서 참고 인용하였음.

철수를 해야 한다는 주장들을 자주 하고 있습니다. 이후에도 점령군 철수가 이루어지지 않자 맥아더는 재차 "한국에 있는 잔류 미군을 1949년 5월 10일까지 완전히 철수할 것"을 합참에 건의하고 있습니다. 또 NSC8 해제문서에 상당히 중요한 내용이 나옵니다. "미국은 일본열도를 중심으로 한 태평양방어선을 보호하기 위해 남한을 활용하였다는 생각이다. 미 국무부는 일본에 대한 소련 공산주의의 영향력을 차단하는 방향에서 한반도 정책을 수립"한다는 내용입니다. 다시 다음 내용을 참고해 보지요. 당시 미국 국무부 동북아시아부 부장 비숍(Bishop)은 다음과 같은 발언을 합니다. "공산주의자들의 전 한반도 지배가 기정사실화되면 일본열도는 세 방면에서 공산주의 국가들에 의해 둘러싸이고, 일본의 열도는 동북쪽 끝으로는 사할린과 쿠릴 열도로부터 소련의 사정거리 안에 놓이고, 남서쪽 끝에서는 남한 공산주의자들의 사정거리 안에 놓이게 될 것이다"(1948. 12. 17.). 이런 자료들을 종합할 때, 글쓴이는 6.25전쟁이 사전에 계획된 음모와 함정이었다는 합당한 이유를 찾고 있습니다. 그리고 맥아더는 미국이 한국의 안전을 군사적으로 보장하는 것에 반대하면서 "미군이 한국에 오래 있으면 있을수록 자율적으로 나가는 기회를 잃고 압력에 의해 나가게 될 위험성이 크며 그렇게 되면 미국의 위신이 크게 손상될 것"이라고 지적하고 있습니다(1949. 1. 19.). 맥아더는 또 영국의 한 언론인(Price)과 회견에서 한국과 대만이 제외된 선을 태평양지역에서의 미국의 방위선이라고 처음으로 밝힙니다(1949. 3.). 그리고 미 대통령 트루먼은 분단국가의 어느 한쪽에 의한 군사행동이 미국의 전쟁 사유가 되지는 않을 것이라는 발언을 합니다(1949. 4.). 이러한 미국의 전략보고서와 주요 관리들의 발언에 이미 미국이 군사적 전략 차원에서 분단영토 남반부(대한민국)를 미국이 지켜야 하는 자본주의 진영의 방위분계선에서 제외시켜 나가고 있음을 알 수 있습니다. 결국 마셜에 이어 등장한 국무장관 에치슨은 미국의 전국기자클럽(National Press Club)에서 행한 연설에서 "미국의 방위선은 알류션 열도에서 시작하여 일본열도(오키나와)를 거쳐 류큐(琉球: 필리핀)에 이르는 것"이라고 언명하게 됩니다. 이는 동아시아에서 일본과 필리핀은 보호하되 한국과 대만, 인도차이나(베트남·라오스·캄보디아 3개국)를 제외시키겠다는 선언이 됩니다. 그는 부연해서 한국은 미국의 원조를 통하여 강력한 민주국가가 됨으로써 공산주의에 성공적으로 대항할 가능성이 매우 큼으로 미국으로부터 명시적인 군사적 보호의 약속을 받을 필요가 없다"는 발언입니다(1950. 1. 12.). 이것이 역사에서 말하는 에치슨 라인입니다(Acheson line).[49] 그리고 미국은 의도적으로 캐나다, 일본, 필리핀, 호주 및 뉴질랜드와 태평양조약(Pacific Pact)을 체결합니다(1950. 3. 8.). 이 태평양조약에서도 미국은 우리(대한민국)을 제외시키고 있습니다. 이에 이승만은 우리도 태평양조약에 가입하면 안 되겠느냐는 외교문서를 미국에 보내지만, 거절당합니다.[50] 미국은 이미 한국전쟁을 예견하여 주한미국인 철수계획을 수립하고 수송기를 한국에 배치하고 있었습니다(『UN空軍史』, 28).

---

49 6.25한반도국제전쟁은 알류산열도-일본과 오끼나와·필리핀을 연결하는 미국지역방위선으로 한국과 대만을 미국의 방어선에서 제외한다고 공표한 딘 애치슨의 '의도적인 모험'과 병행한다. 에치슨이 워싱턴의 프레스 클럽에서 세계를 놀라게 하는 연설을 강행한 것이 1950년 1월 12일 한국전쟁 불과 5개월여 전이다. 일본을 지키기 위해 한국과 대만을 미국의 방어선(防禦線)에서 제외시켰다고 발표한 것이다. 「경향신문」, "戰後史의 軌跡" 29: 애치슨 라인선언, 1986년 1월 4일자, 5.
50 "이승만관계서한자료집" 2(1949~1950), 『대한민국사자료집』(국사편찬위원회 한국사 데이터베이스).

미국은 제2차 세계 대전의 종전을 앞두고 일본을 동아시아에서 자국의 상품시장으로 만들고 소련의 사회주의 세력의 남하를 저지해야 할 필요성을 느낍니다. 또한 중국 장제스가 이끄는 국민당을 지원하여 중국을 자본시장화 하려는 계획이 장제스(蔣介石, 1887~1975)의 무능과 부패로 실패함으로써 거대한 중국 본토가 공산화됩니다(1949. 10. 1.). 그러자 미국은 더욱더 일본을 소유/보호할 필요성을 느끼게 됩니다. 이에 마셜 플랜에 의거하여 일본을 자국의 자본시장에 편입하게 됩니다. 그리고 일본을 자유주의 정치질서와 자본주의 경제제체로 안전하게 보호하기 위해서는 대한민국이라는 완충지대가 더더욱 필요했습니다. 따라서 어떠한 "어떤 경우에도 한국을 포기해서는 안 될 것"이라는 워드마이어 중장의 보고서(1947. 9. 19., 서중석, 『한국현대민족운동연구』, 역사비평사, 1991, 519)와 같이 일본의 보호를 위해 한국은 완충지대로써 존재하여야 했습니다. 앞에서 본 바와 같이 미국무장관 에치슨은 한국과 대만을 자유주의권 세계에서 제외시키는 에치슨라인을 발표합니다. 미국의 대한민국 정책에 대한 불확실성을 사회주의동맹 세력에 노골적으로 보여주는 조치였습니다. 그래 놓고 에치슨라인 발표 후 미국은 즉시 '韓米相互防衛援助協定(한미상호방위원조조약)을 체결(대한민국과 미국 간의 경제 및 군사원조에 관한 협약. 1950. 1. 21.)[51]합니다. 이를 통하여 완충지대인 대한민국에서 민주주의 성장을 목표로 하고 있던 미국은 "한국이 공산주의자들과 싸우게 되면 모든 원조를 제공"하겠다는 약속을 한 셈입니다. 에치슨 독트린과 한미상호방위원조조약은 앞뒤가 안 맞는 조치였습니다. 에치슨은 6.25

---

51 "한국과 미국의 관계(서설)", 『글로벌 세계대백과사전』(범한, 2004).

전쟁이 일어나자, 곧바로 "한국의 위기가 신속히 해결되지 않으면 미국이 중대한 상황에 직면할 수 있기 때문에 단호히 대처해야 한다"고 했습니다(이상호, 2007, 228-229). 이러한 상황들을 종합해 볼 때 우리는 6.25전쟁의 배경을 미국의 음모와 함정에서 찾게 됩니다. 이의 주장을 뒷받침해 주는 자료가 또 있습니다. 미국 대통령 트루먼에 보고된 해제 NSC 68기밀문서(1949. 4. 8.)입니다. 이에 의하면 미국은 반격전과 더불어 제한전을 주요 전략 중에 하나로 생각하고 있었습니다. 이러한 군사전략을 한반도에 적용하면 미국의 입장에서 완충지대 대한민국의 점령이라는 제한된 목적을 수행하기 위해 소련이 제한전을 감행한다면 이를 세계 대전으로 확전시키지 않은 채 패퇴시키는 것이 미국의 이익이라는 생각이었습니다. 이제까지의 이야기가 6.25국제이념전쟁의 동기, 배경이 됩니다. 다시 한번 정리해 봅니다.

  6.25전쟁의 동기는 일제의 침략과 미국에 의한 분단해방/분단형 해방이 됩니다. 그리고 6.25전쟁의 배경은 우리 땅/민족의 내외부에서 찾아집니다. 우리 민족분단의 민족사회 내적 요인은 일제의 식민통치, 즉각적 독립만 주장한 국민감정 그리고 분단국가나마 권력을 장악해 보려고 자기 목적에만 충실했던 이승만/김일성과 같은 분단세력의 정치책동과 권모술수에서 찾아집니다. 그리고 민족사회 외적 요인도 크게 작용했습니다. 1) 당시 소련의 한반도 전체 점령을 방지하려는 미국의 전략과 우리 땅을 미끼로 다른 지역의 이권을 확보하려는 소련의 책략, 2) "모스크바 3상회의" 결정을 폐기하고 우리 땅의 문제를 당시 미국의 대변자 격인 유엔으로 가져간 미국의 국익 차원, 3) 우리 민족사회의 생존적 가치와는 무관하게 동아시아에서 미국을 대신하여 중국에 대응하는 세력을 양성할 자기 목적만을 가지

고, 일본을 자유 진영으로 남게 하려는 미국의 군사적 전략, 4) 자국의 경제적 이익을 위해 일본을 자본주의 경제시장으로 발전시키기 위해 우리 땅을 분단/완충지대로 만들려는 미국의 국가적 기본책략 등입니다. 미국은 동아시아에서 일본을 자국의 자본시장으로 성장시키려면 일본이 자본주의 공업문명을 최단 시간 내 달성시켜 주어야 합니다. 그러한 공업문명의 가장 빠른 성장의 지름길은 군수산업의 발전입니다. 바로 이런 필요성이 급증하고 있는 시점에서 일본 시장을 보호하기 위해 설정해 놓은 완충지대, 우리 땅에서 남북이 잦은 충돌을 일으키고 있었습니다. 호제가 생겼습니다. 미국은 사회주의 동맹 세력을 자극하였습니다. 한국을 자유안보선상에서 제외시키는 음모입니다. 함정이었습니다.

IV. 6.25전쟁의 원인론

미국이 자기네 이해관계만을 앞세운 국가적 책략과 군사적 전략 때문에 우리 민족공동체는 비극의 분단을 강제당해야 했다는 사실은 너무나 명확한 일입니다. 1945년 미국 등 이해 관계국들에 의해 민족이 분단된 이후, 우리 민족사회는 유구(悠久)한 민족의 존익(尊益)을 배반한 채 각자의 분단지역에서 분단국가 대한민국(1948. 8. 15)과 분단국가 조선민주주의인민공화국(1948. 9. 9.)을 수립합니다. 이렇게 해서 좁은 땅덩어리는 쪼개지면서 각각 이념을 달리하는 민족주의 사회를 만들어 냅니다. 앞에서도 이야기했지만, 대한민국의 상부구조는 대체로 북에서 축출되어 남으로 도망 나온 친일 분자들로 구성이 됩니다. 친일 분자들은 일제에 그랬던 것처럼 미국에도 간사한 뱀처럼 충성을 맹세하고 '자발적 친미 사대주의자'가 됩니다. 북에서 축출된 친일파와 남에서 친미 사대주의자로 둔갑한 두 세력이 합세하여 대한민국의 친미 반공적 엘리트 세력을 형성하게 됩니다. 이들은 날마다 터무니없는 승공북진통일을 주장하며 북을 끊임없이 자극해 나갑니다. 물론 북조선도 시도 때도 없이 남쪽에 시비를 걸어왔습니다. 미국은 일본의 자본주의 공업문명을 최고도로 발달시키기 위해 남북의 간헐적인 충돌을 그치지 않고 있는 우리 땅에 전운(戰雲)을 띄웁니다. 맥아더와 에치슨이 교대해 가며 대한민국에서 미군의 철수 주장과 미국의 자유방어선에서 제외하는 독트린의 발표 등입니다. 이 무렵 미국은 대한민국에 거주하고 있는 미국인에 대한 철수계획을 극비리에 세웁니다. 미군도 우리 땅에서 전쟁이 일어날 것이라는 것을 이미 예단하고 있었다는 말이 됩니다. 이와 함께 사회주의동맹 세력(소련-중국-북조선)은 동맹협정을 맺게 됩니다. 그 첫 번째가 '조소경제문화협정'(1949. 3. 17.)과 '조소상호군사비밀협정'(1949. 3. 18.)을 맺습니다. 그리고 북조선은 소련의 지원으로 군사력 증강을 통하여 전쟁준비를 착실하게 해 나가고 있었습니다. 기회만을 기다리고 있었습니다. 그런데 맥아더의 한국 포기선언과 자유주의 방어선에서 한국을 제외한다는 에치슨 독트린이 나옵니다. 이것은 분명히 미국의 음모요 함정이었다는 생각입니다. 사회주의동맹 세력은 기회가 포착되었습니다. 그동안 튼실하게 준비해 온 군사력으로 한국에 대한 '조국인민해방'이라는 명분을 걸고 싸움을 걸어왔습니다. 이렇듯 6.25전쟁은 민족 내부의 모순과 민족 외적인 모순이 이념적으로 복합 상응하면서 일어난 국제적인 이념전쟁/폭력전쟁이 됩니다.[52]

맥아더의 발언과 에치슨 독트린은 사회주의동맹 세력을 자극하게 됩니다. 결국 사회주의동맹 세력(1950. 4. 소련의 승인과 중국의 동의)53은 북조선의 김일성을 앞세워 우수한 무기(소련제 T-34 중형 전차 200여 대와 YAK전투기, IL폭격기 등 200여 대)로 대한민국은 동부, 중부, 서부 전선에서 동시에 침공해 들어옵니다.54 전술적으로 완벽한 기습이었습니다(윌리엄 스툭, 89). 한편 사회주의권인 중국에서 발간되어 나온 책에서도 "누가 먼저 방아쇠를 당겼든지 상관없이, 즉 조선이 먼저 공격하였든지, 혹은 한국이 조선을 공격하였든지 관계없이 6월 25일 조선인민군이 신속하고 순조롭게 38선을 돌파한 것은 김일성이 일찍부터 대규모 전쟁을 준비하였고, 실제로 이를 실행하였음을 증명한다. 반대로 한국은 북진 의도와 그 동기가 있었다 하더라도 이에 대한 전혀 준비가 없었고, 이를 행동으로 옮기지도 않았다"(沈志華/金東吉, 2014, 285)라는 주장을 함으로써 아주 객관적인 그리고 합리적인 기록을 하고 있습니다. 이를 글쓴이 나름으로 해석하면 북조선이 남한을 전면 공산화하기 위하여 전쟁 준비를 사전에 했다는 뜻이 됩니다.55

---

52 브루스 커밍스가 6.25전쟁을 '내전'으로 본 것은 잘못된 인식이다(브루스 커밍스, 앞의 책, 107-111).

53 소련과 북조선의 합동 전쟁시나리오는 1949년 3월 7일, 김일성이 모스크바로 가서 남침을 승인해 달라고 했으나 소련이 거부하였다. 그러다가 9월 24일 승인하게 된다. 그것은 한반도가 북조선에 의해 통일이 될 경우, 인천항과 부산, 제주항까지 소련이 부동항을 얻을 수 있다고 판단했기 때문이다. 그리고 소련의 스탈린은 중국의 마오쩌둥에게 압력을 가해 미국의 참전이 있게 되면 중국이 반드시 김일성을 돕도록 압력을 넣었다. 그러면 중국은 왜 소련의 압력을 받아들였을까. 그것은 중국이 타이완을 공격할 때 소련의 공군/해군의 지원이 절실했기 때문이다. 이러한 서로의 이해관계가 얽혀 완성된 그들의 전쟁시나리오는 1단계 서울 점령, 2단계 대전 점령, 3단계 부산점령으로 되어 있었다. 그러나 3단계에서 유엔군과 교착상태에 빠지게 된다. 이로써 북과 소련의 전쟁시나리오는 어그러지기 시작한다.

54 사회주의동맹 진영에서는 대한민국의 국방군이 북침하였다고 기록하고 있다(胡海波, 『朝鮮戰爭備忘錄1950~1953』, 黃河出版社, 2009, 36).

반면에 남한은 말로만 북진통일을 주장했지, 실제 전쟁 준비를 하지 않았다는 해석입니다. 따라서 6.25전쟁은 분명 북조선을 앞세운 사회주의동맹 세력이 일으킨 전쟁임은 분명해집니다. 사회주의동맹 세력이 북조선을 앞세워 자본주의연합 세력의 최일선에 있는 대한민국에 대한 선전포고 없이 전면적인 기습침공은 6.25전쟁의 직접적인 원인이 됩니다.

6.25전쟁의 원인 중에서는 또 다른 이유가 찾아집니다. 두 분단권력의 정통성문제입니다. 민족 내부적으로 두 분단국가는 민족의 정통성이 누구에게 있느냐를 놓고 따져 들었습니다. 북조선은 남한의 권력에 정통성이 없다고 주장했습니다. 그것은 자신들은 민족을 팔아먹은 친일파의 숙청(일부는 용서하였다)과 토지개혁 등 비교적 균산적 사회를 이루었다고 자부했습니다. 이러한 조치들로 북조선의 정권은 비교적 안정되어 갔습니다. 그러면서 대한민국 정부를 친일파들로 구성된 민족 반역자 집단이라고 규정합니다. 그리고 대한민국은 미국의 괴뢰정부라고 비난했습니다. 이에 김일성 권력은 사회주의적 민주기지론에 기반한 국토완정론(國土完整論)을 내세워 남진통일을 주장해 왔습니다. 당시 대한민국 정부는 북조선으로부터 이런 비난을 받았음에도 할 말이 없었습니다. 다만 북조선 분단 권력에 대하여 소련의 사주를 받는 빨갱이집단이라고 비난을 할 뿐이었습니다. 정치적 지지기반이 비교적 약했던 남한의 이승만 분단 권력은 친일파로 하여금 권력 내부를 장악케 합니다. 그러다 보니 당연히 친일파 청산을 할 수 없었고, 지주 중심의 친일파들은 자신들의 토지를

---

55 북조선 인민군은 5월 25일부터 인민군을 38도선에 배치하기 시작하여 6월 23일에 배치를 완료하였다(공군본부, 『UN空軍史』, 공군본부 작전참모부, 1985, 18-19).

빼앗기는 토지개혁에 찬성할 수 없었습니다. 이 두 가지 문제에서 자유롭지 못했던 이승만 권력은 정권의 불안정성을 드러내면서 이념 논리만 부각시켜 나갔습니다. 그것이 승공북진통일의 주장이었습니다. 이러한 남북의 정치 상황은 38선에서 간헐적인 무력 충돌을 자아내고 있었습니다.

우리는 일반적으로 침공의 앞장을 선 북조선에 대하여 침략국이라고 비난합니다. 김일성은 어리석게도 전쟁 이튿날 자유주의연합세력의 최일선에 있는 남한에 대하여 방송을 통해 "남한을 '해방'시켜 '조선민주주의 인민공화국'으로 하여금 조국통일을 성취하기 위한 전쟁"이라고 헛소리를 했습니다(6. 26.). 그래서 북조선에서는 6.15전쟁을 '조국해방전쟁', '인민해방전쟁'이라고 역사교과서에 적고 있습니다. 이는 말도 안 되는 전쟁용어입니다. 여기서 우리는 북조선이 주장하는 대한민국의 북침이라는 주장이 허구임이 입증됩니다. 남을 때려놓고 "잘되라고 때렸다"고 하면 안 되지요. 이로써 우리 땅은 건너올 수 없는 이념의 갈등으로 일어나는 국제이념전쟁의 대리전이 됩니다. 이것이 6.25전쟁/한국전쟁입니다. 6.25전쟁에는 우리 민족의 자유의지와는 전혀 상관없은 당시 동서 냉전을 이끌고 있던 두 강대국의 자국 이익을 위한 의지였습니다. 그리고 미국은 일본의 안전이 무엇보다 중요했습니다. 6.25전쟁을 총지휘했던 도쿄의 미국 국동군사령부/유엔군사령부 사령관의 첫째 임무는 '일본의 방위'였습니다(정길현, 2015, 21쪽).

V. 6.25전쟁의 경과와 성격

그러면 이제 6.25전쟁의 전개 과정을 간략하게 살펴보기로 하지요. 전쟁은 대체로 3단계 폭력전쟁으로 나눌 수 있습니다. 우리는 전투에서 북과 미군이 어떤 무기를 동원하여 어떻게 전투가 벌어졌는지는 중요하지 않습니다. 우리는 다만 전투 국면의 상황을 가지고 역사적 평가만 하려 합니다. 따라서 역사적인 측면에서만 폭력전쟁의 성격을 규명하고자 합니다.

1. 폭력전쟁 1단계: 전쟁의 개시와 인천상륙작전

폭력전쟁의 개시와 함께 치열한 전투가 있었던 시기입니다. 기간은 1950. 6. 25.~1950. 9. 30.(전쟁 발발~서울 수복)까지가 해당됩니다. 1단계 전쟁 국면에서는 사회주의동맹 세력이 이념 분단선의 최일선에 있던 북조선을 앞세워 자본주의연합 세력의 최일선에 있는 대한민국을 침공함으로써 시작됩니다. 6.25전쟁은 앞에서 본 바와 같이 음모였고 함정이었습니다. 미국이 예상한/계획한 대로 전쟁은 터졌습니다. 미국은 참전할 명분을 찾아야 했습니다. 6.25전쟁이 미국의 음모였다는 사실을 숨기기 위해서 미국(대통령 트루먼)은 6월 25일(미국시간 26일, 25. 19:45~23:00) 즉각 유엔에 유엔안보리이사회(안보리) 소집을 요청했습니다. 이에 뉴욕의 유엔본부에서 제1차 안보리 이사회가 열렸습니다. 여기서 미국이 제출한 "북조선군의 적대행위 즉각 중지와 38선 이북으로 복귀"라는 안건을 다루었습니다. 소련이 불참한 가운데 미국이 제출한 안건이 '결의문 제82호'로 채택됩니다[56] 그러면 소련은 왜 중요한 결정을 하는 안보리에 불참했을까? 그것은 "1) 소련과 중국(중화인민공화국)과 일치단결을 과시하기 위함이었고, 2) 대만을 옹호하는 미국 정책의 오류를 지적하기 위함이었고, 3) 안보리에 두 강대국이 참석하지 않은 가운데 이루어진 결정은 불법이라는 것을 믿게 하기 위함이었고, 4) 미국 정부의 일방적 행위를 세계에 알리기 위함"이라는 명분을 내걸었기 때문입니다(심지화/김동길, 355쪽). 그러나 우리가 보았을 때 소련은 북조선의 한국침공을 뒤에서 조정하였기에 유엔의 결의에 참여하는 것은 논리에 맞지 않았다고 보는 것이 옳은 판단이라 봅니다. 유엔의 결의문은 주) 56에서 보는 바와 같이 "북조선(north Korea)의 합법적인 대한민국의 침공은 평화를 파괴하는 행위이다. 북한군은 즉각 전쟁을 중지하고 38이북으로 돌아갈 것을 촉구한다"는 내용을 담고 있습니다. 미국은 즉시 유엔결의

---

56 안보리 결의 82호: 안전보장이사회는 1949년 10월 21일자 결의로서 총회가 특정한 바 대한민국 정부는 유엔한국임시위원단이 감시하고 협의할 수 있었으며 또한 한국민의 대다수가 거주하고 있는 한국 지역상에 실제적인 지배와 관할권을 가진 합법적으로 수립된 정부라는 것과 또 이 정부는 한국의 이와 같은 지역에 있는 유권자의 자유의사의 정당한 표현으로서 그리고 임시위원단이 감시한바 선거에 기초를 두었다는 것과 또한 이 정부가 한국 내의 이와 같은 유일한 정부라는 것을 상기하며, 1948년 12월 12일자 및 1949년 10월 21일자 총회 결의에 표현된 바와 같이 한국의 완전 독립과 통일을 달성함에 있어서 유엔이 성취시키고자 노력하는 결과를 손상하는 제 행위를 회원 각국이 삼가지 않는 한 따라서 야기될 사태의 중대성을 우려하였던 것과 또한 유엔 한국위원단이 그 보고에 기술한 바 한국 사태가 대한민국과 한국민의 안녕 복지를 위협하며 한국에 군사적 충돌을 야기시킬 염려가 있음을 우려하였던 것을 유의하고, 북조선(north Korea)군의 대한민국에 대한 무력공격을 중대한 관심으로서 주목하며 이 행동이 평화파괴를 조성함을 단정하고, 1. 전쟁 행위의 즉시 중지를 요구하고 또한 북한군을 즉시 북위 38도선까지 철수시킬 것을 북한 당국에 요구하고, 2. 유엔한국위원단에게는 1)의 사태에 관하여 충분히 검토된 모든 건의를 가능한 한 지체 없이 통지할 것, 2) 북위38까지 북한군의 철수를 감시할 것, 3) 또한 본 결의 이행에 관하여 유엔에 모든 원조를 제공할 것과 북한 당국에 대한 원조제공을 삼갈 것을 전 위원국에 요청한다. 본 결의는 1950. 6. 25. 안보리 473차 회의에서 찬9, 기1, 결1(소련)으로 채택되었음. 국가기록원, '유엔 안보리 결의 제82호', 『한국문제에 관한 UN 결의집』(1977), C11M28551 안보리 결의 82호. 1950. 6. 25.).

문을 북조선에 알립니다. 그러나 북조선은 이를 거부하고 계속 대한민국을 진격해 내려갔습니다. 이 시간, 미국의 대통령 트루먼은 맥아더에게 38선 이남의 군사목표(軍事目標)를 공격할 권한을 부여합니다(6. 26.). 사실상 미국의 본격적인 6.25전쟁 참전입니다. 이러한 사실은 북조선 인민공군(소련제 YAK機)이 미수송기(美輸送機)를 공격해 오자, 김포비행장에 배치되어 있던 미F-82전투기가 이를 격퇴함으로써 사실상 미군과 북조선인민군의 첫 전투가 됩니다(6. 26.). 이와 함께 유엔은 다시 미국의 요청에 의하여 안보이사회를 개최합니다(6. 27.). 여기에서 미국이 제출한 "북조선(north Korea)을 침략자로 규정하고 유엔 회원국들이 대한민국(South Korea)을 도와 무력 공격을 격퇴할 것"을 권고하는 '결의문 제83호'를 채택하게 됩니다.57 이 결의문들은 유엔 헌장에 따른 집단안보제도를 발동시킨 첫 사례가 됩니다. 당시 미국의 대변자였던 유엔은 미국의 요구에 따르지 않을 수 없었습니다.

결의안 83호가 채택되자, 당시 초대 유엔사무총장 트리그브 리(Trygve Lie, 국적 노르웨이)는 결의문 83호에 의거 회원국들에게 집단조

---

57 유엔 안보리 결의 83호: 안전보장이사회는 북한군의 대한민국에 대한 무력공격이 평화파괴를 조성한다고 단정하였으며, 전투행위의 즉시 정지를 요구하였고 또한 북한 무장군을 즉시 38도선까지 철수시킬 것을 북한 당국에 요구하였으며, 또한 북한 당국은 전투행위를 정지하지 않았을뿐더러 그 무장군의 북위 38도선까지의 철수도 실행하지 않았으며, 또한 국제적 평화와 안전을 회복하기 위하여는 긴급한 군사적 조치가 요구되고 있다는 유엔한국위원단 보고를 주목하였으며, 평화와 안전을 확보하기 위하여 시의적절한 조치를 유엔에게 요청한 대한민국의 호소를 주목하였음으로 이 지역에서 그 무력 공격을 격퇴하고 국제적 평화와 안전을 회복하기 위한 필요한 원조를 대한민국에 제공하기로 유엔 제회원국들에게 권고한다. 본 결의는 미국의 제안으로 1950. 6. 27. 안보리 474차 회의에서 찬7, 반1, 결3으로 채택되었음(국가기록원, '유엔 안보리 결의 제83호', 『한국문제에 관한 UN 결의집』(1977), C11M28551 한국에 대한 군사원조 - 1950. 6. 27.).

치를 위한 필요한 지원을 요청하게 됩니다. 이는 유엔 회원국의 군사
적 참여가 즉시 이루어져야 하기 때문이었습니다. 이에 따라 여러 유
엔 회원국들은 정치적 지지로부터 군대 및 식량, 의약품 제공 등에
이르기까지 다양한 약속을 하기에 이릅니다. 이 결의문을 이끌어 낸
미국은 자신의 사전에 작성한 참전 시나리오대로 즉각 참전을 결정
하고 육·해·공군 참전군을 구성하게 됩니다. 미국 트루먼은 도쿄에
주둔하고 있는 미국 극동군 사령관 맥아더에게 한국지원을 명령하면
서 작전권을 줍니다. 이로써 미군의 참전군대 구성은 즉각적으로 이
뤄졌습니다(6. 27.). 그리고 미국은 자신들이 '유엔군 지휘부'를 통솔
하기 위한 3차 유엔안보리이사회 개최를 요청합니다(7. 7.). 여기서 효
과적인 군사작전을 위하여 군사지원의 조정에 관한 내용을 결의하게
됩니다. 이것이 '결의문 제84호'입니다.[58] 안보리 결의문 제84호에
의거, 미국은 지휘관을 임명하여 대한민국을 지원하는 국가들을 지
휘할 수 있게 됩니다. 이에 미 극동군사령관 맥아더가 유엔군 사령관
으로 임명됩니다(7. 10.). 그리고 공식적으로 유엔기를 사용할 권리도
얻게 됩니다. 이에 의하여 당시 대한민국의 대통령 이승만은 전시작
전통제권을 유엔군사령관 맥아더에게 위임하게 됩니다(7. 15.). 또 유
엔 안보리는 85호 결의문[59]을 통하여 통합사령부 지휘 아래 국제사

---

58 유엔안보리 결의문 84호: "유엔안보리 결의에 따라 군대와 지원을 제공하는 국가들이… 미국
   지휘 하의 통합사령부에 그러한 군대와 지원을 제공할 것을 권고… 미국에 대하여 사령관을 지
   명하도록 요청하고, … 통합사령부가 참전 국가들의 국기와 함께… 유엔기를 사용할 수 있도록
   승인"(all Members providing military forces and other assistance pursuant to the aforesaid
   Security Council resolutions make such forces and other assistance available to a unified
   command under the United States of America). 그러나 유엔사라는 번역은 잘못이다.
59 유엔안보리 결의문 85호: 한미연합사령부 지원에 관한 내용(85호 the Secretary-General, the
   Economic and Social Council in accordance with Article 65 of the Charter of the United

회의 한국지원을 위한 구호를 요청하게 됩니다(1950. 7. 31.). 이로써 6.25전쟁은 우리 민족 내부의 싸움이라기보다는 자본주의연합 세력과 사회주의동맹 세력 간의 국제적 성격의 전쟁이 우리 땅에서 벌어지게 되는 결과를 가져오게 됩니다. 그래서 뒤에 정전/휴전협정은 자유주의연합(유엔군) 총사령관(미국)과 사회주의동맹 세력의 총지휘관(중국인민지원군 사령관+조선인민군 최고사령관) 사이에 이루어지고 서명을 하게 됩니다. 바로 이러한 6.25 성격 때문에 6.25전쟁을 국제이념전쟁/국제폭력전쟁이라는 명칭을 붙이는 이유입니다. 어찌했던 유엔군의 지휘계통은 공식적으로 유엔군사령관→ 안보리→유엔사무총장이지만, 실질적인 명령계통은 유엔사령관(미국인)→ 미국 대통령이 되는 결과를 가져옵니다. 이로써 미국은 사전 시나리오대로 6.25전쟁을 전개하는 사실상의 주체가 됩니다. 이에 앞서, 미국 대통령 트루먼(Truman, H. S.)은 미국의 해군/공군으로 하여금 한국군을 지원하도록 명령합니다(6. 27.). 이에 교토(東京)에 있던 미 극동군 사령관인 맥아더(MacArthur, D. S.) 원수는 내한(수원비행장)하여 한강방어선을 시찰하고 서울에 전투사령부를 설치한다는 성명과 함께 미 국방성에 지상군 파견을 요청하기에 이릅니다. 그리고 미국 지상군이 파견되기 전에 일본에 있는 미극동공군(美極東空軍)은 분사식(噴射式) 전폭기(戰爆機) 80여 대, B-26폭격기(爆擊機)를 대거 남한에 파견하게 됩니다(6.

28.).[60] 그리고 유엔군이 결성되기도 전에 미국은 먼저 지상군 선발대가 부산에 도착하면서 6.25전쟁에 본격적으로 개입하게 됩니다(7. 1.). 이로 보았을 때, 6.25국제이념전쟁은 갑작스러운 전쟁이 아니고 일본의 경제부흥을 위하여 사전에 치밀하게 짜여진 시나리오에 의한 음모와 함정에서 이루어진 폭력전쟁이었다는 판단을 하게 되는 이유입니다.

북조선 인민군의 군사전략은 대한민국 국방군을 포위/섬멸하는 작전이었습니다(초승달전법). 전쟁 초기에는 이런 작전에 말려들어 서울이 3일 만에 점령당하고, 3개월 만에 낙동강까지 밀리게 됩니다. 그것은 북조선 인민국의 무기(소련제 탱크)가 한국 국방군의 무기보다 우수했기 때문입니다. 소련이 참전을 안 했다고는 하지만, 6월 26일 인천과 서울 상공에 소련제 YAK기가 전투에 참여하고 있었습니다. 그리고 미공군(B-26)도 미 지상군이 참전하기 전에 공중에서 북조선공군 조종사가 조종하는 야크기를 격추시키고 있습니다. 이는 곧 미 공군이 이미 전투에 참전하고 있었다는 사실을 의미합니다(페렌바크, 112;『UN空軍史』, 30). 미군이 공군기를 띄운 것은 한국 내 미국인을 일본으로 소개시키는 작업을 돕기 위함도 있었지만(6월 29일까지 완전철수), 한편으로 제공권을 확보하겠다는 미국의 의지도 있었다고 봅니다. 그런데 문제는 미국은 인민군과 일전을 하겠다는 의지를 보이고 있는 가운데 자본주의연합 세력의 최일선에 있던 대한민국 대통령 이승만은 싸우기도 전에 패배 의식을 드러냈다는 점입니다. 이런 패배 의식 속에 도망 계획을 세웁니다(6. 26. 22:00). 이튿날 이승만은

---

60 공군본부정훈감실,『空軍史』(1962), 69. 그러나 한국 상공에 B-26폭격기가 파견되었다는 시간을 6월 27일로 보는 기록도 있다(『UN空軍史』, 29).

급행열차를 타고 대전으로 도망을 갑니다. 그리고 다시 대구를 거쳐 부산으로 도망을 갑니다. 그러면서 자신을 추격하지 못하게 한강철교/인도교를 폭파합니다. 6월 27일 오후부터 폭파 준비를 하고 있었습니다. 28일 새벽 2시 30분 결국 한강교는 폭파됩니다. 이에 일본 도쿄에 있는 극동군사령부 맥아더는 한국이 북조선의 공격에 저항 능력과 전투의지가 없다는 것과 한국 정부의 붕괴가 임박했다고 판단하게 됩니다. 그리고는 27일 밤 공군기 B-26과 폭격기 F-80을 투입하여 인민군에 대한 공중공격을 본격화합니다. 유엔의 결의대로 자본주의연합 세력인 유엔군이 편성되고 미국을 선두로 6.25전쟁에 투입이 됩니다. 유엔군사령관에 맥아더가 임명됩니다. 그러나 조직적인 북조선인민군에 밀리면서 낙동강 전선에서 대치하게 됩니다(인민군은 정예부대 모두를 낙동강 전선에 집결시켰다). 더 이상 밀릴 수 없다고 생각한 미군 주도의 유엔군은 육/해/공군이 총투입되는 인천상륙작전을 단행하게 됩니다(9. 15.).[61] 인천상륙작전으로 돌파구를 찾는 유엔군과 미군은 서울로 진격하여 북조선 인민군의 허리를 차단하고 보급로를 장악하게 됩니다. 이어 서울을 탈환합니다(9. 28.). 서울을 빠져나가던 북조선 인민군은 한국 민간인들에게 많은 못된 짓들을 하고 떠납니다. 맥아더 미군이 서울을 수복하기 하루 전에 미 본토 합동참모본부에서 맥아더에게 지시한 3가지 내용 중 첫 번째와 두 번째 항목에 "1. 맥아더 원수의 주임무는 모든 인민군 군사력을 격멸하는 것, 2. 가능하다면 이승만 정부 아래 한반도를 통일하는 것"이라는 내용이었습니다(페렌바크, 2019, 331). 인천상륙작전에 대하여서는

---

61 북조선의 김일성은 유엔군이 인천이나 수원으로 상륙작전을 전개할 것이라는 첩보를 중국으로부터 제공을 받고 이를 소련 대사에게 통보를 하였다(1950. 8. 26. 심지화/김동길, 404).

별도로 설명을 하기로 합니다.

　유엔군의 실질적인 6.25전쟁 참전은 7월 27일이 됩니다. 참전국은 1951년 봄을 기준으로 총 16개국이었다. 16개국은 모두 북대서양조약기구 동맹국으로 미국의 경제원조를 받고 있는 자본주의 국가들입니다. 군대 파견을 신청한 국가 21개국 중 실제로 파병을 한 국가는 16개국에다 북아메리카 2개국(미국: 1,789,000명, 캐나다: 25,687명) 남아메리카 1개국(콜롬비아: 5,100명) 아시아주 4개국(호주: 8,407명, 뉴질랜드: 3,794명, 필리핀: 7,420명, 태국: 6,326명) 아프리카 2개국(남아프리카공화국: 826명, 에티오피아: 6,037명) 유럽 7개국(영국: 56,000명, 벨기에: 3,498명, 프랑스, 그리스, 룩셈브루크: 83명, 네덜란드: 5,322명, 터키:14,936명) 등이었습니다. 그리하여 유엔군 총병력은 총 341,628명에 이르게 됩니다. 당시 한국군은 1,269,349명이었습니다(따라서 유엔군의 89%는 미군이었다. 미군은 지상군의 50.3%, 해군의 85.9%, 공군의 93.4%를 차지했다). 이외 5개국(스웨덴, 인도, 덴마크, 노르웨이, 이탈리아)은 의료지원을 그리고 40개 회원국과 1개 비회원국(이탈리아)과 9개 유엔전문기구가 식량 제공 및 민간구호 활동에 참여하였습니다. 미군(유엔군)의 총지휘하는 극동군사령관의 작전지휘소는 후방인 일본 도쿄(東京)에 있었습니다. 그러면 어떻게 해서 유럽의 자본주의국가들이 미국의 유엔군 결성 제안을 지지하고 병력을 파견했는가. 그것은 서유럽의 자본주의적 경제질서 회복에 미국이 적극 지원하고 있었기 때문입니다(마셜 플랜). 이 유럽연합(북대서양조약기구 동맹국)들이 생각했을 때 만약 미국이 6.25 국제전쟁이라는 긴박한 상황에 집중하게 되면, 자칫 유럽에 대한 경제적 지원을 희생시킬지도 모른다는 두려움이 정치 심리에 작용이 있었기 때문으로 해석이 됩니다. 유엔군에 파병했던 각 나라들은 중국인민해방군의 참전이 이루어지면서 서서히 자국의 파견 병력을 줄여나가게 됩니다.

한편 서울과 그 이북을 점령한 북조선 인민군은 점령지에 정치보위부와 인민위원회를 설치하고, 이른바 반동분자(민족주의자 및 친일파, 반공주의자)에 대한 인민재판을 열어 많은 양민을 죽이는 비참한 현상을 만들어냅니다. 그리고 북조선식 친일파 제거와 농지개혁을 단행합니다. 이에 미국의 주도로 유엔의 안전보장이사회가 열립니다. 북조선의 침략행위에 대한 규탄이 이루어집니다.

2. 폭력전쟁 제2단계: 중국의 개입

중국인민해방군의 참전과 미군과 전투입니다. 이 기간은 1950. 9. 30.~1951. 4. 11.이 해당됩니다. 28만에 달하는 중국인민해방군이 6.25전쟁에 참여함으로써 자본주의연합 세력(유엔군+국방군)과 사회주의동맹 세력(중국인민해방군과 북조선 인민군) 간에 상호교전 단계를 분명하게 만들어냅니다. 인천상륙작전으로 전세를 뒤집은 유엔군/국방군은 서울로 진격하여 중앙청 국기 게양대에 태극기를 게양하고 계속하여 북진합니다. 이에 유엔군이 38선을 넘으면서(10. 1.) 인민군을 몰아붙입니다. 38선을 넘는 문제는 매우 심각하게 생각했어야 하는 문제였습니다. 그러나 미 본토 합동참모본부에서 맥아더에게 지시한 내용대로 이승만과 맥아더는 38선을 넘어 통일국가를 만들고 싶었습니다. 맥아더는 김일성에게 항복을 요구했지만, 김일성은 아무 대답이 없었습니다. 이에 이승만은 38이북의 유엔 점령지역을 '해방지구'로 이름을 붙이고 유엔 사무총장에게 한반도 통일의 4가지 조건을 제시합니다(1950. 10. 1.). 1) 남한과 북조선을 단일정부 밑에 통일할 것, 2) 북조선 인민군은 즉각 무기를 버리고 항복할 것, 3) 유엔군은 평화가 확보될 때까지 한반도에 계속 주둔할 것, 4) 유엔은 통일한국에 재정원조를 제공할 것 등이었습니다. 이에 대하여 유엔은 북조선지역을 한국정부의 통치 하에 두지 않을 것을 분명히 하고, 남북총선거를 통한 통일정부 수립 전까지 유엔군 통치 하에 둘 것 결의하게 됩니다. 그리고 맥아더에게 한국 정부의 통치 권한을 38이남에 국한시키고, 북조선지역에 대한 유엔군 점령지역에는 새로운 민간행정기구를 설치하도록 합니다(1950. 10. 7.). 이러한 조건을 걸고 유엔군의 38선 북반부로 진격하는 것을 승인합니다(1950. 10. 7.). 유엔 결의가 나오기 전부터 맥아더가 지휘하는 미군과 국방군 중심의 유엔군은 계속 북으로 진격해 들어갑니다. 북조선 인민군은 북으로 후퇴를 거듭할 수밖에 없었습니다. 이에 중국은 베이징방송을 통하여 "유엔군의 38선 돌파를 허용한 10월 7일의 유엔 결의는 위법이며, 미군의 북조선 진입은 중국의 안전에 대한 중대한 위협이고 중국은 이를 방관하지 않을 것 … 조선반도에서 유엔군의 군사활동을 침략전쟁"이라고 혹평을 합니다(1950. 10. 9.). 이러한 중국의 경고에도 불구하고 미군 중심의 유엔군은 계속하여 원산(10. 10.), 해주(10. 12.), 흥남, 함흥(10. 17.), 대동강/평양(10. 20.)을 지나 청천강(10. 23.)까지 진출합니다.

미국과 직접적 대화채널이 없었던 중국의 저우언라이(周恩來)는 인도대사를 불러 "미 지상군이 북조선에 진격할 경우 중국은 조선전쟁에 개입할 의사가 있음"을 미국에 대신 전해 줄 것을 부탁하게 됩니다(10. 3., 胡海波, 102). 북조선 인민군이 밀리면서 후퇴를 거듭하자, 중국은 미국이 중국의 경고를 무시했다고 분노합니다. 마오쩌둥(毛澤東,

1893~1976)은 서서히 내부의 분분한 의견을 조정하면서(10. 4.) 인민해
방군 제9병단을 6.25전쟁에 투입하기로 결정합니다(10. 8.). 당시 인
민해방군 9병단은 4사단 4만8천 병력이었습니다(총 28만, 총사령관 팽더
훼이[彭德懷]). 이들은 압록강에 집결을 완료합니다(10. 17.). 이틀 뒤에
압록강 도하를 시작합니다(10. 19.). 중국은 전쟁 발발 12일 뒤인 7월
7일에 내부 회의에 들어갑니다. 중국이 전쟁에 참전하기 전에 이미
소련의 스탈린은 마오쩌둥에게 미군이 38선을 넘어오면 중국의 9개
사단(압록강에 배치되어 있는)을 북조선에 지원해 달라는 부탁과 함께 소
련이 공중엄호를 하겠다는 약속을 합니다(7. 5., 마오쩌둥이 소련 스탈린의
제안을 수락한 것은 7월 22일이다). 그리고 전쟁이 일어나기 일 년 전에 이
미 마오가 김일성에게 통보한 문서에서 "북조선이 한국의 군사적 위
협에 처할 경우 김일성의 무력 반격을 지지한다. 그리고 중국의 행동
은 모스크바와 의견조정 후 취하라"라고 되어 있습니다(1949. 5. 18.).
이렇게 보았을 때 중국은 소련과 소련은 북조선과 서로 연계되어 있
었음을 알 수 있습니다. 중국이 참전 결정을 내릴 것인지 말 것인지의
논의는 9월 5일 중앙인민정부위원회 제9차 회의에서입니다.[62] 그리
고 제3차 세계 대전의 위험성도 함께 거론합니다. 이 회의에서 최종
결정은 미군이 38선을 넘지 않는다면 참전하지 않는다는 결정이었
습니다(胡海波, 114-117). 그러나 미군 중심의 유엔군과 국방군은 인천
상륙작전의 성공과 함께 서울 수복 후, 38선을 넘어 북진을 계속하게
됩니다. 1950년 10월 1일은 중화인민공화국 건국 1주년에 해당됩니

---

62 중국은 1950. 9. 5. 이미 마오쩌둥이 중앙인민정부위원회 제9차회의에서 "朝鮮戰爭의 지구전
화의 가능성이 점점 증대되고 있다"는 정확한 판단을 하고 있었다(胡海波, 『朝鮮戰爭備忘
錄』, 117).

다(국경절). 천안문 광장에서 경축 행사가 열리고 있었습니다. 그런데 이 시간에 미군 중심의 유엔군과 국방군이 38선을 넘고 있었습니다. 마오쩌둥은 대만 문제와 조선 문제, 둘을 놓고 고심하다가 "나무가 조용히 있고자 하나 바람이 그쳐주지 않는구나"(樹欲靜而風 不止啊)라 는 의미심장한 말을 내뱉습니다. 10월 1일 국경절 행사를 하고 있을 때, 김일성이 친필로 쓴 '구원청구'(救援請求) 서신이 도착합니다. 이에 마오쩌둥은 순만치한(脣亡齒寒)이라는 명분을 가지고 절망적인 조선 인민을 구해야 한다는 결정을 내리게 됩니다(10. 2., 胡海波, 120쪽). 그 러면 중국이 6.25전쟁에 참전하는 실직적인 의도는 "1) 북조선이 추 구하는 조선반도의 적화통일을 지원하고, 2) 유엔군의 북진을 저지 하여 38선을 회복하고, 3) 중국 본토를 방어할 수 있는 완충지대를 확보한다"였습니다(미 해외참전용사협회, 『그들이 본 한국전쟁: 미군과 유엔군, 145~1950』, 2005, 13). 중국 인민지원군의 조선 파병을 둘러싸고 중국지 도부(정치국 확대회의)에서 토론하는 그 시각에 소련의 스탈린이 마오 에게 전보를 보내옵니다. 그 내용은 5, 6개 사단 병력을 조선에 파견 해 달라는 요청이었습니다. 중국지도부는 곧바로 중국인민지원군의 조선 파병을 결정하게 됩니다(1950. 10. 5.).

중국 인민지원군이 압록강 도하를 시작할 무렵 북조선은 수도를 신의주로 옮긴다고 발표를 합니다(10. 21.). 이 무렵 유엔군은 청진(10. 25.)까지 진출하고 있었습니다. 압록강을 넘어 들어온 중국 인민해방 군지원군과 미군/유엔군 사이의 첫 전투가 평안북도 운산군 온정(溫 井)에서 벌어지게 됩니다(10. 25.). 이어 미국이 전쟁 역사에서 최악의 패배로 묘사되는 장진호(함경남도 황초령 입구) 전투가 벌어집니다(11. 29.~12. 11.). 이에 대하여 미국인들은 "이 패배를 그대로 둔다면 아시아를 공산주의에 내준다"라고 생각하게 됩니다(페렌바크, 2019, 454).

이들 전투의 패배를 계기로 유엔군(미군+연합군) 국방군은 중국 인민해방군에게 밀리면서 다시 남으로 쫓겨 내려가게 됩니다(윌리엄 스톡, 124). 그러면 소련은 왜 6.25국제이념전쟁에 직접적으로 군대를 파견하지 않고 중국을 통한 간접적 병력과 공중 지원만 했을까. 그것은 간단한 이유에서였습니다. 군사력의 열세였습니다. 소련이 핵무기와 미사일 개발에 성공은 했지만 아직은 미국에 비하여 무기면에서 열세인데다, 국내의 잠재적인 경제력도 미국에 뒤진다고 생각했기 때문입니다. 여기에 만약 소련이 6.25전쟁에 직접적 개입을 하게 된다면 제3차 세계 대전을 생각하지 않을 수 없었습니다. 아직 사회주의 경제체제와 정치질서가 정상적으로 돌아가지 않은 상태에서 3차 전쟁은 자국의 자멸을 초래할지 모른다는 판단이었을 것으로 보입니다. 이에 비하여 중국은 전쟁 발발과 함께 북조선 평양에 대표부를 설치하고 대사관도 설치합니다(1950. 7.). 이것은 중국이 이미 6.25전쟁에 개입하고 있었다는 증거가 됩니다. 그러나 북조선은 중국보다는 소련의 지원을 더 바라고 있었습니다. 인천상륙작전에 대한 첩보를 사전에 알고 있던 중국은 북조선 최고지도부에 이 사실을 알렸으나 북조선 지도부는 이를 무시했다는 데서도 알 수 있습니다. 그 결과는 북조선을 비참하게 만들었고 북조선은 중국에 지원군 부탁하지 않을 수 없게 만듭니다. 그래서 중국은 그들의 병력 투입 명분을 인민해방군 지원이라고 했습니다. 중국이 6.25전쟁에 참전하게 되는 것은 사전에 북조선과 지원 약속도 있었지만 마오(毛)는 아직도 국민당 정부를 지지하는 인민이 중국 내에 많이 있다는 사실에서 중국 인민을 공산주의 사상 아래 단결시킬 필요가 있었던 것으로 봅니다.

중국인민해방군이 6.25전쟁에 본격 투입되면서 유엔군과 국방군은 계속 밀리면서 남으로 내려오게 됩니다(중국인민해방군의 2차 공격은 11.25., 3차 공격은 12.31.). 그리하여 맥아더는 미군을 부산/울산/마산 등지로 분산 이동시킵니다. 그리고 전쟁의 한계를 느끼기 시작합니다. 그러는 사이에 전쟁은 다소간 교착상태에 빠지는가 싶었는데 해가 바뀌면서 중국인민해방군은 38선을 넘어 대대적인 공격을 해 들어옵니다(1951. 1. 1.). 이러한 와중에 이승만은 신년사를 발표합니다. 어처구니없는 일입니다. 어쨌든 중국인민해방군은 의정부까지 진격해 들어옵니다(1. 2.). 이에 대한민국은 임시 수도를 다시 부산으로 결정합니다(1. 3.). 유엔군과 국방군도 서울을 철수하게 됩니다(1. 4.). 그러자 서울시민 30만도 얼어붙은 한강을 건너 미국과 국방군을 따라 남으로 피난을 떠납니다. 연이어 다른 도시들도 피난을 가게 됩니다(북에서 온 피난민은 약 50만 명). 피난민 연인원이 140만에 이릅니다. 이를 '1.4후퇴'라고 부릅니다. 처음 북조선 인민군이 서울을 점령했을 때도 (한강철교의 파괴로) 피난을 안 갔던 사람들이 1.4후퇴 때는 많은 서울시민이 피난길을 떠납니다. 이는 9.28서울수복 이후 피난을 안 가고 남아 있던 서울시민들이 국방군으로부터 인민군 부역자로 낙인찍혀 고역을 치른 적이 있었기 때문입니다.

한편, 중국인민해방군이 계속 남으로 진격해 내려오자, 유엔군 사령관 맥아더와 미국 대통령 트루먼과의 갈등이 생깁니다. 맥아더는 이 기회에 완전 통일국가를 만들자는 의견이었고 트루먼은 현상 유지 쪽이었습니다. 사회주의 세력에 밀린 유엔군과 국방군은 오산을 거쳐(1. 8.) 안동(1. 22.)까지 밀려 내려갑니다. 이에 다시 반격을 개시한 유엔군과 국방군은 평택-삼척을 잇는 방위선을 구축하고 서서히 중국과 북조선 인민군을 밀어내기 시작합니다(1. 14.). 이렇게 되자, 미군은 여세를 몰아 중국인민해방군과 도쿄에서 협상을 개시하게 됩니다(1950. 10. 7.). 중국과 협상을 하는 가운데 미군은 협상의 유리한 조건을 창출해 내기 위하여 중국인민해방군과 북조선 인민군을 북으로 계속 밀어붙였습니다. 계속하여 반격을 가하여 동부 전선에서는 원주를 재탈환하고(1951. 1. 21.) 서부 전선에서는 아산만까지 진출하고(1. 23.), 수원을 탈환하게 됩니다(1. 26.). 계속하여 유엔군은 동부 전선에서 강릉을 탈환하고(1. 30.) 서울 남방 8km까지 진출(2. 5.)하게 됩니다(인천의 재수복은 2. 10.). 국방군은 다시 38선을 돌파(2. 11.) 중부 전선에서 중국의 인민해방군과 북조선의 인민군을 완전 격퇴합니다(2. 19.). 이에 인민군은 서울에서 퇴각을 개시하고(2. 20., 완전 철수는 2. 23.) 중국인민해방군도 서울서 완전 퇴각합니다(3. 12.). 동부 전선에서 북조선 인민군 완전 퇴각(3. 13.)과 함께 유엔군이 38남반부의 중국/북조선인민군을 완전 격퇴하기에 이릅니다(4. 5.). 이렇게 되자, 맥아더는 압록강 이북의 만주 폭격(중국인민해방군 기지)을 트루먼에게 건의합니다(북조선 완전 격멸 주장). 이에 제한전(전쟁 이전 상태의 회복)이라는 전략[63]을 가지고 있던 트루먼은 만약에 한반도 밖에서 중국이 공격받는다면, 소련의 지상군 개입은 필연적이라고 판단하고 있었습니다. 트루먼은 소련의 지상군이 한반도/조선반도에 들어오는 것을 원하지 않았습니다. 게다가 미국이 한국에 집중하고 있는 동안 소련이 유럽의 서방세계를 공격할지도 모른다는 우려를 갖게 됩니다. 그렇게 되면 한국에서 이념전쟁은 제3차 세계 대전으로 번지게 된다는 판단

---

63 제한전: 박명림은 중국의 참전으로 6.25전쟁이 제한전이 되었다고 했으나, 미국은 처음부터 제한전을 전략으로 세우고 있었다(참고: 박명림, 『한국1950 전쟁과 평화』, 나남, 2002, 24-25).

을 하고 있었습니다. 맥아더와 트루먼의 신경전은 계속되었습니다. 맥아더는 한국과 일본을 동시에 지킬 수 없다고 판단하였습니다. 그래서 만주 폭격으로 승세를 크게 잡으면서 전쟁을 빨리 끝내고 일본 보호에 들어가야 한다고 주장하였습니다. 트루먼도 일본의 안전한 지위 확보에는 맥아더와 같은 생각이었지만 중국과 전쟁을 확산하는 것은 바라지 않았습니다. 트루먼은 결국 유엔군 총사령관에서 맥아더를 해임시킵니다(1951. 4. 11.). 이러한 미국 측 조치는 전쟁을 반대하는 국내 여론이 있는 데다 장기간 전쟁에 빠져들 여력이 없다는 판단 때문이었습니다. 여기에다 6.25전쟁을 제한전으로 끌고 간다는 기본전략 때문에 트루먼은 더 이상 전쟁 확산을 바라지 않았습니다. 게다가 대한민국을 완충지대로 두려는 미국의 국가적 기본전략도 한 몫하였다고 봅니다.

3. 폭력전쟁 3단계: 정전 모색

평화 모색 단계가 됩니다. 이 기간은 1951. 4. 11. 맥아더 퇴진 이후부터 정전협정이 이루지는 시기에서 1953년 7월 27일 정전협정이 이루어지는 시기에 해당됩니다. 휴전 논의는 전쟁을 하는 중에도 여러 번 전쟁당사자 간에 논의가 있어 왔습니다. 그러나 전쟁당사자들 간에 서로의 국가적/이념적 이익을 계산하는 바람에 이렇다 할 합의에 이르지 못하고 있었습니다. 처음에 휴전 논의를 꺼낸 것은 인천상륙작전이 성공으로 이어지고 서울이 수복되자. 영국이 북한지역에 완충지대를 설치하면서 휴전협정을 맺자는 제안을 하였습니다. 그러자. 전쟁이 끝났다고 본 맥아더가 이를 강력히 반대하였습니다. 이어 중국인민해방군의 참전으로 6.25전쟁은 확전과 전면전의 양상을 띠게 됩니다. 미국과 충돌을 피하고 싶었던 소련의 스탈린도 유엔을 통해 휴전 협상을 모색해 들어옵니다. 이러한 와중에 미국의 영향력 아래 있던 유엔은 3인위원회64를 구성하여 중국과 정전을 위한 접촉을 시도합니다. 그러나 중국은 이에 냉소하면서 다음과 같은 조건을 제시합니다. 미국에 1) 조선반도에서 모든 외국 군대를 철수시킬 것, 대만에서 미군을 철수할 것, 베이징 정부만을 유일한 중국 정부로 인정할 것입니다. 그러나 이를 받아들일 수 없던 미국이 반대합니다. 결국 전쟁은 장기화되고 쌍방에 불리하게 돌아갔습니다. 그러자 마오와 김일성은 휴전에 합의하기로 합니다. 이에 스탈린도 김일성에게 휴전이 이로울 것 같다고 전합니다(1951. 6. 14.). 이렇게 휴전 논의가 일자, 미국은 유엔 결의대로 현 전선 수준에서 중국/북조선과 정전협정을 맺기를 원했습니다(1951. 6. 23.). 유엔 결의는 "만약 38선을 따라 휴전이 이루어진다면 안보리 결의문의 주된 목표가 달성되는 것"이다(1951. 6. 1., 유엔사무총장 트리그브 리[Trygve Halvdan Lie])는 입장을 밝힙니다. 이것은 미국이 원하는 바였습니다. 미국이나 소련은 다 같이 자국의 국익을 위한 완충지대가 필요했습니다. 미국도 한국을 소련에 넘겨줄 의사가 전혀 없었습니다. 그리고 소련도 북조선을 미국에 넘겨줄 의사가 전혀 없었습니다. 이러한 두 이념 국가의 국익의지(國益意志)가 휴전 협상의 명분이 되었습니다. 미국의 의지를 받아든 유엔사무총장은 소련 유엔대사 말리코에게 휴전을 제의하게 됩니다. 말리코는 유엔방송의 한 프로그램에 나와 "교전국들이 휴전 논의를

---

64 3인위원회: 이란 대표 엔테삼(Entezam, N.)/캐나다 대표 피어슨(Pearson, L. B.)/인도 대표인 라우(Rau, B. N).

시작해야 한다"(1951. 6. 23.)는 말을 남깁니다. 이리하여 휴전 논의는 본격화됩니다. 그러나 미국과 중국 사이에서는 정전 협상을 벌이고 있었습니다. 그리고 미군은 정전협정에 압력을 가하기 위해 원산상륙 등 북조선 인민군에 대한 총공세를 유엔군 사령관에게 주문합니다. 그러나 맥아더의 후임으로 와 있는 극동사령관 리지웨이(Matthew Bunker Ridgway)는 '일본의 안전'이 우선이라고 인민군에 대한 총공세를 반대합니다. 또한 이승만이 휴전의 조건으로 미국에 '한미상호방위조약'의 체결을 요구합니다. 그러나 당시 3대 유엔군 사령관 클라크(Mark Wayne Clark, 1952년 5월 부임)는 '일본방위'가 주임무임으로 그에 동의할 수 없다고 합니다. 그리고 군수품 할당도 일본 다음으로 한국군에 배당하게 됩니다(슈나벨 왓슨, 1990, 267-273쪽). 한편 클라크는 휴전이 빨리 되어 일본 안전의 위험 요소가 제거되기만을 기대하며 북한의 김일성과 중공군사령관 펑더화이(彭德懷)에게 휴전회담을 제안합니다. 이러는 와중에 소련은 스탈린 사망(1953. 5. 3.)을 맞게 됩니다. 이러한 사회주의 세력권의 정세변화 속에서 사회주의동맹 세력이 휴전회담을 수락합니다. 7월 10일부터 개성에서 휴전회담이 열렸습니다. 회담의 주요 쟁점은 38분단선으로 할 것인지, 현 전선을 기준으로 할 것인지였습니다. 의견이 오고 간 결과 현재의 전투상황(미군 측 입장에서는 켄자스-와이오민 선)을[65] 군사분계선으로 정하게 됩니다. 그런데 불행하게도 종전협정이 아닌 정전협정이 유엔군(미국)과 인민군(중국+북조선) 사이에 이루어지게 됩니다(1953. 7. 27.). 38선 대신 정

---

[65] 켄자스-와이오민 선: 미국인이 붙인 전선 이름으로, 당시 유엔군은 임진강 하구-화천 저수지-간성을 연결하는 전선을 캔사스 선(Kansas Line)이라 하였고 북방 10-20킬로미터에 달하는 전선을 와이오밍 선(Wyoming Line)이라고 이름을 붙였다.

전선이 다시 만들어졌습니다. 이것으로 북조선의 인민해방전쟁은 실패로 끝나고, 대한민국은 완전통일의 기회를 놓친 안타까운 전쟁이 되었습니다. 중국과 미군은 비긴 전쟁이 되었습니다. 6.25국제이념전쟁에 역사적 평가를 해 본다면, 정전협정에 의한 정전선(휴전선으로 보기는 어렵다)은 우리 땅, 우리 민족의 분단 고착의 심화를 의미합니다. 그러나 미국으로 볼 때, 다시 우리 땅의 정전선 이남을 완충지대로 남겨놓음으로써 일본을 지켜낸 비긴 전쟁이었다고 평가할 수 있습니다. 사회주의동맹 세력 역시 북조선의 인민해방전쟁은 실패로 끝났지만, 북조선이 계속하여 완충지대로 남게 됨으로써 자본주의 문명의 유입을 막을 수 있게 되었다는 안도감을 갖게 됩니다.[66] 그러나 정전협정은 남북의 분단국가들은 언제든지 전쟁을 다시 할 수 있는 내연성(內燃性)을 가지고 있습니다. 하루빨리 정전협정을 종전협정 내지는 평화조약으로 전환하고 통일 준비를 하되 김대중식 3단계 평화통일론을 실천해 들어가야 할 것으로 봅니다. 그리고 국체는 중립국이 맞다는 생각입니다.

1) 정정(停戰)인가 휴전(休戰)인가

6.25국제이념전쟁의 정전으로 아군인 자본주의연합 세력(유엔군+미군+국방군)과 적군인 사회주의동맹 세력(소련+중국+북조선)이 더 이상 전쟁을 필요로 하지 않게 됩니다. 다시 말하면 양쪽이 소기의 목적을 달성했다는 판단입니다. 이에 정전협정이 맺어집니다(1953. 7. 27.). 그런데 이를 일반적으로 휴전협정이라고 부릅니다. 당시 정부 문서에

---

66 소련은 처음부터 무력에 의한 남북통일을 반대하고 있었다.

서도 휴전협정이라고 적고 있습니다. 이승만의 담화문도 휴전협정이라고 했습니다. 그러나 아군과 적군 쌍방의 정전협정문에는 분명히 6.25전쟁의 '잠정적 군사 정전'이라고 되어 있습니다. 곧 정전협정은 정치적 영토적 문제를 포함하지 않는 순전히 군사적 문제로 제한하고 있습니다. 그리고 군사 정전의 협상자는 교전 당사자가 됩니다. 아방은 유엔통합사령부 총사령관, 타방은 북조선 최고사령관+중국 인민지원군 사령원이라고 정확히 표기하고 있습니다. 정전협정의 내용을 잠시 살펴보기로 합니다. 1조는 군사분계선과 비무장지대(DMZ) 규정, 2조는 정화(停火) 및 정전(停戰)의 구체적 조치, 3조는 전쟁 포로에 관한 조치, 4조는 쌍방관계 정부들에 대한 건의, 5조는 부칙, 부록은 중립국 송환위원회 직권의 범위에 관해 규정하고 있습니다. 여기서 정화는 곧 전쟁 무기를 들고 싸우는 행위를 잠시 쉰다는 뜻으로 평화를 의미하는 휴전/평화조약이 아닙니다. 곧 평화 국면을 공고화한 게 아니라는 뜻입니다. 평화조약은 군사행동을 완전히 중지하고 적대행위를 완전히 제거하여 평화공존상태로 전환함을 의미합니다. 그런데 정전협정에는 이러한 평화를 위한 조치들이 하나도 담겨 있지 않습니다. 다시 말하면 전쟁터/전선에서 일시 무력 사용을 중지하는 것은 정화(停火)가 되고, 긴 시간 군사행동을 중지하는 것은 정전(停戰)이고, 아와 비아가 적대행위를 완전히 제거하는 것은 평화(平和)가 됩니다. 따라서 6.25전쟁을 중지하고 피아(彼我)가 정전협정을 맺은 것은 휴전협정이나 평화협정이라는 말로 대체할 수 없습니다. 그래서 대한민국의 통일운동 단체들이 미국을 향하여 정전협정을 평화협정으로 전환해야 한다는 주장을 계속하고 있는 이유이기도 합니다. 정전협정이 70년이라는 긴 세월 동안 유지되고 있는 경우는 지구상에서 우리 땅의 경우가 유일합니다. 따라서 김대중식 3단계 평화통일방안으로 나가게 되면 정전협정도 종전협정도 평화협정도 필요치 않게 됩니다.

VI. 6.25전쟁의 역사적 평가와 인천

1. 국제면에서 영향과 평가

이제까지 6.25전쟁의 동기 그리고 배경과 원인 등에 대하여 살펴 보았습니다. 그러면 이제부터 6.25전쟁이 국제사회와 우리나라 그리고 인천지역에 미친 영향을 간략하게 살펴보기로 합니다. 먼저 국제면부터 살펴봅니다. 미국은 매카시(McCarthy J., 1916~ 2005)열풍이 일어나 반공주의 극우 세력이 미국을 장악하게 됩니다. 이에 미국의 미래 발전(자유주의, 민주주의, 세계주의)을 선도하는 진보적인 관료, 교수, 언론인, 사회운동가들이 '용공분자로 몰려 관료직에 쫓겨나거나 학계에서 퇴출당하는 일이 일어납니다. 이후, 미국은 강경한 반공정책을 취하면서 미국 우방국인 한국, 대만 등 보수 권력들과 상호방위조약(한미상호방위조약, 1953. 10. 1. 등)을 맺고 유럽, 동/중동/동남아시아 및 아메리카에 반공적 집단안보기구를 구축해 나갑니다. 이 중, 동남아시아조약기구(SEATO, 1954. 9. 8.)가 대표적입니다. 이러한 미국의 매카시 선풍은 반공을 국시로 하는 박정희 군사 반란(1961)을 지지하게 됩니다. 또한 당시 베트남 문제에 미국이 개입하여 베트남 공산당과 불필요한 전쟁을 일으키는 것도 이에서 기인합니다(1964. 8.). 미국은 베트남의 통일전쟁을 사회주의 집단의 사주('아시아 적화 음모')를 받은 베트콩의 침공으로 몰아갑니다. 이에 대응하여 사회주의 세력의 중심에 있는 소련도 동유럽과 중국은 동아시아에서 동맹관계를 강화해 나가게 됩니다. 대표적인 것이 소련과 북조선의 '조소동맹조약'(1961. 7. 6.) 체결과 중국과 북조선이 맺는 '조중동맹조약'(1961. 7. 11.)입니다. 또 6.25국제이념전쟁은 전쟁 중에 미국의 군사력에 영향을 받은 소련과 중국에 사회주의 공업문명을 발전시키는 계기를 가져왔고 중국에는 마오쩌둥의 통치력 강화를 가져오게 됩니다. 6.25전쟁의 영향에서 우리가 관심 있게 주의를 기울여야 하는 부분은 일본경제의 부흥입니다. 아직까지 이 부분에 대한 연구보고서를 자세히 접하지 못하여 깊이 있는 말씀을 드릴 수 없지만 분명한 것은 6.25국제이념전쟁은 미국의 일본경제부흥과 깊은 연관이 있다는 생각입니다. 곧 6.25전쟁은 일본의 경제부흥을 노린 미국의 음모였다는 생각입니다. 6.25전쟁은 질식과 혼란의 수렁에 빠져 있던 일본에 경제, 사회를 회생과 번영으로 이끈 기폭제 역할을 해 줍니다. 특히 군수산업을 기반으로 하는 경제부흥이 일어납니다. 오늘날 일본이 세계 업계를 좌지우지하고 있는 자동차, 섬유, 철강, 조선, 광공업, 가전제품 등은 모두 6.25전쟁의 영향입니다. 6.25전쟁을 현장에서 겪은 한국과 한국인의 비참한 신세와는 너무나 다른 환경에서 일본과 일본인은 그렇게 안정과 번영을 누리게 됩니다. 일본의 경제부흥은 저들이 말하는 '조선특수'(朝鮮特需)가 있었기 때문입니다. 그리고 이제까지 일본 정치가 보수 일변도로 흐르게 되는 것도 6.25국제이념전쟁과 미국의 역할이 크다는 점입니다. 이후 일본은 경제부흥을 통하여 세계 2위의 경제 대국이 됩니다. 이는 분명 6.25전쟁에 필요한 군수물자를 오키나와에 있는 미군을 통하여 조달한 결과로 보입니다(백선엽, 218).

6.25전쟁은 우리 땅에 엄청난 파괴를 가져왔습니다. 남북이 마찬가지입니다. 특히 남한사회에 더 많은 파괴를 가져왔습니다. 산업시설의 파괴/문화재의 파괴/사회 간접시설의 파괴 등입니다. 그러나 이러한 파괴는 응당 전쟁이 가져오는 통상적인 불행으로 치부가 됩니다. 그러나 남북의 분단국가를 정서적으로 고착시켜 준 점은 역사에 씻을 수 없는 가장 가슴 아픈 일입니다. 재산파괴, 자연의 파괴, 산업의 파괴는 시간이 걸려서 그렇지, 복구가 가능합니다. 그러나 인명의 손실과 이산가족의 발생은 인간의 정신에 고통을 안겨 줍니다. 이제 분야별로 전쟁의 피해를 살펴보기로 하지요. 특히 대한민국에서는 정전협정이 맺어지면서 정치적으로 세뇌시키는 반공의식은 정서적인 민족분단을 더욱 고착시켜 나갔습니다. 북조선도 마찬가지입니다. 미제국주의라고 하는 용어는 '철천지원수'라는 뜻이 됩니다. 이런 정서적 분단 고착은 우리 민족을 자본주의 민족과 민족주의와 공산주의 민족과 민족주의로 이질화시키는 결과를 가져다주었습니다. 6.25전쟁은 남북 양쪽의 군인과 민간인들이 죽어 나가면서 우리 땅 곳곳은 시산혈해(屍山血海)가 되었습니다.

2. 6.25전쟁이 우리 땅에 끼친 영향과 평가

1) 정치적 측면

북조선의 경우, 친공/반미논리가 강화되면서 김일성 유일독재체제를 더욱 강화시킴으로써 민족의 이질화, 정서적 분단의 고착화가 심화됩니다. 또 조국해방전쟁에 미국이 개입하여 미수에 그치게 했다는 이유로 미국(미제국주의)에 대한 증오심을 키워나갔습니다. 그리고 전쟁에서 패한 지휘관들에게 대대적인 숙청과 반동분자(김두봉, 박헌영, 이승엽, 허가이, 연안파, 소련파, 월북 친공 세력 등)에 대한 탄핵과 암살이 줄을 이었습니다. 남한의 경우도 반공주의가 공고화되면서 평화통일 논의조차 금기시됩니다. 통일 거론은 빨갱이로 취급이 되어 옥살이를 해야 했습니다. 북이 내건 6.25전쟁의 명분이 조국해방전쟁이었기 때문입니다. 북조선의 경우 공산 권력 유지를 위하여 엄청난 인적 숙청을 해 나갑니다. 남한도 공산주의는 '살인주의' 또는 '비인간주의'로 매도되었습니다. 반공주의만이 대한민국의 국가 기반을 공고히 해 준다는 분위기가 지배해 나갔습니다. 반공주의, 반공적 국시가 곧 자유민주주의입니다. 따라서 자유민주주의: 친미주의: 반공주의: 반공포로 석방: 합리적 사상이라는 등식이 성립되는 사회가 되어버렸습니다. 이후 평화통일론을 주장하는 정당이나 사람들은 이승만 권력(특무대)에 의하여 숙청되거나 사법살인(조봉암 등)을 당해야 했습니다. 자유민주주의는 이승만 독재 권력의 상징이 되었습니다. 이렇게 되면서 6.25전쟁의 영향으로 대한민국과 국민은 미국에 대한 절대적 신임을 갖다 못해 '자발적 노예'를 자처하게 됩니다. 그리하여 미국인이 먹다 버린 음식까지 반갑게 주워 먹는 노예적 모습을 보이면서 행복해하는 비굴한 부류들이 득실거리게 됩니다. 그리고 정치는 예외 없이 미국의 정책을 그대로 따랐습니다. 그래서 소련, 중국은 물론 '반제국/반식민'을 표방하는 제3세계 그리고 중립국과도 외교관계를 맺지 못하는 기현상이 일어났습니다. 군사적 측면에서는 질적 양적 면에서 성장과 발전이라는 영향을 주게 됩니다. 이는 정치/경제 등

사회 부문과 불균형 성장 관계를 가져다주었다는 뜻입니다. 대한민국의 수립과 6.25전쟁 이전까지만 해도 한국의 군부는 정치적 중립을 지켜왔습니다. 그런데 6.25전쟁으로 군사적 측면과 정치·사회적 측면의 불균형의 관계는 어처구니없는 한국 사회를 만들어놓게 됩니다. 곧 4.19혁명으로 한국의 정치사회가 안정되어 갈 때, 정치적 권력에 야심을 가지고 있는 못된 군부 세력이 미국의 도움을 받아 쿠데타에 힘을 실어주는 정치 현상을 만들어 놓게 됩니다. 이후 한국 사회는 미국의 비호를 받으면서 비극적인 군부독재, 재벌독재, 지역독재, 문화독재, 혈연독재가 사회의 중심을 이루는 나라가 되어버립니다. 또 비극적인 것은 군사면에서 6.25전쟁 중에 한국의 전시작전권을 이승만이 미국에 넘겨주면서 이제까지 한국군이 미군의 통제를 받는 군사 노예국으로 대접받고 있습니다. 이 때문에 우리 땅의 평화적 통일 노력에 장애물이 되고 있습니다. 한 번 잘못된 결정이 역사적으로 두고두고 후손들에게 나쁜 영향으로 작용하고 있다는 실제가 됩니다. 또 6.25전쟁은 북조선에서 이동해 오는 인구를 증가시켰습니다. 하나 더 안타까운 일은 남북협상을 통한 통일정부를 주장했던 인사들이 6.25 전쟁 중에 납북이나 월북하였다는 점입니다. 김규식(金奎植), 조소앙(趙素昻), 안재홍(安在鴻), 원세훈(元世勳), 김약수(金若水) 등이 그들입니다.

2) 경제적 측면

전쟁에서 가장 큰 피해를 입는 부문은 경제 부문이다. 북조선은 6.25전쟁의 주역이었기에 경제적 손실이 막대하였습니다. 미 공군기의 폭격으로 산업 기반 시설들이 대거 파괴되었습니다. 게다가 비인간적/비양심적인 소이탄(네이팜탄)을 통한 초토화 공격은 북조선지역에 엄청난 인적/물적 피해를 남겼습니다(김태우, 2008, 238쪽). 미극동군사령부가 소이탄 사용은 중국인민해방군의 참전 이후라고 말하지만, 그것은 사실이 아닙니다. 이미 인천상륙작전 때부터 월미도와 인천에서 서울로 가는 길목에 엄청난 소이탄 투하가 있었습니다. 어찌했던 북조선경제가 마비 상태에 이르자. 김일성은 소련의 지원을 받아 경제개발5개년계획을 추진하게 됩니다. 이의 성공으로 1970년대 초반까지는 북조선의 경제가 남한의 경제 수준(GNP)을 앞지르게 됩니다. 여기서 북조선은 소련의 위성국가로 전락하게 됩니다. 남한의 경우도 마찬가지입니다. 경제복구를 위하여 미국과 유엔의 원조에 기댈 수밖에 없었습니다. 그런데 미국의 원조는 대개가 원자재인 소비재와 먹는 것에 집중되었습니다. 이것이 오늘날 한국인의 먹거리 체질을 변형시킨 쥐약이 되고 말았습니다. 밀가루 원조는 한국인의 쌀 체질을 밀가루 체질로 변형시켜 한국인의 밀농사(식량주권)를 말살시켰습니다. 또 소비재 중심의 원자재 원조는 한국의 산업구조를 미국 원자재에 의존하는 산업구조로 변형시켜 놓았습니다. 산업 발전에 가장 중요한 제조업 중심의 원자재가 없었다는 뜻입니다. 한마디로 미국의 소비재, 밀가루, 설탕, 우유, 옥수수 중심의 경제원조는 한국의 자주적 경제성장의 가능성을 마비시켜 놓았습니다.

3) 사회/문화적 측면

이번에는 6.25전쟁이 사회·문화적으로 미친 영향에 대하여 간단하게 살펴보기로 합니다. 먼저 민족대이동을 발생시켰습니다. 비공식적이지만, 자의든 타의든 월북자가 29만 명이 되었습니다. 그리고 자발적 월남인은 약 45-65만 명이 됩니다(남한 인구 21% 증가). 북의 경우는 잘 모릅니다. 남한의 경우만 살펴보면, 남으로 이동해 온 피난민(북에서 내려온)의 대다수는 도시에 집중하게 됩니다. 따라서 인천, 서울, 부산, 대전, 대구 등지에 인구증가가 심해졌습니다. 또한 6,25 출생아(전쟁둥이/6.25둥이)가 급증하게 됩니다. 그래서 연평균 2.9%의 인구성장률을 보입니다(1955년 전후). 급작스러운 인구증가는 경제성장과 직결됩니다. 6.25전쟁으로 피폐한 경제 상황에서 먹고살기 힘들게 되면서 가난한 인구의 급증을 가져오게 됩니다. 이들을 도시하층민으로 전락하게 만들고 도시 변두리에 판자촌을 형성하며 생존을 이어갔습니다. 다닥다닥 지어진 판자촌은 위생환경이 너무 열악하여 질병과 전염병에 시달리게 만들었습니다. 경제 사정이 열악한 가운데 생존의 욕구는 사회로부터 강제된 범죄자로 전락하게 만들었습니다. 범죄자의 증가는 사회 안전망을 위협해 나갔습니다. 한편 미군 주둔과 함께 여자들은 어린 나이에도 가족을 먹여 살리기 위해 미군 기지 주변의 기지촌 양색시/양공주로 전락하여 자신의 인권을 스스로 유린하는 비극적인 사회현상을 만들어 놓았습니다. 국제결혼도 생겨났습니다. 여기서 혼혈아들이 대량으로 발생하게 됩니다. 미군의 주둔은 천박한 양키 문화도 확산시켜 놓았습니다. 그리하여 양키 물건을 파는 야매 시장도 형성시켜 놓았습니다. 이산가족이 늘어나면서 처자식/남편을 북에 두고 '현지 혼인'하는 인구도 많이 늘어났습니다. 일자리가 부족하면서 날이 갈수록 남자들은 막노동에 날품팔이로 끼니를 때우는 경제하층민으로 전락해 나갔습니다. 이외 상이 군인의 생존 문제도 사회문제 거리가 되었습니다. 그러나 이승만 권력은 이런 문제를 해결할 능력도 없었고 문제의식조차 느끼지 못하고 있었습니다. 오히려 소강적 의식만 가지고 있었습니다. 곧 미군의 원조를 받아 자기네끼리만 잘 먹고 잘살면 된다는 오늘날 강남사람식 발상이 그때부터 생겨나고 있었습니다. 참고로 1960년대 실업률을 보면, 완전실업률은 8.2%이며, 잠재실업률은 26.0%로서 이 둘을 합치면 34.2%에 이르렀다. 이것을 다시 농가와 비농가로 나누면, 농가의 총실업률은 29.1%이며, 비농가의 경우는 42.0%가 됩니다.

한편 한국 사회에서 미국은 곧 우상이 되었습니다. 그래서 한국은 미국에 대한 자발적 노예국이 되어갔습니다. 이러한 분위기에서 미국 유학은 출세의 비결이 되었습니다. 미국에서 학위를 받고 오면 명문대학 교수로 나가는 성골 신분이 되었습니다. 미국 정치인과 손을 잡으면 정치입문의 성골이 되었습니다. 미국에서 경제 공부를 하고 오면 대기업 취직은 따 놓은 당상(堂上, 조선시대 3품 이상 벼슬)이 되었다. 한국인에게는 미국만이 살길이 되었습니다. 미국에 대한 한국인의 이러한 인식은 6.25전쟁 2세대를 상대로 조사한 여론조사에서 아직도 미국을 가장 좋아하는 나라(60.6%)로 꼽고 있습니다(1982년 동아일보사와 고려대학교 통계조사연구소와 공동으로 실시한 여론조사). 또 6.25전쟁 관련 소설들이 많이 등장하게 됩니다. 6.25문학과 함께 반전문학도 성장하였습니다. 그러나 반전문학은 진정성을 갖고 쓰기에는 시대 분위기가 맞추어 주질 않았습니다. 잘못하면 사상범이 될 수 있었기 때문입니다. 사상의 자유가 없는 두 지역에서 아나키즘을 바탕으로 하는 반전문학은 남한에서는 빨갱이가 되고 북조선에서는 반동새끼가 되었습니다. 이러니 세계적인 수준의 노벨 문학상 정도의 문학이 나올 수가 없는 것은 당연지사였습니다.

3. 인천지역에서 영향과 평가

　앞에서는 6.25전쟁이 국제적으로 국내적으로 끼친 영향에 대하여 살펴보았습니다. 이제부터는 인천에 미친 영향과 평가를 해 보도록 하지요. 6.25전쟁이 일어나고 인천 방면으로 침략해 들어온 인민군은 6사단입니다. 인민군 6사단은 강화-김포-영등포를 거쳐 인천을 차례로 공격해 들어왔습니다. 이중 인민군 6사단 15연대는 영등포-인천 간 도로를 차단합니다(6.30.). 그리고 인민군 6사단 13연대가 영등포를 점령한 후 곧바로 인천으로 공략해 들어왔습니다. 인천이 인민군에 점령을 당하는 시간은 7월 4일입니다(07:40). 그동안 반공주의에 세뇌되어 있던 인천시민과 북에서 내려온 반공 피난민들은 남으로 이어지는 피난 행렬을 이어가게 됩니다. 인천을 점령한 인민군은 일본의 사원(寺院)이었던 신흥동1가의 해광사(海光寺, 현재 대한불교화엄종)에 정치보위부를 설치하고 인천의 지역마다 보안사 및 보안분소를 설치합니다. 그리고 민족주의 계열의 인사와 반공주의자 그리고 친일파들을 색출해 나갔습니다. 인민군은 인천시 인민위원장을 임명하고 각 동에는 인민위원회를 설치하였습니다. 이들은 피난을 못 가고 남아 있는 인천시민에게 교육을 통한 인민군 입대 및 부역 노동을 강요하였습니다. 인민군들은 인민재판이라는 형식을 빌려 반동분자라고 낙인찍힌 사람들을 학살하였습니다. 민족의 비극입니다. 동수역에서 부평삼거리를 거쳐 간석오거리에 이르는 고갯길을 원통이고개(寃痛岵/寃痛峴)라고 부릅니다. 이곳은 계곡이었습니다. 여기서 인민군은 인민재판에서 반동분자라고 판정된 양민(주로 대한청년단 감찰대원)들을 끌고 와 15명을 학살합니다(1950. 7. 6.). 이를 '원통이 고개학살사건'이라고 합니다. 그리고 인천교도소에 수감 중인 사상범 200여 명을 석방합니다. 인천교도소에는 한국 국방군이 들어오면 좌익 세력이 수감되고 북조선 인민군이 들어오면 우익 세력/민족주의 세력이 수감되는 수난을 겪게 됩니다. 전쟁에서 나타나는 당연한 인간사입니다. 이 장에서는 주제별로 이야기를 나누어 볼까 합니다. 인천은 분단형 해방 직후 한국의 모스크바로 불릴 정도로 사회주의 세력이 강했던 지역입니다. 공산주의자 이승엽과 사회민주주의자 조봉암이 중심인물이었습니다. 보도연맹사건, 인천상륙작전 그리고 전쟁의 피해 순으로 이야기해 보겠습니다.

1) 인천 보도연맹사건

인민군이 서울을 함락하고(6. 28.) 인천을 점령한 것은 7월 4일입니다. 북한의 점령정책은 '민족해방'이었습니다. 민족해방을 위해서는 민족해방의 방해 세력 곧 이른바 반동분자(反動分子: 친일친미주의자, 자본가, 인텔리겐치아 등)에 대한 처결이 있었습니다. 반동분자에 대한 처결 방식은 공개적인 인민재판의 형식을 빌렸습니다. 인민재판이 연일 열리면서 많은 인명이 생죽음을 당해야 했습니다. 전쟁이 아니면 죽지 않을 생명들이 전쟁 때문에 억울하게 죽어 나갔습니다. 이어 인민군은 민족해방을 위한 인민의용군 조직과 함께 전쟁 동원 수단의 단체들을 수없이 만들어 냈습니다. 그것이 직업동맹/농민동맹/민주청년동맹/여성동맹 등입니다. 이는 곧 민족해방 전쟁을 수행하는데 필요한 전위조직이었습니다. 이들 조직에 강제든, 자의든 가담하였던 조직원들은 다시 미군이 인천으로 들어오면서 미군 포로가 됩니다. 한편 전쟁 발발과 함께 황해도의 옹진, 해주, 연안에서 많은 피난민이 배를 타고 인천으로 피난을 오게 됩니다. 피난민들로 인천은 아수라장이 됩니다. 인천시장(당시 池中世)은 사태수습은 생각하지 않고 시청 직원들에게 피난 가라고 하고는 자신도 도망길에 오릅니다. 치안과 행정의 공백 상태가 된 것은 당연했습니다. 그러자 도망간 시장을 제외한 국장급과 인천 검찰 등이 비상시국대책위원회를 조직하여 긴급행정 조치와 후방치안 문제를 담당하게 됩니다. 이러한 조치의 일환으로 인천 시내의 경찰서 병력은 경기도경으로 집결하게 됩니다. 그런데 당시 인천의 보도연맹 단원들이 인천시청을 점령하여 '인민군 환영 준비'를 하고 있다는 첩보가 입수됩니다. 그리하여 동인천경찰서 수사계장 이정겸(李正謙)이 경찰을 이끌고 가서 인천시청을 탈환하였다는 불확실한 주장이 있습니다(『인천시사』상, 457). 이는 석연치 않은 주장이라고 봅니다. 사실 보도연맹 단원들이 인민군에 의해 점령된 지역(서울)에서 반동분자에 대한 인민재판을 한 경우도 있었지만, 인민군이 점령하기 전부터 미리 인민군 환영대회를 준비했다는 기록에 대해서는 많은 의문이 갑니다. 그러면 보도연맹이라는 조직에 대하여 좀 더 자세히 알아보기로 합니다.

당시 이승만 독재 권력 하의 보도연맹/국민보도연맹이라는 집단은 이승만 권력이 만든 관제 반공단체이었습니다(국민보도연맹, 1949. 4. 20. 조직). 보도연맹의 조직 근거는 1948년 12월 시행된 국가보안법에 따라 '좌익사상에 물든 사람들을 사상 전향시켜 이들을 보호하고 인도한다'는 법률에 근거하고 있습니다. 이에 따라 나라 사람(국민)의

사상을 국가가 나서서 통제하려는 이승만 정권의 대국민 사상 통제 목적의 일환이었습니다. 그런데 보도연맹은 일제 때 있었던 사상 통제 단체인(친일 전향단체) 야마토주쿠(大和塾)을 본떠서 이름만 바꾸어 만든 조직입니다. 대화숙는 조선사상범예비구금령(朝鮮思想犯豫備拘禁令, 1936)에 의거하여 일제강점기 사상범의 보호관찰, 집단적 수용, 나아가 조선인의 황민화를 실현하기 위해 전향자를 중심으로 구성한 단체입니다(1941. 1.). 이를 모방하여 검찰 수뇌부(오제도[吳制道])들의 건의로 조직됩니다. 보도연맹의 강령을 보면, '대한민국 정부 절대 지지', '북한 정권 절대 반대', '인류의 자유와 민족성을 무시하는 공산주의 사상 배격/분쇄', '남로당/조선로동당 파괴정책 폭로/분쇄', '민족진영 각 정당/사회단체와 협력해 총력을 결집한다'는 내용이 담겨 있습니다. 철저한 반공주의 강령이었습니다.

그래서 사회주의 이념을 가진 자(남로당 출신 등)이거나 그런 성향이 있는 사람들을 강제/반강제로 전향시켜, 또는 실적 위주로 지방의 기관장들의 사상과 이념에 관계없이 식량(쌀 등) 배급을 준다는 데 현혹되어 보도연맹으로 등록한 양민들도 많이 있었습니다. 가짜 좌익이었다는 뜻입니다. 곤궁기에 식량 배급을 준다는 감언이설에 속아 가족을 기아 상태에서 벗어나게 하기 위하여 10대의 중·고교생도 보도연맹에 가입했습니다. 곧 보도연맹의 가입은 '공무원들의 실적주의'와 '반(半)강제 가입'으로 그 가입자가 엄청 늘어났습니다. 여기서 실적주의라고 말한 것은 좌파 경험이 있거나 사상범(양심수) 그리고 거짓 공산주의들까지 포함시켰다는 뜻입니다. 한편 보도연맹에 가입하면 그간에 가졌던 좌파 이념과 성향에 대하여 면책해 주겠다는 허언에 속아 보도연맹이 된 사람도 있습니다. 그러나 면책 약속과 달리,

일단 국민보도연맹에 가입한 사람들은 시시때때로 소집되어 기합이나 체벌을 받아 가며 반공교육을 받아야 했습니다. 보도연맹 회원들은 주기적으로 반공교육(사상선양대회, 시국강연회)과 문화교육(문화예술)도 받았습니다. 당시 보도연맹 교육을 담당하는 문화 실장은 양주동(梁柱東, 1903~1977)이었습니다. 양주동은 대한민국에서 누가 나한테 박사학위를 줄 사람이 있는가를 호언장담했던 국문학자이었습니다. 교육에 불참하거나 달아나면 가족과 이웃 주민에게까지 연좌제가 적용되어 그 피해가 극심하였습니다. 하여 일단 보도연맹에 가입하게 되면, 꼼짝없이 정부의 명령에 따라야 했습니다. 여기서 정부의 명령이라고 한 것은 보도연맹의 총재는 형식상 민간인(전직 내무부장관)이지만, 고문(顧問)은 국방장관(신성모[申性模], 1891~1960) 지도위원장은 서울지검장(이태희[李兌熙], 1869~1919) 등이 맡았습니다.

그런데 보도연맹과 관련한 문제는 6.25 전쟁이 일어나면서 터집니다. 보도연맹원에 대한 대학살이 일어납니다. 전쟁이 일어나고 인민군에 의한 서울 점령이 눈앞에 오게 되자 대통령 이승만은 특급열차를 타고 도망을 칩니다(6.27.). 도망가는 열차 안에서 보도연맹 회원들에 대한 의심을 품고 이들에 대한 예비검속을 지시합니다. 이승만은 김창룡의 CIC(1949. 9. 조직, 미군 24군단 소속 첩보부대) 특무 헌병대에 지시하여 '북한군 점령 수중에 들어가지 않은 지역'의 보도연맹원들을 잡아 처형하도록 명령합니다. 이에 각 지역에서 보도연맹 회원들이 소집되거나 연행되었습니다. 소집, 연행된 사람들은 각 경찰서 유치장이나 창고, 공회당, 연무장 그리고 인근 형무소 등에서 짧게는 2~3일, 길게는 3개월 이상 구금되었습니다. 그리고 보도연맹원들의 과거 활동을 심사해 'A·B·C·D' 혹은 '갑·을·병'으로 분류했습니다.

이 과정에서 폭력과 고문이 수반되었습니다. 이들을 심사한 수사관들은 다름 아닌 미국 육군 소속 방첩부대인 CIC와 경찰 그리고 육군 헌병, 교도소의 교도관들이었습니다. 물론 예비검속에 반공주의로 세뇌된 서북청년단의 철저한 보조역할이 있었음은 말할 것도 없습니다. 한편 인민군이 점령해 들어오는 지역(충청도, 전라도, 경상북도 북부지역)에서는 국방군과 경찰이 후퇴하면서 구금되어 있는 보도연맹단원들에 대한 심사, 분류작업도 없이 곧바로 집단학살을 해 버렸습니다 (1950. 6~9.). 이러한 불법 학살행위는 인도주의는 고사하고 헌법상의 국민생명권을 침해한 행위가 됩니다. 또 적법한 절차에 의한 공정한 재판을 받을 권리조차 앗아간 인권침해요, 폭력행위였습니다. 이렇게 인권 파괴적인 폭력행위로 인하여 국민보도연맹원에 대한 학살 규모는 아직도 파악되지 않고 있지만, 각 시, 군 단위에서 적게는 100여 명, 많게는 1,000여 명 정도였다는 증언을 토대로 볼 때 전국적으로는 50~100만 명으로 추산됩니다. 참고로 '진실·화해를위한과거사정리위원회'는 2006~2009년에 진행된 조사를 통해 사건의 실체와 국가 책임을 밝혀냈지만, 예비검속과 사살 명령이 누구로부터 내려왔으며 언제 어떤 단위에서 결정되었는지는 밝혀내지 못했다'고 진술하고 있습니다. 당연한 조사 결과입니다. 5.18광주민주화운동 과정에서 엄청난 광주시민에 대한 학살 명령자에 대하여 심중(전두환)은 가나 진실을 발설하지 못하는 이치와 같습니다. 경찰과 육군 헌병들이 가상의 심증만 가지고 보도연맹원에 대한 예비검속과 즉결처분은 6.25전쟁 과정에서 일어난 최초의 죄 없는 민간인에 대한 조직적인 대량 학살에 해당됩니다. 육군특무부대와 경찰들은 보도연맹 가입자/회원들을 산골짜기, 우물, 갱도 등에 몰아넣어 한꺼번에 총질을 해 댔습니다. 이는 행정부처의 명령이 없이는 자행하기 어려운 살인 행위였습니다. 전쟁이 없었으면 죽지 않았을 생명들입니다.

이런 살인 행위가 국제적으로 문제가 되자, 미국은 "민간인을 죽이지 말라"는 경고를 보내왔습니다. 이에 이승만이 '보도연맹 학살 중지 명령'을 내리는 것으로 보아 보도연맹 학살 책임자는 이승만임에 틀림없다는 판단입니다. 현재 예비검속과 학살과정에서 운 좋게 살아남은 보도연맹 관련자들이 있습니다. 그러나 이들이 철저하게 당시 상황에 대하여 진실을 말하지 않고 있습니다. 이것은 빨갱이 트라우마 때문으로 보입니다. 이제 인천으로 이야기를 돌려 봅시다. 이승만이 6월 27일 대전으로 도망을 가면서 보도연맹원에 대한 예비검속을 지시합니다. 그리고 인천에 인민군이 들어오는 것은 7월 4일입니다. 그런데 보도연맹원이 인민군 환영대회를 열었다는 사실은 앞뒤가 안 맞는 낭설로 보입니다. 인민군 환영대회 준비는 보도연맹원이 아닌 것으로 봅니다. 여순군인기의(麗順軍人起義)와 제주4.3민인기의와 관련하여 국방군에게 체포된 사람들이 현재 숭의동 신광초등학교 자리에 있던 인천소년형무소 임시수용소에 수감되어 있었습니다. 이들이 북조선 인민군이 서울을 점령했다는 정보를 입수하고 탈옥을 하게 됩니다. 그리고 지금의 도원공원에 집결하여 사태를 관망하다가 인천시청을 점거(6. 29.)한 뒤 차량을 압수하고 인공기를 제작하여 걸고 인민해방가를 부르며 가두시위를 전개하였다는 증언이 있습니다. 이로 보았을 때, 인천시청을 점거하여 인민군 환영대회를 계획한 것은 보도연맹원이 아닌 여순군인기의와 제주4.3민인기의[67]와 연관

---

67 브루스 커밍스, 『브루스 커밍스의 한국전쟁』, 181-200.

이 있던 좌익청년단체들로 보입니다. 또 '인민군환영시민대회'를 준비하고 '인천인민군환영위원회'를 조직한 것은 인천지역 좌익과 우익까지 포함된 사람들이었습니다. 인민군의 진격이 임박하자, 인천경찰과 대한청년단은 은신하고 있는 보도연맹원을 비롯한 좌익인사 색출 검거에 전력을 쏟습니다. 그리고 색출 당한 인천지역 보도연맹원들이 학살을 당합니다. 미국 국립문서기록관리청의 기록에 따르면 "1950년 6월 29일 인천에서 한국 경찰이 400여 명 이상의 주민을 학살하였다"고 한 미 8군이 극동사령부에 보고한 내용이 나옵니다. 영국 「데일리 워커」(Daily Worker) 특파원 알란 워닝턴(Alan Winnington, 1910~1983) 기자도 6월 29일~7월 3일까지 인천에서 학살당한 보도연맹원이 1,800명이었다고 보도하고 있습니다(1950년 9월호). 한편, 인천을 점령한 인민군은 군경 및 우익단체 15명을 학살하였고 100여명의 우익인사를 인천경찰서 유치장에 구속하였다고 합니다(미국 국립문서기록관리청[NARA] 기밀문서 27RG338).[68]

한편 전쟁의 비극은 양면의 칼날로 나타납니다. 인민군의 서울 점령이 있게 되자 인천지역 남로당원과 보도연맹원이 공산주의 활동을 재개(6. 30.)하면서 인천지역은 공산주의 독무대가 됩니다. 그리고 인민군 제6사단 13연대의 인천점령은 이들에게 적극적인 친공 활동을 전개하게 만듭니다. 그리하여 붉은 완장을 차고 경찰서와 지소를 접수하여 치안유지 목적으로 반동분자 색출과 체포를 통하여 고문/구속하게 됩니다(인천사연구소 제9회 학술 세미나 자료집, 7). 한편 9월 15일 인천상륙작전과 함께 인천이 유엔군과 국방군의 수중으로 들어오자

---

68 국사편찬위원회 한국사데이터베이스.

다시 반공 세력들에 의해 친공 활동을 한 자들이 수난을 당하게 됩니다. 기록에 의하면, 이 기간에 인천경찰서와 동인천경찰서 유치장용 창고에 각각 700명 이상, 400명 이상이 빼곡히 몸도 뺄 수 없을 정도로 있어 마치 콩나물시루 같았다고 합니다. 이들은 '경인군검경합동수사본부'에 의하여 A, B, C등급으로 분류되어 B급 이하는 군법회의에 회부되고, 나머지 A급에 해당되는 52명은 소월미도/덕적도/팔미도 등지로 끌려가 학살당한 것으로 나와 있습니다. 그리고 덕적도/영흥도에서는 해군 육전대와 첩보대가 비무장 민간인들을 좌익이라는 누명을 쓰고 수장시킨 일도 있었다고 합니다(1950.12.).

이와 함께 비극적인 일은 중국 인민해군의 참전으로 다시 북조선 인민군이 인천을 점령해 들어오자 이번에는 학살을 강제당한 보도연맹 유족들이 피난을 못 간 대한청년단 인천시지부 간부와 형사, 반공연맹위원, 방첩대(CIC) 문관 등을 수색하고 강제 체포하여 인천경찰서 유치장과 학익동 인천소년형무소에 수감시킵니다. 다시 유엔군과 국방군이 인천을 점령합니다. 보도연맹원을 학살했던 대한청년단 간부, 형사, 반공연맹위원, 방첩대원 35명이 사망하고 50여 명이 부상을 당한 채 인천경찰서 유치장에 간히게 됩니다. 이는 보복 살상으로 보입니다. 이념전쟁의 비극을 말해 줍니다(전갑생, 97). 이외 인천에 연합군이 들어오면 사회주의사상을 지닌 인사들이 참변을 당하고 다시 인민군이 들어오면 반공자유주의 사상을 지닌 인사들이 참변을 당해야 했습니다. 이념 민족의 비극이요 분단의 비극이요 전쟁의 비극입니다. 그런데도 아직까지 분단이념을 깨지 못하고 있는 우리 땅, 우리 사람들이 한심하지 않을 수 없습니다.

2) 인천상륙작전 문제

앞에서 본 바와 같이 전쟁이 발발하고 전략과 전술은 물론 무기 면에서 형편없이 열세였던 한국 국방군은 파죽지세로 밀려나며 남으로 쫓겨 내려갔습니다. 미군 단독으로 즉각 투입되었지만, 역시 힘이 되지 못하고 낙동강까지 밀려 내려갑니다. 이에 유엔군사령관인 맥아더는 전세를 만회하기 위하여 한반도의 허리를 자르는 작전을 펴게 됩니다. 이것이 역사에서 말하는 인천상륙작전(仁川上陸作戰, Operation Chromite)입니다(1950. 9. 15.). 북조선 인민군은 토끼몰이 전술로 국방군과 유엔군을 낙동강까지 밀어붙입니다. 낙동강 전선에서 북조선 인민군과 유엔군+국방군이 대치하게 됩니다. 국방군과 미군 중심의 유엔군은 더 이상 밀려날 곳이 없게 됩니다. 연일 인민군은 낙동강 전선을 돌파하기 위하여 총공세를 멈추지 않았습니다. 맥아더에 의한 인천상륙작전안이 구상되기 시작한 것은 전쟁이 발발하고 나서 불과 얼마 되지 않은 7월 15일부터였습니다. 이 날짜로 유엔군 총사령관인 맥아더는 미국 본토 합동참모본부에 인천상륙작전안을 상신하였으나, 미 합참에서는 이에 1) 군사력의 분산, 2) 인천이 지형상 상륙작전을 하기에는 가장 부적합한 지역이라는 이유로 거부합니다. 그러나 맥아더는 자신의 소신을 굽히지 않았습니다. 이에 맥아더는 낙동강 방어선에서 교전하는 한편, 1) 인민군의 허리를 잘라 군량미 조달에 차질을 주면서, 2) 인민군의 힘을 분산시키는 '망치와 모루 전술'을 이용한 중앙돌파전법을 쓰기로 합니다. 이게 인천상륙작전의 실행으로 나타납니다. 인민군은 오로지 낙동강 전선을 돌파하기 위하여 화력을 집중하고 있었습니다. 이의 허점을 노리고 맥아더는 인천을 상륙지역으로 잡게 됩니다. 맥아더는 전세를 뒤집기 위해 인천상륙작전을 고집하였습니다. 여기서 결론부터 이야기하면, 인천상륙작전은 맥아더 개인의 승리였다는 점입니다. 그것은 미국의 전쟁 관련 최고지도부와 기관들이 모두 상륙작전에서 인천지역을 반대했음에도 맥아더만 인천을 고집했기 때문입니다.

미국은 육군 및 해군 참모총장을 동경의 극동사령부로 파견하여 교토의 합동전략기획 및 작전단(JSPOG)에서 상륙지점을 잡기 위한 연구를 하도록 했습니다. 그 결과 상륙지점으로 일당 인천(100-B), 군산(100-C), 주문진(100-D)이 대상 지역으로 나왔습니다. 맥아더는 인천을 골랐습니다. 미 본토의 합동참모부가 인천을 반대하는 이유는 인천은 간만의 차가 크다는 이유였습니다. 그러나 상륙작전의 대가였던 맥아더는 인천에서 승부를 낼 수 있다는 자신감을 보였습니다. 맥아더가 인천을 상륙작전의 적지(適地)로 잡은 이유는 1) 조선인민군은 낙동강 전선에 주력하고 있다. 2) 조선인민군의 병참선이 길다. 따라서 인천-서울 전선을 형성하여 인민군의 병참선을 차단하는 게 급선무다. 3) 인천은 서울과 가까워 정치적/전략적(항만시설, 김포비행장, 경인철도 등)/심리적 요인을 가지고 있어 전초기지로 적합하다는 의견이었습니다. 결국 미 본토의 합동참모본부도 맥아더의 입장을 응락하게 됩니다. 이에 맥아더는 본격적으로 인천상륙작전에 대한 전략을 짜 들어가기 시작합니다. 미 대통령 트루먼으로부터 인천상륙작전에 대한 허가가 떨어지자(9. 8.) 사전에 준비하고 있던 맥아더는 전략에 따라 작전명을 '화려한 휴가'가 아닌 미리 정해두었던 광물질의 이름인 크로마이트(Chromite)로 정합니다. 전략을 짜게 됩니다. 첫째, 교란/기만작전을 편다. 삼척에 군함(미주리호)을 통한 공습, 군산

항으로 오인토록 유도한다. 둘째, 유사상륙작전 전개, 영덕군 장사상 륙작전을 9월 14일에 단행한다. 셋째, 인천의 경우 상륙작전에 필요 한 조수간만의 차가 가장 큰 시간이 15일밖에 없다(당일 10.5m). 이러 한 전략을 세운 뒤 맥아더는 상대적으로 인민군 방어가 허술한 인천 으로 향합니다. 우리는 여기서 맥아더의 인천상륙작전을 성공시킨 요인은 따로 있었다는 사실을 인천과 관련하여 알아보아야 합니다.

미국 대통령 트루먼으로부터 최종인가가 나서 작전에 돌입(9. 15.) 전에 맥아더는 한국해군에 첩보활동을 부탁합니다. 인천은 우리가 지도에서 보는 바와 같이 유엔군이 상륙할 지점은 월미도인데 월미 도는 인천 앞바다의 자월도/선제도/제부도/영흥도 그리고 멀리 덕 적도에 의해 어항처럼 둘러싸여 있습니다. 하여 그곳에서 인민군이 협공해 들어오면 인천상륙작전은 실패할 확률이 높습니다. 그나마 인천상륙작전은 성공률이 1/5000밖에 안 된다는 소문이 떠돌고 있 었습니다. 이런 마당에 월미도를 둘러싼 섬들이 인민군에게 계속 장 악되어 있으면 작전이 곤란해집니다. 하여 맥아더는 한국 해군(총장 손원일)에게 위 지역에 대한 첩보작전과 함께 D일까지 그 지역을 점령 해 줄 것을 부탁합니다. 그리고 인천상륙일 당일에 월미도에 있는 인 민군에게 함포사격을 해줄 것을 요청합니다. 이리하여 한국해군과 UDU활동으로 주변 섬들을 사전에 탈환/확보하게 됩니다(8월 18일 영 흥도, 8월 20일 덕적도). 인천 상륙 당일 미 공군은 공중에서, 주변 바다에 서는 한국 해군이 협동 공격함으로써 유엔군 해병과 한국 해병이 월 미도에 어렵지 않게 상륙하게 됩니다. 인천상륙작전이 맥아더의 머 리로 쉽게 된 것이 아닙니다. 한국 해군의 사전 노력과 당일 협공이 있었기 때문에 상륙작전이 가능했다고 봅니다. 그러나 그 이면에 간

악한 일도 있었습니다.

　이야기기를 미군으로 돌립시다. 미 공군의 태도는 너무나 비인간
적이었습니다. 아무리 작전의 성공을 위한 것이라고는 하지만, 월미
도 주민이 살고 있는 지역에 소이탄(燒夷彈, 네이팜탄)을 투하했다는 것
은 나가사키에 핵폭탄을 떨어트린 것과 같습니다. 게다가 공중에서
소이탄이 떨어지고, 큰 배에서 서양인들이 내리는 모습에 겁에 질려
갯벌로 피신하는 주민들을 미군들이 가차 없이 소총 사격을 해 대는
바람에 누가 얼마만큼 죽었는지 모릅니다. 여기서 가슴 아픈 일은 한
국 해군의 태도입니다. 한국 해군에 의해 인천상륙작전일 전에 영흥
도와 덕적도를 점령하면서 민간인에 대한 무차별 사살과 처형을 했
다는 점입니다.[69] 인천과는 관계가 없지만, 제주의 섯알오름에서 한
국 해군이 예비검속 대상 주민들을 모아다 무차별 처형을 한 사실도
있습니다(지금 제주에서는 섯알오름 학살터를 역사 유적지로 보존하고 있다). 한
국 해군은 인천상륙작전이 끝난 이후에도 영흥도에서 적색분자를 색
출한다는 명분을 붙여 기준도 없이 등급을 정해 적색분자라는 자의
적 판단을 가지고 주민들을 대량 사살했다는 점입니다. 같은 동포를
비참하게 죽였습니다. 전쟁이 아니면 죽지 않았을 사람들이 군인들
의 감정적 판단에 의해 죽음에 이르렀습니다. 전쟁의 참극입니다. 또
한 월미도에서 인천, 수원, 김포, 서울은 가까운 거리입니다. 월미도
앞바다에 정박한 미 해군 함대에서 뜬 항공기(이를 함재기라 함)가 수시

---

69 행정안전부 과거사관련업무지원단의 보고서에 의하면, 1950년 8월 18일부터 9월 말경까지 해
　군 육전대와 해군 첩보대가 덕적도와 영흥도를 정보수집의 근거지로 확보하는 과정에서 근거
　지의 위험 요소를 제거하고 예상치 못한 작전의 불확실성을 없애기 위해 최소 41명의 비무장
　민간인을 살해한 사실을 확인하였다고 기록하고 있다(권-8-서울 인천지역 군경에 의한 민간인
　희생 사건, pdf [2284785 byte]).

로 날아오르면서 미군 중심의 유엔군이 서울로 진격하는 길목을 사전에 정리한다는 이름 아래 네이팜을 투하하고 폭격을 가하는 바람에 인민군에 의해 사살된 사람보다 함재기에서 투하된 폭탄과 소이탄에 의해 피해를 입는 숫자가 더 많을 정도였습니다.

　인천의 조수간만(潮水干滿 들고나는 바닷물)의 차가 최고 10.8m가 됩니다. 1950년 9월 15일 밀물 만조 시간(오전 6시, 오후 6시, 썰물시간까지 2시간 여유)을 이용하여 6시 30분경, 세 방면으로 상륙을 개시하게 됩니다. 월미도(그린비치)와 공동묘지와 용봉산이 있는 래드비치, 염전이 있는 블루비치가 상륙지점입니다. 당일 새벽 5시부터 시작된 공습과 상륙군의 우수한 무기를 통한 공격으로 인천/월미도를 장악하게 됩니다(08:00). 만조가 되는 오후 6시경 지원 병력(미해병 제5, 제1연대 전투병)이 다시 도착합니다. 16일에는 내항(엘로비치)으로 지원부대가 상륙합니다. 18일에는 현 중구청에 위치한 인천시청을 장악하고 표양문(表良文, 1907~1962)이 인천시장으로 취임하게 됩니다. 인천상륙작전에 투입된 병력은 미군만이 아닙니다. 지휘관은 맥아더로부터 작전권을 부여받은 유엔군 해군사령관(미군 해군소장 제임스 도일[James H. Doyle])이 지휘하고 여기에 투입된 함선과 미국 군함 226척, 영국 12척, 캐나다 3척, 오스트레일리아 2척, 뉴질랜드 2척, 프랑스 1척 그리고 한국 15척 등 261척의 엄청난 규모였습니다. 월미도에 상륙한 유엔군은 부평지역에 있던 인민군으로부터 어마어마한 공격을 받게 됩니다. 그것은 부평이 서울로 가는 주요 진격로이었기 때문입니다. 부평에서 연합군과 인민군의 치열한 전투는 부평 원통이고개였습니다. 그러나 우수한 화력을 가지고 있던 연합군(미군)이 완벽한 승리를 거두면서 서울로 진입할 수 있게 됩니다. 이제 유엔군의 한 갈래

(한국 해병 3대대)는 지금의 계양구 효성동을 거쳐 계양산을 점령합니다. 그리고 김포비행장 탈환에 나서게 됩니다(9. 17.). 이로써 인민군과 유엔군의 작은 소전투들이 있었지만, 인천은 완전히 유엔군 휘하에 들어가게 됩니다. 사전에 유엔군의 인천 상륙을 인지한 중국은 인민군에게 이러한 첩보를 전달하였지만, 낙동강 전선에서 군대를 미처 뺄 수 없었던 점과 연일 퍼붓는 미 공군의 월미도 공습에 인민군은 견뎌내기 어려웠습니다. 어찌했던 인천을 통한 유엔군의 상륙은 사전에 인지하고 있었지만, 미처 대비하지 못하였던 인민군 최고사령관 김일성에게 엄청난 타격을 주었습니다. 그에게서 급한 것은 서울의 사수였습니다. 하여 당시 북조선의 민족보위상(民族保衛相)이었던 최용건(崔庸健, 1925~1976)을 서울 방위사령관으로 임명합니다(1950. 9.). 그리고 약 2만 병력으로 서울 사수를 명합니다.

한편 인천상륙작전은 일단 성공은 하였지만, 인천상륙작전의 목적은 서울 탈환에 있었습니다. 그러나 상륙 이후 인민군이 서울로 가는 길목을 결사적으로 사수하는 바람에 인명 피해가 만만치 않았습니다. 인민군의 엄청난 저항으로 인천(월미도)에서 서울까지 거리는 35km밖에 안 되는 거리인데도 서울을 탈환하는 데 걸리는 시간은 무려 13일이 소요되게 됩니다. 그만큼 인민군의 저항이 만만치 않았다는 뜻입니다. 한편 낙동강 전선을 뚫고 북상하는 유엔군이 한강을 건너기 시작하고(9. 20.), 때를 맞추어 인천 상륙군도 서울로 협공해 들어갑니다. 그리하여 국방군 해병대와 미군 해병이 인민군을 강하게 밀어붙이면서 행주산성 방면에서 한강도하를 감행하여 행주산성을 점령합니다(9. 19.). 행주산성 고지를 점령하면서 이를 기반으로 서대문의 안산(鞍山: 무악산, 296m)을 점령하기에 이릅니다(9. 23.). 이러한 여세를 몰아 인천 상륙군(미군 해병대와 국방군 해병대)은 한강을 건너 마포를 거쳐 서울 중심지로 진격을 시도하게 됩니다(9. 24.). 그러나 인민군의 저항도 만만치가 않았습니다. 여기서 쌍방에 많은 희생자를 내게 됩니다. 이렇게 교착상태에 있을 때, 국방군 제17연대와 미국 제7보병사단이 과천시 관악산 지역을 거쳐 강남 방면에서 한강을 건너 서울 왕십리와 용산 남산 방면으로 진입하게 됩니다. 이리하여 마포 방면에서 진격해 들어오는 인천 상륙군 해병대와 과천에서 밀고 들어오는 미 보병들이 인민군을 협공하는 형세를 이루게 됩니다(9. 25.). 이에 인민군은 양 방면으로부터 협공을 받자, 이를 감내하기 어렵게 되면서 내부 회의에 들어갔습니다. 그리하여 내부 의견을 조율한 최용건은 김일성에게 이를 보고하고 서울 철수를 결정하게 됩니다. 서울을 철수하면서 인민군은 최후의 저항을 하게 됩니다. 유엔군과 인민군 사이에 치열한 전투가 벌어지면서 피아에 많은 희생을 낳았습니다. 그러면서 인민군은 새벽을 타서 모두 퇴각하게 됩니다(9. 28.). 이리하여 서울 중앙청을 재탈환한 국방군 해병대는 중앙청에 인공기를 내리고 태극기를 게양합니다(9. 28. 오전 6시 10분). 이후 전쟁의 경과 내용과 종결, 6.25전쟁의 전개 과정은 앞에서 설명한 바와 같습니다.

3) 인천지역 학도의용군 문제

학도의용군(學徒義勇軍)이라는 말은 16세기, 17세기 왜병(倭兵)과 호병(胡兵)들이 우리 땅을 쳐들어올 때, 또 근대 19세기 말 일제가 우리 땅을 노리고 병탄해 들어올 때, 각지에서 일어난 의병(義兵: 나라를 구하고자 의로움을 일으킨 병사들)과 같은 개념입니다. 다만 의병의 구성원이 학생이기에 학도의용군이라고 이름하게 됩니다. 의병은 정규군이 아니면서 왜군과 호군을 물리치는 데 앞장을 섰습니다. 마찬가지로 6.25전쟁 때 학생의 신분으로 마을과 가족과 이웃들을 지키고자 전쟁에 참가한 학도(學徒)들이 학도의용군이 됩니다. 6.25전쟁 때, 학도의용군은 학도호국단과 관련을 맺습니다. 학도호국단은 1948년 국가보안법이 제정되면서 탄생합니다(12.1.). 국가보안법은 일제강점기 일제가 본토와 식민지 대한국에 대한 반정부/반체제운동을 억누르기 위해 제정한 법률입니다. 그러나 그 이면의 실제적 목적은 사회주의운동(공산주의/아나키즘)을 탄압하기 위해 만든 사회주의운동 탄압법이었습니다. 국가보안법의 제정과 함께 교육계는 사상 탄압과 함께 학생들에 대한 사상의 자유를 제한하는 조치에 들어갑니다. 그것이 학도호국단의 조직입니다. 당시 남한의 학생단체로는 전국학련, 건설학련, 이북학련, 건국학련, 대한학도단, 통일학련, 삼균주의학생동맹 등이 있었습니다. 이 학생단체들은 이승만도 참여하는 호국궐기대회를 열고 통합하여 학도호국단을 조직합니다(1948. 12. 11. 서울운동장). 학도호국단의 설치 목적은 학병일치제(學兵一致制)에 있었습니다. 당시 이승만 권력 하에서 학생 신분으로 있으면서 반공주의로 사상적 통일을 기하고 유사시는 향토 방위에 임한다는 취지였습니다. 그리하여 서울에 중앙학도훈련소를 급히 마련하고 전국의 중등학교 간부 300여 명을 입소시켜 사상교육/의식교육을 실시합니다(1948. 12. 21.~1949. 1. 28.). 이어 각 학교의 체육 교사를 육군사관학교에 보내 군인 양성훈련과 사상교육을 시켰습니다. 그리고 수료자에게 예비역 육군소위라는 계급장을 부여합니다. 이들은 각 학교로 돌아가 교련 교사가 되었습니다(『병무행정사』상, 256, 493).

일제가 우리 동포를 탄압하기 위해 제정한 치안유지법을 그대로 모방하여 국가보안법을 제정한 이승만 분단 권력은 당시 교육계에 대한 반공주의를 기초로 사상 탄압에 들어갔습니다. 이어 사회주의적 사상을 가진 교사와 학생들을 탄압해 학교에서 축출합니다. 야비하게 신고주의를 독려하며 모든 학교에 학생위원회를 설치하여 사회주의 사상을 가지고 있는 교사와 학생들을 신고하도록 하였습니다. 이를 추진한 한심한 사람은 당시 문교부 장관인 안호상(安浩相, 1902~1999)입니다. 이와 함께 이승만은 아예 사상의 자유를 인정하지 않고 탄압을 정당화하였습니다(허상의 자유민주주의 역설).70 이에 따라 서울 시내의 중등학교 교장은 강제로 교사 감시자(1949. 1. 16. 공문 하달)가 되어 연일 '불온 교사' 숙청에 들어갔습니다(이후 전국 교사 대파면 숙청 단행, 1949. 3. 15.). 학도호국단의 조직은 박정희 때의 학생군사훈련단(1975)과 마찬가지로 중앙집권적 조직이었습니다. 중앙에 총본부를 두고, 시도별 학도호국대가 결성되었습니다. 이렇게 시도별 학도호국대가 결성되고 서울운동장에서 중학생/대학생이 총집결하여 중앙학도호국단 결성을 완료하였습니다(1949. 4. 22.). 당시 이승만은 반공과 북진정책을 국정의 최고 목표로 삼았던 까닭에 '이북 총진군'이 학도호국단의 최대 목적이 되었습니다. 따라서 매일같이 시가행진과 군사훈련을 시키고 '대한민국학도호국단' 규정을 제정하여 법제화하였습니다(대통령령 제186호, 1949. 9. 28.).

이러던 차, 6.25전쟁이 발발합니다. 학도호국단 조직에 문제가 드

---

70 아직도 이승만이 강조한 자유민주주의를 그대로 추종하고 있는 정치집단이 있다. 참으로 한심한 정치집단이다.

러났습니다. 그것은 학도호국단이 관제 학생조직체(명령체계: 대통령→국무총리→문교부장관)였다는 데 있습니다. 그리하여 명령계통인 대통령, 국무총리, 문교부 장관이 모두 남으로 도망을 가는 바람에 유사시가 되었음에도 동원 명령을 내리지 못하였습니다. 그리고 학생들은 의무적인 조직원이었기에 동원 명령이 없으면 자발적으로 움직일 수 없었습니다. 그리하여 윗선들이 모두 도망을 가는 바람에 유사시인데도 학도호국단은 움직임이 없게 됩니다. 그러자 사상적 충일(充溢)에 있는 일부 학생호국단 학생들이 자진하여 의용군으로 나서게 됩니다. 따라서 6.25전쟁 때 학생 신분으로 전쟁에 참여한 학생들은 학도호국단 이름으로 참여한 게 아닙니다. 그래서 전쟁에 참여한 이 학생들을 별도로 학도의용군이라고 부르게 된 연유가 됩니다. 따라서 학도호군단과 학도의용군은 상호 개연성이 없지만, 학도의용군이 학도호국단의 경험을 가진 사상적으로 자유민주주의 사상을 가진 학생들의 조직이었다는 점입니다. 이 학생들은 전쟁 도중에 이승만의 명령으로 학도호국단에 자동적으로 복귀하게 됩니다(1951. 3. 16.). 학도호국단이 해체되는 것은 4.19시민기의(4.19혁명)로 이승만 반공권력을 무너트리고 들어선 허정 임시정부에 의해서입니다. 그러다가 불행한 사태가 일어납니다. 5.16군사쿠데타입니다. 쿠데타의 우두머리 박정희에 의해 반공적 학도호국단이 부활하게 됩니다. 분단국가 북조선은 자국의 복잡한 문제가 발생할 때마다 한국에 대한 공격을 감행했습니다. 1968년 북조선이 한국의 박정희를 암살하기 위하여 암살단을 청와대로 내려보낸 적이 있습니다(이를 대한민국의 역사에서는 1.21사태라고 합니다). 물론 암살단은 모두 격퇴당했지만, 남한에서는 이에 대한 후유증이 컸습니다. 안보 의식의 강화와 함께 사상의 자유가 더한층 제한받게 됩니다. 이의 여파로 각급 학교에 군사교육 과목이 강제로 필수과목이 되어 도입하게 됩니다(1969년). 이어 학도호국단도 부활하게 됩니다(1975년). 학도호국단의 설치와 교련과목의 이수는 고등학교와 대학교를 병영화하면서 사상의 자유를 억압하고 안보 사고의 획일화와 학생들의 수업권을 박탈하게 됩니다. 이에 당시 학생들은 교련 반대와 독재 타도 데모로 학교생활을 보내야 했습니다.

그러면 이제 학도의용군에 대하여 개괄적인 이야기를 해 보기로 합니다. 6.25전쟁은 총력전으로 치러진 현대 전쟁 가운데 하나입니다. 특히 전선의 빠른 이동으로 인해 전방과 후방의 개념이 매우 모호한 상태에서 국민 대다수가 전쟁에 빠져들었습니다. 대한민국 정부역시 이러한 혼란 속에서 가용 병력을 최대한 모집하는 방식으로 전쟁 수행을 이끌게 됩니다. 특히 이 가운데에는 학생 신분으로 참여한 많은 애국 청년들이 존재했습니다. 6.25전쟁 때 학도의용군의 시작은 서울이 북조선 인민군에 점령당하면서입니다(6. 28.). 각급 학교의 학도호국단 간부(200여 명)들이 수원에 모여 비상학도대를 조직하고 (6. 29.) 국방군부대에 들어가 소총과 실탄을 지급 받아 전투에 참전하는 한편, 일부는 피난민 구호 전황 보도 등 선무공작을 담당하게 됩니다. 그러나 대한민국 국방부는 학도병의 전투 참가를 허락하지 않았습니다. 대한민국의 미래를 위해서였다고 합니다. 그러나 학도의용군은 '대한학도의용대'를 조직하고 대구로 내려가 국방군 10개 사단 예하부대에 참여하여 낙동강 방어선에서 백의종군(군번, 계급 없이)하였습니다. 이 중에 700여 명의 학도병은 유엔의 일원으로 일본으로 건너가 군사훈련을 받고 인천상륙작전에 투입되었다는 기록도 있습니다. 또 8월 초에는 밀양에서 학도기간대(學徒基幹隊, 약 1,500명)가 조직됩니다. 형식상으로는 육군본부 정훈감실 소속이지만 인민군의 진격로 후방지역에 침투하여 유격전을 벌이기도 하였습니다. 학도의용군은 공식적으로 병역법과 그 시행령(1959) "학도의용군은 재일동포 학도의용군을 포함하여 1950년 6월 29일 이후부터 육·해·공군 또는 유엔군에 예속되어 1951년 2월 26일 해산할 때까지 근무한 자를 의미한다. 전상(戰傷)으로 인하여 중간에 나온 자를 포함하여 전투에 참가하고 그 증명이 있는 자를 의미한다"(병무청, 『병무행정사』상, 1985, 278)라고 명시되어 있습니다. 국가보훈처에서는 재일학도의용군의 성격도 규정하고 있습니다. 곧 "1950년 6월 25일부터 1953년 7월 27일 사이에 국군 또는 국제연합에 지원 입대하여 전쟁에 참여하고 제대 한 자"로 규정하고 있습니다.[71] 또 육군본부에서는 학도의용군에 대하여 "6.25발발시부터 1951년 4월까지 대한민국 학생의 신분으로 지원하여 전·후방에서 전투에 참여하여 공비 소탕, 치안유지, 간호 활동, 선무공작 등에 참가함으로써 군과 경찰의 업무를 도와주었던 개별적인 학생, 혹은 단체를 뜻한다"라고 명시하고 있습니다.[72] 이에 의하면 학도의용군의 활동 기간(1950. 6. 25.~1951. 4. 3.)과 그들의 활동 범위가 나와 있습니다. 그리고 위 세 가지 학도의용군에 대한 개념 정의를 종합해 볼 때, 학도의용군의 성격을 다음과 같이 규명할 수 있습니다. 1) 학생 신분이면서 자발적으로 참여한 자, 2) 군인이 아니므로 군번과 계급의 부여가 없는 자, 3) 6.25전쟁에 참여하였다가

---

71 국가보훈처법령, '국가유공자에 관한 법률'(법률 제3742호, 1984. 8. 2.) 1장 4조 8항.
72 육군본부, 『한국전쟁시 학도의용군』, 1994, 17-18.

1951년 복귀 명령에 의하여 학생 신분으로 다시 복귀한 자로 규정이 됩니다.

사회주의동맹 세력의 최일선에 있던 북조선의 대한민국 침공과 함께 3일 뒤, 수도 서울이 함락됩니다. 그러자 이튿날, 수원의 '사슴표' 성냥 공장에서 학생(학도호국단 간부였던)들이 자발적으로 모여 '구국비상학도대'를 조직하게 됩니다. 이 조직이 바로 학도의용군의 기원이 됩니다. 이들은 노량진 전투에 참전합니다. 이를 계기로 비상학도대의 활동은 시작됩니다. 이날 국방부 정훈국은 비상학도대에게 정훈국장 명의의 신분증을 발급해 줍니다. 그리고 3개 소대로 편성이 되었습니다. 이들은 계속하여 노량진 전투와 안양 전투에 참가합니다. 그러나 7월 3일, 수원이 함락되자 비상학도대 대원들도 후퇴하는 국군을 따라 남하하게 됩니다. 정부를 따라 남하한 학생들은 7월 4일 대전에서 국방부 정훈국의 지도 아래 '비상학도대'를 정식으로 조직하게 됩니다. 비상학도대는 전세의 악화와 함께 대구로 이동합니다. 대구에 도착한 '비상학도대'는 대구에 있는 '의용학도대'와 통합하여 육군 정훈국 휘하의 '대한학도의용대'라는 명칭의 학도의용군이 됩니다(7. 19.). 학도의용군은 낙동강, 다부동, 기계, 안강, 영천, 포항, 창녕 등 주요 전투에 참전하게 됩니다. 또한 인천상륙작전 당일인 15일에는 학도의용군 772명이 인천상륙작전을 눈치채지 못하게 기만전술에 투입되어 장사상륙작전(경북 영덕)을 감행합니다.[73] 이들은 서울이 수복되자 서울로 올라가 중앙본부 밑에 각 구(區) 지대(支隊)를 두게 됩니다. 각 지역에도 도(道) 본부와 군(郡) 지부대를 두었습

---

73 영덕군 남정면 장사리 현장에는 '장사상륙작전 전승기념공원'이 호국 성지로 조성돼 있다.

니다. 이어 면(面)에는 파견대를 주재시켰습니다. 그리고 일본에 거주하는 재일동포학생들도 학도의용군에 지원합니다. 이들을 재일학도의용군이라고 합니다.

이제 인천의 학도의용군에 대하여 이야기해 보도록 하지요. 인천지역 학도의용군에 대한 연구는 거의 없습니다. 인천에서는 6.25 다음날, 전인천학생의용대가 결성되었다는 기록이 있습니다(『인천학생6.25참전사』II, 2007, 374). 이에 의하면 인천의 학생의용대는 인천상업중학교 학생들을 주축으로 조직이 됩니다. 의용대장에는 고려대학교 2학년 재학중인 이계송(?~?)이 선출됩니다. 이들은 현 인천 중구 답동의 신흥초등학교 울타리 옆의 언덕에 있는 일본사찰 정토사(淨土寺)에 본부를 설치하고 발대식을 가졌습니다. 물론 인천의 학도의용대도 학도호군단 출신들이 주축을 이루고 있는 것은 사실입니다. 그런데 문제는 학도의용대가 앞에서 본 바와 같이 수원에서 최초로 결성되었다고 하지만 이보다 앞서 인천의 '전인천학생의용대'가 먼저 결성되고 있다는 점입니다. 그리고 인천의 학도의용대는 국가나 국방부의 지도와 후원 없이 자력으로 결성이 되었다는 점입니다. 6.25전쟁이 일어나자, 인천시장이 도망을 가면서 시정의 공백 상태를 만들어 냅니다. 이에 인천의 유지들이 비상시국대책위원회를 조직하게 됩니다. 이에 인천의 학생의용대도 이들과 연관하여 활동하게 됩니다. 학생의용대는 인천의 동방방직으로부터 옷감(광목)을 보조받아 일부는 팔아 운영자금을 마련하고 일부는 완장과 걸게 헝겊으로 사용하였습니다. 또한 서울이 북조선 인민군에게 함락당하여 민심이 흉흉할 때 인천시민의 단결을 이끌어 내기 위하여 궐기 대회를 갖기도 하였습니다. 이들의 활동 중에서도 중심을 이루는 활동은 인천지역의 시민 및 각 기관(시청, 법원, 세무서 등)의 질서유지였습니다. 그러나 북조선 인민군이 인천으로 진격해 들어오면서 전인천학생의용대는 활동이 중단됩니다. 그러다가 인천상륙작전으로 인천이 수복되면서 '인천지구학도의용대'라는 이름으로 다시 활동을 재개하게 됩니다. 이때는 국방부 정훈국 산하로 편입이 됩니다. 그래서 대한학도의용대로 편입이 됩니다. 그러나 인천의 학생의용대는 대한학도의용대 소속이었지만 '전인천학생의용대'라는 이름으로 활동하였습니다. 이들은 국방부에서 파견된 인천파견대의 지도를 받으며 마을 단위 경계, 순찰을 수행하는 한편, 북조선 인민군이 인천을 점령했던 때, 인민위원회 등에 협조한 이들도 색출하는 업무도 수행하였습니다. 이외 월남한 피난민의 거주지 안내, 국방군 입대 독려 등 활동하였습니다. 그러는 중 중국의 인민해방군이 북조선 인민군과 합류하면서 (1950. 10. 19.) 전세가 급격히 변하여 다시 남하하게 됩니다. 전인천학생의용대 3,000여 명은 수송 수단 없이 걸어서 남하하게 됩니다 (1950. 12. 18). 이들은 안양, 수원을 거쳐 대구로 이동하였습니다. '전인천학생의용대'의 최종 목적지는 통영의 제3국민방위군 수용소였습니다. 통영의 내려온(1951. 1. 10.) 일부 의용대원은 해병대에 입대하게 됩니다. 그리고 뒤늦게 도착한 전인천학생의용대 인천상업중학교 학생으로 구성된 밴드부 전원은 육군종합학교 군악대로 전환이 됩니다. 전인천학생의용대원 중에 나이 든 학생들에게 육군본부의 인사국으로부터 '현지 장교임용'을 제안받게 됩니다. 그러나 이들은 어린 나이의 학생들은 사병이 되고 자신들은 장교가 되어 나이 어린 학생들을 총알받이로 내모는 것은 바람직하지 않다는 이유로 현지 장교임용을 거절하는 인간적인 면모도 보입니다. 이러한 인간적 유대감

은 인천이라는 지역에서 고난을 함께 한 애정(愛情) 의식의 우러남이
었다고 볼 수 있습니다.

4) 인천지역 유격대의 활동

전쟁에는 정규전과 비정규전이 있기 마련입니다. 정규전은 정식
으로 계급과 군번을 받은 장병들이 서로 얽혀 전투를 벌이는 경우를
말합니다. 비정규전은 군인이 아닌 민간이 전투에 끼어들어 정규군
과 전투를 벌이는 경우를 말합니다. 6.25전쟁에서도 비정규전이 있
었음은 말할 나위가 없습니다. 비정규군의 명칭은 대체로 유격대, 게
릴라(Guerrilla)로 불립니다. 게릴라는 19세기 초 나폴레옹이 스페인
을 침공하였을 때(1808) 스페인의 민간인들이 나폴레옹 정규군을 대
항하여 전투를 벌인 데서 유래합니다. 곧 전투 환경과 경우에 따라
벌이는 소규모전투를 유격전, 게릴라전이라고 부릅니다. 제2차 세계
대전 때 독일군이 프랑스를 침공했을 때 프랑스 민간인들이 독일군을
기습하여 타격을 가한 레지스탕스(저항군: 기의군)의 활동이 유격대의
상징적 활동이 됩니다. 또한 일제가 대한국을 병탄해 들어오는 과정
에서 대한국의 지식인과 농민들이 결합하여 일제 정규군을 향하여 지
형지물을 이용한 유격전을 벌리면서 일제 군인을 괴롭혔습니다. 우리
역사에서 이들을 의병(義兵)이라고 합니다. 바로 의병들이 벌인 전투
가 게릴라전에 해당됩니다. 전통 시대 의병이 곧 현대전에서는 유격
대가 됩니다. 유격대는 대형 무기나 첨단무기를 이용하지 않고, 재래
식 소총이나 경기관총 등의 경화기(輕火器)로 민첩하게 지형지물을 이
용하여 은밀하게 적군을 기습하는 전술을 발휘하는 게 특징입니다.

특히 지구에서 공산화(共産化)한 나라들의 성공비결은 모두 유격 전술에 있었습니다. 중국의 경우, 인민해방군의 유격 전술, 큐바 인민군의 유격 전술, 베트남 인민군의 땅굴 전술도 유격 전술입니다. 이러한 유격대의 게릴라전이 6.25전쟁 때 전국의 곳곳에서 있었습니다.

그러면 인천지역에서 있었던 유격대의 유격전에 대하여 간략하게 이야기해 보도록 하지요. 6.25전쟁 때, 남한의 유격대는 1) 민간인이 자발적으로 결성한 유격대가 있었고, 2) 정규군 중에서 특별전투를 위한 유격대를 결성하는 전술적 유격대가 있었습니다. 민간인 유격대는 독자적인 전투를 벌인 경우도 있었지만, 정규군 유격대와 연결하여 전투를 벌인 경우가 많았습니다. 6.25전쟁 때 유격대의 게릴라전이 있었지만, 그들 유격대의 활동에 대한 연구나 사실에 대한 수집은 뒤늦게 이루어져 연구물들이 그리 많지 않습니다. 그러다가 1970년대 참전전우회들이 자신들의 유격전 활동을 알리면서 유격대의 활동이 조금씩 알려지게 됩니다. 대한민국에서 유격대 활동을 하였던 '참전전후회'가 처음 결성된 것은 '황해지구유격전우회연합회'입니다(1983.7.25.). 이어 각 지역에서 활동하였던 유격대 전우들이 '한국유격군전우회총연합회'를 조직하게 됩니다. 이들은 자신의 활동을 알리는 동시에 유족들을 돌보는 일도 하였습니다(1992.12.). 이런 과정을 거쳐 유격대의 존재에 대하여 일반적으로 알려지게 됩니다(박동찬, 2012.1.). 이후 각 지역에서 활동한 유격대원들의 활동상을 알리는 사업들이 추진되면서 6.25전쟁 때 은밀하게 활동하였던 유격대의 존재와 그 전투상들이 수면 위로 드러나고 있습니다. 이를 계기로 정부 차원에서 유격대의 전투 사실에 대하여 연구하게 되었습니다. 그 결과 육군본부 군사연구실에서 유격대원들의 증언을 토대로 『한국전쟁과 유격전』이라는 구술 자료집을 발간하기에 이릅니다(박동찬, 2012. 2.). 그러면 이제 박동찬의 연구물을 참고로 인천지역의 유격대 활동에 대하여 살펴보기로 하겠습니다.

국난 시기에 자발적으로 분기(奮起)하는 의병과 마찬가지로 유격대도 자발적인 조직입니다. 자발적이라는 말은 군신유의(君臣有義)라 던가 애국애족(愛國愛族)이라는 충의(忠義)에서 우러난 기병이 아니라는 뜻이다. 곧 근왕정신(勤王精神)에서 자신의 목숨을 거는 게 아니고, 마을(고향)과 가족을 지키려는 순수한 정의(正義) 정신에서 기병한 존재입니다. 가족과 마을을 지키려는 작은 모임이 큰 덩어리가 되어 의병이 되고 유격대가 됩니다. 이들은 군인이 아닙니다. 이들은 무기도 없습니다. 제대로 된 군사훈련도 받지 않았습니다. 오로지 고향을, 마을을 그리고 가족을 지키고 살리기 위해 내 한목숨 아끼지 않고 모인 사람들의 결정체가 의병이요 유격대요 레지스탕스입니다. 인천지역에서 일어난 유격대도 마찬가지입니다. 그러나 6.25전쟁 때 유격대는 앞에서 이야기한 순수한 인간적/자유적 정의 정신이 아니고 반공적 이념으로 뭉친 자발적 조직이었다는 점에 큰 차이를 둡니다. 곧 인천지역의 '대한청년단'(大韓靑年團)/'서북청년회'(西北靑年會) 회원들이 인천방위사령부를 설치하고 인천시청과 인천경찰서를 방어하면서 치안유지 등 활동을 하게 됩니다. 그러면 대한청년단은 어떤 조직인지에 대하여 알아봅시다. 분단해방 이후, 전국에서 정치적 권력의 주도권을 장악하기 위해 사회주의 세력이 먼저 청년단체를 조직합니다. 이들 조직의 목적은 사회주의 사상의 전파와 지지 세력 규합에 있었습니다. 대표적인 단체가 '조선민주청년동맹'(1946. 4. 25. 조직, 뒤에 '조선민주애국청년동맹'으로 개칭)입니다. 그러나 자본주의 세력들은 이렇다 할 청년조직이 없었습니다. 다만 『상해대한민국임시정부』소속, 광복군총사령관을 지낸 지청천(池靑天, 1888~1957)이 귀국하여 조직한 '대동청년단'(大同靑年團)이 있었습니다(1945. 12.). 또 단독정권을 수립(1948. 8. 15.)한 분단 권력 이승만(李承晩, 1875~1965)은 자신의 지지 기반을 선도해 줄 청년단체가 필요했습니다. 그리하여 대동청년단을 중심으로 당시 우후죽순처럼 존재하고 있던 '청년조선총동맹'(朝鮮總同盟)/'국민회청년단'(國民會靑年團)/'대한독립청년단'(大韓獨立靑年團)/'서북청년회'(西北靑年會)를 규합하여 '대한청년단'을 조직하게 됩니다(1948. 12. 19.). 물론 총재는 이승만이 맡았습니다. 대한청년단의 선서문에는 개인 독재의 서막을 여는 "총재 이승만 박사의 명령을 절대 복종한다"는 문구가 들어가 있습니다. 이렇게 대한청년단은 이승만을 위한 사상운동의 전위부대였습니다. 이후 이범석이 이끄는 '민족청년단'(民族靑年團)도 대한청년단에 합류하게 됩니다(1949. 1. 20.). 이리하여 조직 내부에는 지청천 중심의 비족청(非族靑)계와 이범석의 족청(族靑)계라는 두 계보로 나누어 조직의 실권을 장악하려는 암투가 끊이지 않게 됩니다. 이것이 주류(비족청계)와 비주류(족청계)의 정치계파의 시원이 됩니다. 대한청년단원들은 6.25전쟁이 일어나면서 별동대원으로 강제 편입되어 기록도 없는 무명용사로 죽음의 총알받이가 되고 맙니다.

분단해방 이후, 38이북에서 분단 권력이 들어서기 전에 공산주의 세력이 친일파 관료/군경 및 친일 지주, 종교인 등 친일 자본 세력에 대한 숙청을 단행합니다. 이때 자본주의적 민족주의 입장을 가진 청년들이 남쪽으로 대거 이동해 옵니다. 이들은 평안청년회(平安靑年會) 주도로 서울의 YMCA 강당에서 북선청년회(北鮮靑年會), 함북청년회

(咸北靑年會), 황해회청년부(黃海會靑年部) 원산의 양호단(養虎團) 등 38
이북의 각 지역 출신의 청년들이 집회를 갖고 '서북청년회'(서청)이라
는 이름으로 통합합니다(1946. 11. 30.). 서북청년단은 반공민족주의
이념을 가진 청년단체가 됩니다. 이들이 38이남에서 살 수 있는 길은
오로지 반공이었습니다. 그렇기 때문에 이들은 사회주의 단체와 대
립하면서 반공적 활동을 일삼게 됩니다. 특히 이들이 대한청년단에
합류하기 전에 행했던 행동은 지탄의 대상이 됩니다(1948. 12. 19.). '김
구 선생의 암살을 의거'라고 한 점입니다. 서북청년단은 또 경찰과 국
방경비대에 가장(假裝) 입대하여 제주에 파견됩니다. 그리고 제주4.3
사건에도 개입하게 됩니다. 곧 제주에 일어난 단독정부 수립 반대를
주장하며 일으킨 4.3민중항쟁(역사에서는 이를 제주4.3사건으로 부른다.
1947. 3. 1.~)을 탄압하는 세력이 되어 제주도민들을 무차별적으로 가
혹한 폭행을 자행했습니다. 통탄할 정도로 엄청난 사상자가 발생하
였습니다. 이런 이들이 대한청년단에 합류하게 됩니다(1949. 10. 18.).
이러한 무리가 들어 있는 단체가 대한청년단입니다.

  인천의 대한청년단은 6.25전쟁과 함께 부산으로 피난을 갔다가
해군의용대를 결성하여 인천상륙작전에 투입이 됩니다. 인천 상륙이
라는 목적이 달성되면서 해산하게 됩니다. 강화도에서는 북조선 인
민군이 강화를 점령하자, 지하유격대(대한정의단, 대한지하결사대)가 결
성됩니다. 한편 중국인민해방군이 참전하면서 국방군은 1.4후퇴를
하게 됩니다. 이때 강화를 사수하기 위해 강화특공대가 조직되고, 대
한정의단은 게릴라전에 나서게 됩니다. 이어 '실지회복대'도 조직이
됩니다(1950. 8. 20.). 실지회복대는 '대한정의단'(단원 66명)에 합류하게
됩니다. 그리고 본격적인 유격 전술을 폅니다. 김포와 강화 사이를

왕래하는 북조선 인민군과 내무서원의 교통수단인 어선을 파괴하는 일이었다. 이를 '어선 깨트리기 작전'이라고 합니다. 이외에 인민군의 트럭 폭파, 내무소와 분소에 대한 기습 파괴, 인민위원회 사무소의 기습 폭파, 전단지 살포 등 유격 전술을 펴나갔습니다(『민족의 증언』 5, 311-312). 이후 인천상륙작전으로 인천이 수복되자, 대한정의단의 유격 전투는 종식되고, 조직은 치안대로 개편되어 인천지역의 공산주의자/당원을 색출하는 일에 나서게 됩니다(1950. 11. 5. 해산).

이외 게릴라전을 전개하는 유격대로 강화특공대가 있었습니다. 강화특공대의 결성 시기는 중국의 인민해방군이 6.25전쟁에 투입되면서 유엔군과 국방군이 후퇴할 무렵입니다(1950. 12. 18.). 강화특공대는 해산한 대한정의단에서 유격대로 활약을 하였던 24명의 청년이 향토 방위를 위해 조직되었습니다. 강화특공대는 중국인민해방군과 북조선 인민군이 다시 남으로 밀고 내려오면서 서울이 점령 위기에 놓이자 강화의 관공서와 경찰서들이 모두 도망을 가게 됩니다(1951. 1. 2.). 도망간 관료 경찰을 대신하여 강화를 지키기 위해 소총 등으로 무장하고 게릴라전을 펴게 됩니다. 개풍군 일대 인민군 내무서원(안전요원) 22명과 인민위원회 50여 명이 강화도로 들어오기 위해 도강 준비를 하고 있다는 정보를 입수하고 돌미루 선창 일대 길목에 유격대원들을 매복시킵니다. 그리고 적군들이 들어오자 기습공격하여 대부분을 생포하게 됩니다(『강화사』, 355-356). 또 이들 특공대는 김포로 들어오는 인민군을 공격하여 인민군 22명을 생포하는 등 강화를 방어하는 데 일익을 담당합니다. 특공대원 중 일부는 국방군 1사단 제5816부대가 조직한 유격대에 편입하게 됩니다. 5816부대 유격대는 육군본부 직할로 편성됩니다. 강화도에는 육군 을지 제2병단(유격대)이 창설되었으나(1951. 3. 27.) 강화도와 교동이 미군의 작전 지역이었으므로 을지 제2병단 소속 유격대는 미군 부대에 인계됩니다(3. 28.). 이어 을지병단은 강화 방어를 위해 특별부대를 창설하게 됩니다(어차도 제22연대, 교동도 제23연대 등). 그러나 이들 유격대는 미8군 통제하에서 활동하게 됩니다. 따라서 이들 유격대는 민간인의 유격대와 달리 유격부대(울팩 0부대 등)로 이름을 붙이게 됩니다(조성훈, 452쪽 이하).

유격대/유격부대의 구체적인 게릴라 활동은 적군 부대의 기습공격이 대부분이고 그 외 수송차량 파괴, 첩보활동, 인민위원회/내무서 등 행정사무소 파괴, 보급품 저장소 파괴 등이 됩니다. 유격대는 그야말로 게릴라전이기 때문에 시설물 파괴보다는 북조선 인민군에 대한 진입로 차단, 군병력 수송차량 공격 등 간접전투의 성격이 강했습니다. 따라서 유격대원들은 정규적인 군사훈련을 받지 않았기 때문에 인민군 정규군과의 직접적 전투는 가급적 피하기 마련이었습니다. 이들에게는 주로 지형지물을 이용한 적군에 대한 유인, 매복, 기습 등이 유리한 전술이었습니다. 그리고 이들의 작전은 속전속결, 즉 재빠르게 치고 빠지는 전술을 구사하였습니다. 그리고 낙오자를 줄이기 위하여 집합 장소는 2, 3군데를 지정하여 적군의 추격을 피하는 방법을 펴게 됩니다.

4. 6.25전쟁으로 인천이 받은 피해 문제

1950년 7월 4일 북조선 인민군 6사단 13연대에 의하여 인천이 점령당하게 됩니다. 이후 인천에 주둔하는 북조선 인민군은 제13사단

제23연대가 됩니다(7월 말까지). 그리고 다시 북조선군 제9사단 제87 연대로 교체되면서 미군의 공격에 대비하게 됩니다. 전쟁은 인간에 게 유익한 게 하나도 없습니다. 그저 피해뿐입니다. 가장 큰 피해는 전쟁으로 인하여 사람이 죽는다는 것과 산 사람의 보금자리를 잃는 다는 아픔입니다. 그러면 이제부터 6.25전쟁이 인천에 준 피해에 대 하여 하나하나 열거해 보겠습니다.

1) 월미도가 입은 피해

인천상륙작전으로 유엔군(미 해병 중심)과 국방군 해병이 상륙하는 지점인 월미도는 피아(彼我)의 소낙비처럼 퍼붓는 포탄 공격으로 항 만시설의 완전 파괴와 함께 월미산 높이(160m)까지 낮아졌다는 사실 입니다. 게다가 인천 개항장의 산업기반시설(철도, 갑문, 교량 선박, 창고 등)이 한순간에 파괴되었습니다. 상륙작전으로 생포한 인민군 포로 는 인천 포로수용소(현 인천구치소)로 보내집니다. 그런데 문제가 발생 하였습니다. 포로 관리가 어렵다고 판단할 때도 제네바협약(1864. 처 음 만들어짐, 1949년 최종)에 의거 포로들의 인권이 보호되어야 합니다. 그런데 미군이나 인민군이나 마찬가지로 관리가 어렵다고 즉결처분 하는 경우가 많았습니다. 전쟁이 없었으면 죽지 않을 생명들입니다. 비극이 따로 없습니다. 인천상륙작전에 동원된 미군 무기 중에 악질 적/비인간적 무기가 있었습니다. 현대전에서 전쟁의 승리는 상대방 보다 더 강한/우수한 무기를 지닐 때 승리가 보장됩니다. 인천상륙작 전에서 유엔군이 인민군보다 우위에 있었던 것은 비인도적인 무기 때문입니다. 현재는 사용이 금지된 네이팜탄입니다. 네이팜탄(화염방사기, 소이탄)은 화염방사기로 쓰는 경우와 비행기에 장착하여 투하하는 경우가 있는데 분사기로 분사하든, 공중에서 투하하든 일단 밖으로 터지게 되면, 3,000℃의 고열을 내면서 건물과 산림·군사시설 등을 불태워 반경 30m 이내를 불바다로 만듭니다. 사람을 타죽게 하거나 질식하여 죽게 만듭니다. 그럼에도 미군(해군 함재기)은 인천상륙작전의 성공을 위해 9월 10일부터 월미도에 민간인이 있음에도 이와 관계없이 네이팜탄으로 무차별 공격하라고 명령을 내립니다. 인천상륙작전으로 전국에서 가장 피해를 입은 지역은 인천 월미도가 됩니다. 소이탄(燒夷彈)으로 월미도를 사수하고 있던 인민군과 인천 인민위원회에 차출되어 인민군에 강제 편입된 학생들이 온몸이 불에 타서 죽는 고통을 당해야 했습니다. 진실/화해를 위한 과거사정리위원회의 조사보고서(2008)에 의하면, 월미도 주민 100여 명이 피해를 입은 것으로 나와 있습니다. 인천상륙작전은 글자 그대로 유엔군의 인천 상륙으로 전세를 역전시킨 긍정적 개념으로만 우리 뇌 속에 각인이 되어 있지만, 그 내면에는 무자비한 살상과 파괴가 있었다는 것을 알아 둘 필요가 있습니다. 인천상륙작전은 군함 261척만 움직인 것으로 인식되어 있습니다. 그러나 유엔군의 인천 상륙을 위하여 미 공군의 전투기가 며칠 전부터 월미도와 배후지역에 대하여 소이탄을 비롯한 엄청난 폭탄투하를 했다는 사실입니다. 인천 상륙에 장애가 되는 인민군의 진지를 파괴하기 위함이었습니다. 히로시마의 핵폭탄 투하를 연상케 합니다. 월미도 주민들이 피해는 이루 말할 수 없었습니다. 또한 월미도와 서울로 가는 길목을 트기 위해 그 길목에 있던 인천은 인명과 재산, 도시기반시설 등이 대량으로 파괴되었습니다. 당시 피난을 갔던 월미도 주민들이 귀향하고자 했으나(월미도원주민귀

향대책위원회) 미군들은 이를 허락하지 않았습니다(1952. 2. 12.). 지금까지 귀향이 이루어지지 않고 있는 것으로 압니다. 물론 건물의 징발에 대한 보상조차 이루어지지 않고 있는 실정입니다. 참으로 안타까운 일입니다. 인천상륙작전으로 월미도는 인천의 땅 중에서도 가장 비극의 땅이 되었습니다. 들어오는 유엔군(국방군 포함)은 인민군 잔당을 무자비하게 살상하였고 쫓겨 가는 인민군은 주민들을 집단으로 사살하면서 퇴각하였습니다. 전쟁의 무자비성이요 비인간성입니다.

2) 인천 기지촌 문제

전쟁에서 가장 피해를 입는 인간 계층은 여성과 아동입니다. 특히 여성의 경우는 총기에 의한 폭력으로 죽은 것보다 더 무서운 게 성폭력입니다. 적군으로부터 성폭력이 일어나는 것은 다반사입니다. 그리고 본의 아닌/원하지 않는 임신과 출산은 자기 모멸이 됩니다. 인천을 점령한 미군 역시 예외는 아니었습니다. 많은 인천 여성들을 추악하게 만들었습니다. 이러한 전쟁 분위기는 혼혈아의 다량 출산으로 이어졌습니다. 그리고 유엔군(주로 미군)의 주둔 지역에 기지촌이라는 이름이 생겨나게 됩니다. 인천의 경우, 한국 최초의 기지촌은 부평의 산곡동 초입의 백마장에 들어섭니다. 기지촌에서는 양공주/양색시와 혼혈아가 등장하기 마련입니다. 이 혼혈아들은 대다수가 외국의 입양아로 팔려나갔습니다. 당시 사회상으로 볼 때, 남편을 잃은 미망인들이 다수 발생하기 마련입니다. 그리고 직업의 다양성이 적었고 웬만한 직업은 대체로 남성 독점적이었기에 생계가 어려운 여성들은 기지촌 여성 양공주로 전락해야 했습니다. 지금 당시의 양공주와 성매매 여성에 대한 인권실태조사가 이루어지고 있지만, 아직도 진실이 규명되지 않고 있습니다. '기지촌 위안부'라는 말은 크게 잘못된 표현입니다.

3) 부평포로수용소 사건

최인훈의 전쟁소설 『광장』에 6.25전쟁 포로에 관한 이야기가 나옵니다. 이야기의 주 무대는 인천입니다. 당시 인천에 두 군데 포로수용소가 있었습니다(시차를 두고). 학익동의 전쟁포로수용소와 부평의 10포로수용소입니다. 학익동 포로수용소에는 인천상륙작전과 함께 인민군 6,000여 명이 수용되었다고 합니다. 그리고 유엔군이 압록강 초산지역으로 진격(1950. 10. 26.)하는 전투 과정에서 발생하는 포로까지 수용하는 바람에 32,000명까지 수용되었다고 합니다. 유엔군이 38선을 넘어 북으로 진격하면서 인민군 포로는 갈수록 늘어납니다. 이에 유엔군은 포로수용소를 인천, 서울, 평양, 대전, 원주 등 곳곳에 만들게 됩니다. 학익동 포로수용소는 인천상륙작전 직후에 일제가 건축(1936. 7.)한 인천소년형무소 자리에 마련됩니다. 곧 인천임시포로수용소입니다. 당시 건물은 45,000여 평으로 2층 건물구조였습니다. 이는 부산 유엔군1전쟁포로수용소, 평양 유엔군 2전쟁포로수용소와 함께 규모가 큰 수용소였습니다. 이렇게 늘어나는 초과 인원 때문에 더 이상 수용할 건물이 없어서 마당에는 물론 병동 옥상까지 천막(한 천막에 250명씩 짐짝처럼 수용되었다)을 치고 수용하게 됩니다. 그러나 변소시설을 제대로 갖추지 않은 바람에 대변과 소변을 처리할 장소가 마땅치 못하여 수용소 안은 자연히 오물이 넘치고 악취가 진동하였다고 합니다. 악취뿐만 아니라, 변이 마려울 때, 뒤편에 있는 자가 밖으로 나가기 위하여 사람들을 밀치고 나오다가 싸우기 일쑤였다고도 합니다. 더구나 밥그릇과 숟가락이 없어서 옷에다 밥을 받아 손으로 밥을 먹는 형편이었다고 합니다. 이 때문에 인천항에서 매일 2,000명씩 부산 유엔군1전쟁포로수용소로 이송하였는데, 화물선에 초과 인원을 태우는 바람에 밟혀 죽는 이도 발생하였다고 합니다. 이후 중국인민해방군의 6.25전쟁 참전(1950. 10. 19.)으로 압록강 근처까지 진격한 유엔군은 다시 밀리면서 다음 해에 1.4후퇴를 하게 됩니다. 이때 유엔군은 인천 포로수용소에 있던 인민군 포로들을 이끌고 부산, 등지로 분산 수용하게 됩니다(1950. 12.). 이후 유엔은 거제 포로수용소(1951. 2. 17만 명 수용)를 설치하고 운영하게 됩니다. 그러나 포로들 사이에 친공(親共)과 반공(反共)으로 갈라지면서 피차 암살과 분투가 일어나게 됩니다. 유엔군 측은 전국에 포로수용소를 증설할 수밖에 없었습니다. 그리고 전국의 포로수용소를 분산 이동시킵니다(1952. 6.). 이때 부평에도 거제(1수용소), 부산(2, 9수용소) 영천(3수용소), 논산(6수용소), 광주(5수용소), 대구(4수용소), 마산(7수용소) 등지와 함께 제10포로수용소를 설치하게 됩니다(1953. 3. 3. 1,500명 수용). 그런데 이승만이 정전협정이 다가오자 유엔 측의 의사를 무시하고 전국 8곳의 포로수용소에 있는 반공포로 35,698명 중 27,588명을 석방하게 됩니다(1953. 6. 18.). 이때 부평포로수용소에 있는 반공포로는 제외시켰다는 주장이 있습니다. 그 이유는 포로수용소장(?)이 사회주의사상을 갖고 있었던 까닭이었다는 증언이 있지만 사실 확인이 안 됩니다. 그러자 포로수용소에서 라디오로 반공포로 석방 소식을 접한 반공포로들이 이튿날 야밤을 틈타 300여 명이 집단 탈출을 감행하게 됩니다

(1953. 6. 19. 10:20). 이 반공포로들의 탈출은 이승만에 의한 조직적인 탈출 사건이었다는 판단입니다. 이때 탈출을 감행하는 포로들에게 미군 측이 사격을 가했습니다. 여기서 47명이 죽음을 맞게 됩니다. 그리고 남아 있던 700여 명의 반공포로는 논산으로 이송됩니다. 이 때문에 부평은 포로수용소의 아픔을 간직하고 있습니다. 일제 때 군수기지였던 부평은 이후 미군기지(백마장)가 들어서게 됩니다.

4) 피난민 수용소와 미8군 8021부대

6.25전쟁 초기, 북(주로 황해도)에서 내려오는 피난민 수용소(총 9,791명)는 관공서나 공터에 설치되었습니다. 피난민 수용소를 관리하게 위하여 미8군의 예하부대인 UNCACK(주한유엔민간원조사령부) 8201부대에서는 인천팀을 파견하게 됩니다. 인천 피난민 수용소는 조일(양조회사), 영흥, 풍국(제분공장) 영흥도 등에 있었습니다. 여기서 문제는 식량도 문제였지만, 겨울을 나기 위한 주택이 문제였습니다. 추위를 견딜 수 있는 건물이 없었습니다. 이리하여 한국 정부는 피난민 임시 거처를 위한 건축 자재를 수급하여 서둘러 판잣집을 짓게 합니다(1951. 11. 1.). 여기에 위생시설도 문제였습니다. 이와 함께 대두되는 문제는 고아 문제였습니다(217명). 하여 인천시는 고아원을 설립하여 운영하게 됩니다(6개서, 1951. 4.). 6.25전쟁 때 고아 발생수에 대하여서는 정확한 통계가 없습니다. 소현숙의 연구 결과물에 의하면 "전쟁이 끝나고 나서 보건사회부가 낸 통계에 따르면, 5만 3천 명 정도로 추산된다. 그러나 실제로는 5만 4천 명이 넘을 것으로 추산된다(6세 미만도 있었지만, 7~13살이 제일 많았다). 게다가 거리에서 생존을 이

어가던 '부랑(고)아'도 많았다. 부모가 있든 없든 간에 부모 보호 밖에 방치된 셈이어서 전쟁고아 문제로 연속해서 볼 수 있다"(소현숙, 2018, 325)라고 적고 있습니다. 한편 피난민 수용소에서는 전쟁 통인데도 미8군 8201부대의 태도가 문제였습니다. 이들은 전쟁심리전을 심화하는 프로그램을 운영하고 있었습니다. 이를 통하여 전쟁상황 인식을 통한 제5열(스파이: 내부의 적) 방지를 한다는 것은 명분을 내걸었지만, 그 내면은 미국 문화 이식을 목적으로 하고 있었습니다. 이와 함께 미 공보원 서울지소 인천분소(1948. 2. 발족)에서는 피난민의 위생과 전쟁상황, 전시 국민 생활 수칙을 담은 '한국뉴스', '세계뉴스'를 제작하여 인천, 수원 등지에 배포하였습니다. 겉은 위생 관련 내용이지만 속은 중국과 북조선의 공산주의 바로 알기와 미국의 자유주의를 선전하는 심리전 내용이 들어 있었습니다(전갑생, 2020, 68). 또 8021부대는 인천지역에서 발간하는 신문도 통제하였습니다. 이때 간행을 하고 있던 신문사는 「인천신문」(1946 창간), 「인천일보」, 「인천신보」, 「경찰주보」, 「한국신보」 등이 있었습니다. 이러한 8021부대의 피난민 수용소 관리와 언론통제는 전후 반공교/반공자유주의 교육과 함께 분단이념을 고착시키는 데 나쁜 영향을 주게 됩니다. 피난민수용소는 강화 옹진에도 있었습니다. 강화/옹진의 피난민 수용소는 대부분 38선 근처에 거주하고 있던 연백, 개성, 옹진, 해주 사람들이었습니다. 강화에는 가평, 개성, 연백에서 피난 온 주민이 48,000명이 되었습니다(전갑생, 2020, 71).

VII. 평화도시 인천의 미래를 말한다

이 장에서는 강화 마니산에서 흘러나오는 평화 유전자를 어떻게 활용할 것인지, 평화도시 인천의 미래는 어떤 모습이어야 하는지에 대하여 말씀을 드리고자 합니다. 우리 땅(한/조선반도/만주)의 평화 유전자가 지금도 인천 강화 마니산에서 흘러나오고 있습니다. 여기서는 평화의 도시 인천의 미래는 어떤 모습이어야 하는가에 대하여 글쓴이 나름으로 이야기해 볼까 합니다. 여기서 말하는 인천의 미래모습은 우리 땅에서 자라나는 후손과 세계평화를 위하여 꼭 해결해야 할 숙제들이라고 생각합니다.

1) 반평화의 상징, 맥아더 동산을 철거함이 옳지 않겠는가[74]

인천상륙작전의 핵심적 인물로 맥아더가 부각 되는 것은 어쩔 수 없습니다. 그런데 문제는 한국인에게 있습니다. 맥아더의 모습을 흉내 내면서 자발적 노예임을 자처하는 사람들이 많았습니다. 양담배, 특히 파이프를 입에 물고 담배 피는 모습 그리고 밤색의 가죽 잠바를 입고 다니는 모습이 유행이었습니다. 이것이 그들에게는 멋이요 행복이었습니다. 그러나 이런 모방 행동은 그 자체가 어리석은 행복입니다. 이러한 어리석음 때문인지는 몰라도 6.25전쟁이 끝나고, 인천 응봉산공원에 맥아더 동상이 세워집니다. 여기서는 맥아더에 대한 긍정적 평가보다는 부정적인 면을 평가해 보기로 합니다. 1998년 인

---

74 이 글은 2005년 5월 25일에 처음 써서 김승국 주관, 「평화만들기」에 보냈던 글을 수정/보완한 것임.

하대학교 서규환 교수가 인천지역 청소년 1,170명을 대상으로 인천을 대표하는 역사 인물을 조사한 적이 있습니다. 이 결과, 맥아더는 20.3%, 비류(沸流)백제 시조는 4.3%로 인천과 관련된 역사 인물 중 맥아더가 1위를 차지하고 있습니다. 충격적입니다. 또 1964년 맥아더가 사망했을 때 반공/수골 언론지로 미국과 일본에 대한 자발적 노예임을 자랑으로 여기는 민족 반역지 「조선일보」는 '추도사설'을 내보냈습니다(1964년 4월 6일자). 또 전쟁과 자유와 평화에 대한 역사철학적 인식이 부족한 학자들은 "트루먼과 맥아더는 자유민주주의와 시장경제라는 대한민국의 핵심 가치를 지켜내는 데 크게 기여했다"라고 평가하였다.[75] 그리고 정규학교에서 '반공교육'을 받아온 60대 이후 한국의 거주민들은 6.25전쟁이 한창인 1951년 미국 대통령 트루먼이 맥아더의 주장대로 만주를 폭격했더라면 통일이 되었을 거라는 아쉬움을 품고 있습니다. 이러한 사실은 1996년 당시 대통령이었던 김영삼이 전방 부대를 방문한 자리에서 "맥아더가 트루먼에 의해 해임된 사건을 매우 애석해했다"는 사실에서도 입증됩니다. 이렇게 미국인 맥아더를 영웅으로 만든 것은 우리 스스로 역사를 왜곡시키고 민족의 정체성을 확신시키지 못한 결과입니다.

　인천 중구 응봉산(應鳳山)에 1888년 조성된 우리나라 최초의 서구식 공원이 있습니다. 응봉산공원입니다. 이를 당시 주민들은 이 공원을 외국인거류민단(居留民團)의 휴식 공간이라고 하여 만국공원(萬國公園)이라 불렀습니다. 그러다가 일제강점기인 1914년 외국인거류지가 철폐되고 공원관리권이 일제의 인천부(仁川府)로 이관되면서 일

---

75 김영호, "자유세계 지켜낸 트루먼과 맥아더," 「朝鮮日報」 "2010, 인물로 다시 보는 6·25, 2"(2010년 06월 22일자).

인들은 서공원(西公園)이라 불렀습니다. 이 만국공원에 전쟁 시대의 잔유물이요 동서 이념의 찌꺼기요 더러운 분단점령군의 상징물인 맥아더 동상이 북녘땅을 잡아먹을 듯이 노려보며 거만하게 서 있습니다. 전신 동상은 친일 화가이자 조각가인 김경승(金景承)이 제작하였습니다. 그 동상 제작 비문을 읽어보기로 합니다. 그 이유는 당시 정치적 권력을 가지고 있던 엘리트들의 의식 수준이 어느 정도인지를 알기 위해서입니다.

1950년 6월 25일 공산도배가 북으로부터 민국을 침입하였을 때 즉시 미국 정부는 한국 구원을 결정하고 맥아더 장군에게 공산 침략 항전에 참가한 모든 군대를 지휘하도록 명령하였다. 그의 탁월한 천재가 발휘된 것은 바로 이곳 인천에서였다. 그 호매한 식견으로 안출된 거의 기적적인 상륙작전을 1950년 9월 15일에 장군의 진두지휘 하에 결행하여 그 결과로 전세가 일전하여 자유의 승리와 민국의 구원을 가져왔으니 이것은 영원히 기념할 일이며 이것은 영원히 기념할 사람인 것이다. 그리하여 감격에 넘치는 우리 국민의 명의와 의연으로 각계각층 대표를 망라한 맥아더 장군 동상 건립위원회가 김경승 교수의 손에 의하여 빚어진 장군의 용자가 영겁을 통하여 이 거룩한 지역을 부감하도록 이 동상을 세운 것이다. 장군과 그 휘하 용감한 유엔군 장병들이 우리와 자유를 위하여 이곳에서 취한 행동을 우리는 영원히 잊지 못할 것이다. 그리고 공산주의의 유독한 침투에 대한 최후 투쟁에 승리를 거둘 때까지 전쟁에는 승리에 대신할 것은 없다라고 말한 분이 역시 장군이었다는 사실을 영원히 잊어서는 안 될 것이다.

이와 같이 맥아더 동상은 대한민국 정부가 '공산주의를 분쇄한 자유 수호자에 대한 감사하는 마음의 상징물'로 건립되었습니다. 그리고 1957년 10월 3일(개천절)부터 자유주의를 수호한 맥아더 동상이 있다는 의미에서 만국공원을 '자유공원'으로 개칭하였습니다(동상이 세워진 것은 인천상륙작전 기념일인 1957년 9월 15일입니다). 김경승은 또 한 잡지에다 기고한 "맥 장군 동상 건립여화"라는 일어투 제목으로 맥아더를 신격화하는 글을 다음과 같이 썼습니다.

> 적구(赤寇: 빨갱이라는 뜻)의 남침으로 위기일발에 처하였던 6.25사변 발발시에 간발을 주지 않는 신속한 출병과 과감무비한 9.15인천상륙작전으로 회천(回天)의 위업을 세운 다글라스 맥아더 장군은 우리 대한민국의 구국의 은인이며 자유인류의 수호자로서 흠앙(欽仰)하는 사조가 팽배하여 온 지 오랜 이때에 거족적인 행사로서 영세불망할 동상을 건립하여 인천상륙 7주년 기념일인 금년 9월 15일에 의미 있는 제막식을 거행함으로써 민족적 위신과 국제적 신의를 앙양하고자 하는 바이오니 유지제현(有志諸賢)의 찬동을 바라는 바이다(「신태양」, 1957년 12월호).[76]

21세기의 국제사회는 미국을 제외하고 반성과 화해의 시대, 협력과 통일의 시대를 열어가고 있습니다. 그렇다면 남북화해와 민족통일의 최대 걸림돌인 미국의 상징/전쟁의 상징/반평화의 상징인 맥아더 동상은 우리가 철거함이 옳지 않겠는가 하는 생각을 해 봅니다.

---

76 「신태양」 잡지는 6.25전쟁 중인 1952년 8월에 대구에서 무크지로 창간되었다가 1961년 6월 종간되었다.

이러던 차 맥아더 동상을 이 땅에 세운 세대 중에서 양심이 있는 '우리민족련방제통일추진회의'(약칭: 련방통추), '주한미군철수운동본부', '민족정기구현회', '사회개혁운동연합' 등 사회단체 소속 회원 20여 명이 2005년 5월 10일 노구(老軀)를 이끌고 만국공원에서 "온 민족이 맥아더 동상 철거에 떨쳐 나서자"고 촉구하며 노숙 농성을 한 적이 있습니다. 물론 경찰의 압제로 강제 해산이 되었지만. 팔순에 가까운 이들이 왜 맥아더 동상을 철거하자고 그 불편한 몸을 가지고 노숙 농성을 해야 했는지 생각해 봅시다. 맥아더 동상의 철거 당위성은 민족 사회 분단의 원인, 6.25국제이념전쟁의 원인, 맥아더의 인간 품성에서 찾아집니다.

맥아더는 그의 군사작전의 성공을 위하여 당시 우리 땅(남과 북) 전역에 함재기와 전투기를 이용하여 네이팜탄(소이탄)을 이용한 융단폭격과 무차별적 공격으로 죄 없는, 전쟁과 무관한 양민을 수없이 죽게 만든 장본인입니다. 또 우리를 얼마나 무시했으면 "우리 땅(Korea)을 원시시대로 만들어 버리겠다"는 망발을 지껄였을까요. 맥아더는 한국의 이념전쟁 기간 동안, 한국에 "입헌군주국을 부활시켜야 한다", "만주에 다량의 원자폭탄 투하(26곳)를 해야 한다"는 등 반역사적이고 반인륜적인 발언을 일삼고 그 실천을 위한 노력을 적극적으로 해왔던 사람입니다. 만약 맥아더의 주장대로 원자폭탄에 의한 만주 폭격이 진행되었다면 당시 상황으로 보아서 한반도의 통일은 고사하고 즉각 제3차 세계 대전으로 이어졌을 가능성이 더 컸습니다. 우리 땅/민족의 피해는 유사 이래 가장 컸을 것으로 봅니다. 이로 볼 때 맥아더는 분명 인도주의, 평화주의, 인간 평등사회와는 무관한 전쟁광이었습니다. 북진통일을 밤낮으로 부르짖던 이승만을 위시한 친미 사서 좋아했습니다. 맥아더를 짝사랑하던 이승만은 미제의 주구(走狗)가 되어 맥아더에게 '전시작전지휘권'을 넘겨줍니다(1950. 7. 14.). 이로써 한반도 대한민국이 주체적, 자주적 방위권/력을 상실케 하는 민족 반역적 과오를 저지르게 됩니다. 세계에서 전작권을 갖지 못하는 나라가 딱 한 나라입니다. "전작권 없이 안보를 운운할 수 있나. 전작권 없이 통일 대업을 달성할 수 있나. 국방 주권 없이 평화협정 운운할 수 있겠는지 생각해 볼 필요"가 있습니다(이만열, 2021).

　이승만의 반역적 행위로 인한 군사작전권의 상실은 이후, 한국을 군사·정치적으로 미국에의 자발적 식민지로 전락시켰습니다. 이 탓으로 남한에는 미국의 조종(操縱)에 의하여 반민주적, 반공적 군사독재정권의 연속적 등장을 보게 됩니다. 또 6.25전쟁 때 맥아더 지휘 하의 미군은 영동 황간의 '노근리양민대량학살사건'에서 보는 바와 같이 한반도에서 수십만 우리 양민을 학살하는 만행을 저질렀습니다. 뿐만 아니라, 맥아더는 우리 땅을 침략한 일왕을 전범재판에 회부하는 것을 몸으로 막은 장본인입니다. 또한 맥아더 군대는 빨치산을 소탕한다는 구실을 붙여 그들의 은신처(주로 사찰 등)일 것이라는 가상 아래 산속의 사찰 등지를 마구 폭격하여 우리 문화유산을 대량 파괴한 반달리스트입니다. 인천의 인명 피해와 물적 피해는 사실상 인천상륙작전과 함께 집중됩니다. 그전에는 그렇게 피해가 크지 않았습니다. 맥아더 군대는 북조선 인민군을 상대로 폭격을 가한 게 아닙니다. 인천의 민간인들을 상대로 지상 폭격과 공중폭격을 하였다고 해도 과언이 아닙니다. 인천의 사망자, 부상자, 행방불명자, 건물 파괴는 인천상륙작전 전후(1950. 9. 10.~1950. 9. 28.)에 모두 이루어집니다. 그리고 군사작전 때문에 할 수 없었다고는 하지만 인천의 인적·물적

그리고 군사작전 때문에 할 수 없었다고는 하지만 인천의 인적·물적 자산을 대량으로 파괴한 장본인이 됩니다. 이러한 전쟁광이자, 인천을 파괴한 장본인의 동상을 세워 기념하고 자유의 상징으로 여긴다는 것은 우스운 일입니다.

이상과 같은 내용을 가지고 인천 응봉산공원에 있는 맥아더 동상을 철거해야 하는 당위성에 대하여 생각해 보기로 합니다. 첫째, 우리 세대는 우리의 뒷세대가 정의롭고 평화로운 사회에서 살아가게 하기 위해 하나의 책무를 집니다. 왜곡된 역사 현실을 바로 잡는 일입니다. 따라서 우리 앞세대가 왜곡된 이념을 가지고 세운 맥아더 동상을 우리가 철거함이 마땅하다고 봅니다. 맥아더 동상을 철거하자 함은 민족분단을 종식시키고자 함입니다. 평화적 민족통일은 주체적으로 이루어져야 합니다. 주체적 민족통일을 위해서는 외세간섭의 상징이요, 왜곡된 역사 현실의 대표적 우상인 맥아더 동상을 철거함이 옳다고 봅니다.

둘째, 주체적인 민족통일을 위한 우리의 자세는 남북화해와 협력에 있습니다. 우리는 이제까지 어리석게도 미국의 반공이데올로기에 세뇌되어 같은 민족공동체가 두 쪽으로 갈라져서 서로가 다른 한쪽에 대하여 사실을 왜곡하고 혹독한 비난을 일삼아왔습니다. 이렇듯 분단점령의 상징물이요 동서 이념의 기념물이요 미군의 실질적인 한국 점령을 상징하는 낡은 우상(愚相)이 맥아더 동상입니다. 그래서 이 낡아빠진 우상을 후손이 아닌 우리 손으로 철거함이 옳다고 봅니다.

셋째, 지금을 살아가는 우리는 이 나라의 바른 역사와 올곧은 정체성을 세울 책무를 가지고 있습니다. 바른 역사를 세우기 위해서는 그동안 거짓 역사를 강요하고 남북화해의 훼방꾼으로 군림하였던 미국과 분단의 상징인 맥아더 동상을 우리 손으로 끌어내림이 옳다고 봅니다. 맥아더 동상을 계속 이대로 둔다면, 우리 스스로 한반도의 민족분단을 획책하고 고착화시킨 미국이 옳다고 보는 역사철학적 인식의 오류를 범하게 됩니다.

이런 자의 동상을 응봉산공원에 세워 그를 존경하도록 유도/강요하는 것은 잘못입니다. 또 자라나는 아이들에게 '훌륭한 인물이다. 한국을 공산주의로부터 지켜낸 인물'이다라고 사실을 왜곡하여 가르치는 것은 용서할 수 없는 잘못입니다. 역사를 왜곡하는 것은 반공 독재자 이승만, 총통 독재자 박정희77, 살인 독재자 전두환, 살인 방조자 노태우, 자연 파괴자 이명박, 국정 농단자 박근혜를 훌륭한 대통령이었다고 가르치는 것과 같습니다. 나라의 수치를 찬양으로 돌리는 것은 역사에 죄를 짓는 일입니다. 민족의 자존심에 생채기를 내는 일입니다. 인천 월미도, 영동 노근리, 함양 서주마을 산청 등 전국에서 학살당한 사자(死者)에 대한 명예훼손입니다. 학살당한 유족의 인격을 모독하는 일입니다. 이들이 어떻게 죽었는가 상상해 보세요. 살이 타는 냄새가 진동하고 피가 튀며 머리가 날아가고, 어머니가 배를 관통당하여 창자가 쏟아져 나오는 광경을 상상해 보세요. 이 짓을 누가 했는가. 그럼에도 "인천이 맥아더 동상을 인천 응봉산공원에 계속 세워두는 일은 나라의 수치이며, 민족의 창피이며, 후손들을 잘못 가게 하는 일입니다. 우리 세대는 과거 역사를 청산해야 하는 필연성, 미국으로부터 민족해방을 일궈내야 하는 숙명성, 민족통일의 시대를 열어가야 하는 당위성, 한국 국민의 인권 수호의 필요성, 우리 땅의 자

---

77 역대 대통령을 지낸 자들 중에서 감옥에 안 간 사람은 이승만과 박정희다. 이승만은 미국으로 쫓겨났고, 박정희는 격살당했기 때문이다.

주성, 우리 민족 미래의 평화를 생각해야 하는 당면 과제를 안고 있습니다. 이러한 필연성과 당면성 때문에 분단점령의 시대에 이념적 상징으로 남아 있는 맥아더 동상은 기필코 응봉산공원에서 철거함이 옳다고 봅니다.

　맥아더 동상이 철거되어야 하는 또 하나의 이유는 우리 땅의 분단을 고착시키는 '한미상호방위조약'(韓美相互防衛條約, 1953. 10. 1.)입니다. 이를 근거로 얼마나 많은 전쟁 무기(작전 비행기, 장갑차량, 총과 탄약, 핵무기 등)를 한국인의 세금으로 사들여야 하는지를 생각해 봅시다. 또 조약 4조를 근거로 미군기지(평택 등지와 제주 강정해군기지 등지) 제공이라는 명분으로 미군기지 주변에 거주하는 한국인들이 재산 보호권, 행복 추구권, 거주 이전의 자유권 등이 제한받고 있는지를 생각해 봅시다. 또한 부평 백마장의 미군기지 주둔 지역의 지하 오염 등은 우리 땅의 심각한 죽음을 뜻합니다. 이는 우리나라에는 주권 침해요, 우리나라 사람에게는 자유의 침해가 됩니다. 다른 나라에 의해 나라의 주권이 침해되고, 사람의 자유가 침해된다면 이것이 식민지가 아니고 무엇인지요. 이러한 미국식민지의 고착 작업은 맥아더에서 시작되고 있습니다. 이제 우리 땅을 청일/러일/6.25국제이념전쟁처럼 전쟁터를 빌려주는 일은 없어야 할 것으로 봅니다. 끝으로, 김남주 시인의 시에서 인용된 한 농부의 꾸짖는 말을 들으면서 마무리하지요.

　남의 나라 군대 끌어다 제 나라 형제 쳤는데 / 뭣이 신난다고 외국 장수 이름을 절에까지 붙이겠소 / 하기야 인천 가니까 맥아더 동상이 서 있더라만 / 남의 나라 장수 동상이 서 있는 나라는 우리나라밖에 없다더만.[78]

2) 자유공원을 세계평화공원으로, 평화박물관/전시관을 설치해야

인천에는 중구와 동구를 남북으로 가르는 구릉이 있습니다. 이 구릉지가 응봉산(鷹峯山: 메부리산, 69m)입니다. 이 산의 남서쪽은 바다를 향해 있습니다. 응봉산 일대가 공원으로 조성되어 있습니다. 인천 개항 후 5년 뒤에 조성된 우리 땅 최초의 서양식 공원입니다(1888. 11. 9.). 개항과 함께 매봉산 남쪽 인천항 주변은 일본 조계(租界)가, 매봉산의 서쪽 인천역 주변에는 청국 조계가, 매봉산의 북서쪽 송월동 주변에는 미국/영국/러시아/독일 등 각국 조계가 들어섭니다. 조계지라함은 인천/제물포 개항장에 외국인이 자유로운 통상을 위해 거주하는 땅을 말하며 이들 외국인은 치외법권을 가지고 있어서 조선/대한국 경찰력이 미치지 못하는 곳을 말합니다. 응봉산공원은 이 외국인들의 휴식 공간으로 조성되었습니다. 그래서 당시는 조계지에 거주하는 외국인들이 응봉산공원을 관리하였다 하여 만국(萬國)/각국공원(各國公園)이라 이름하였습니다. 만국공원은 우크라이나(Ukraine) 출신 러시아 토목기사로 러시아공사관을 설계/건축한 아파나시 세레딘 사바틴(Afanasy Ivanovich Seredin-Sabatin, 1860~ 1921)이 설계하였습니다. 만국공원은 우리나라 슬픈 역사와 궤를 같이하고 있습니다. 일제강점기가 되면서 일제는 우리나라 곳곳에 일본 정신/혼을 강제로 이식하기 위하여 그들의 토착신앙인 신사(神祠)를 세웠습니다. 인천도 신포역 근처이자 지금의 응봉산 서편에 있는 인천여자상업고등

---

78 이 시에서 말하는 절은 백제를 멸망시킨 중국 당(唐)의 장수 소정방(蘇定方)의 이름을 딴 제천의 정방사(淨芳寺/定方寺) 변산의 래소사(來蘇寺)를 말함. 남의 나라 동상은 이여송과 맥아더를 말함.

학교(1945. 4. 1. 개교) 자리에 신사를 세우고 이곳을 동공원(東公園)라 하고, 응봉산의 만국공원을 서공원(西公園)이라 이름하였습니다.

일제강점기 일제총독부는 1910년대 헌병경찰제도를 시행하여 우리 민족의 울분을 토하게 만듭니다. 이에 대한국인은 울분과 분노를 토로하는 민족기의를 일으켰습니다. 역사책에서 말하는 3.1민족기의입니다. 대한국인의 울분과 분노인 동시에 희망이었습니다. 지식인들과 종교인들이 희망을 만들기 위해 응봉산공원으로 모여들었다. 인천시민들이 독립선언문을 배포하고 시위대를 이루며 민족의 울분을 토해내는 가운데(1919. 3. 7, 8.) 이교헌(李敎憲)/윤이병(尹履炳)/윤용주(尹龍周)/최전구(崔銓九)/이용규(李容珪)/김규(金奎) 등이 감리교 목사였던 이규갑(李奎甲, 1887~1970)에게 임시정부 수립을 제안합니다. 이 결과 이규갑/홍면희(洪冕熹)/안상덕(安商悳) 등 13도 대표가 응봉산공원에 모여 임시정부 수립을 결의하게 됩니다. 한성임시정부의 결성입니다(1919. 4. 23.). 한성임시정부는 이후 상하이임시정부와 통합하게 됩니다. 응본산공원이 우리에게 주는 역사적 가치입니다. 그리고 세월이 흘러 미국의 농간에 의해 분단형 해방을 맞게 됩니다. 이에 서공원으로 불리던 이름이 다시 만국공원으로 이름이 바뀌게 됩니다.

남과 북이 서로 분단국가를 수립하고 이념전쟁을 벌입니다. 사회주의동맹 세력과 자본주의연합 세력의 이념적 폭력전쟁입니다. 이를 우리 역사에서 6.25전쟁/한국전쟁이라고 합니다. 북조선 인민군이 인천에 들어와 인민위원회를 엽니다. 그곳 중 하나가 응봉산공원이 됩니다. 또 이곳에 미국인 존스턴의 별장(인천각), 독일인의 세창양행 숙사(청광각) 등 양식 건물이 이곳에 있었으나 북조선 인민군이 들어와 소각해 버립니다. 또 반공자유주의 세력들이 사회주의 세력을 숙청하였던 곳 중의 하나도 이곳입니다. 인민군에게 낙동강 전선까지 밀려났던 미군 중심의 유엔군이 전세 만회를 위하여 인천상륙작전(1950. 9. 15.)을 전개하면서 미군이 점령한 곳도 응봉산 공원입니다. 그런 탓인지 정전협정(1953. 7. 27.)이 맺어진 후, 친미주의자들에 의하여 '자유의 은인/수호자'로 칭송되는 맥아더 동상이 세워지며 이름이 자유공원으로 바뀝니다(1957. 10. 3.). 이렇듯 응봉산공원은 인천역사의 슬픔을 가득 안고 있는 산이요 공원입니다. 이제 정의의 역사, 평화의 역사시대가 도래하고 있습니다. 이에 따라 반평화주의자였던 맥아더 동상은 철거해야 마땅하다고 봅니다. 그리고 공원 이름도 자유공원에서 세계평화공원으로 이름을 바꾸고, 이곳에 평화박물관/전시관을 설치하는 게 옳다고 봅니다. 그렇게 되면 자라나는 우리 아이들에게 평화 인식을 심어주는 공원이 될 것으로 봅니다. 자유라는 말은 자본주의사회에서 쓰면 자본의 자유, 자유시장경제를 뜻하는 말이 됩니다. 인간적 자유를 말하는 게 아닙니다. 자유는 시장경제의 자유가 아닌 인간의 절대 자유를 뜻해야 합니다. 따라서 응봉산공원은 특히 인천과 관련이 깊은 김구 선생의 동상이나, 이승만의 북진통일론에 맞서 평화통일론을 주장하다 끝내 권력에 의한 사법살인을 당한 조봉암의 동산을 제작하여 세우는 게 더 합리적이고 역사교육에도 큰 영향을 미칠 거라는 생각입니다.

3) 월미도에는 '6.25전쟁관'을 만들어 전쟁의 비참함을 경고해야

월미도는 6.25전쟁 때 우리 땅에서 아군에 의하여 가장 많은 피해

를 입은 지역입니다. 특히 미군의 네이팜탄에 입은 피해 현황은 상상하기도 어려울 정도입니다. 지금도 아군에 의해 입은 피해보상은커녕, 주민들의 귀향조차 허용이 안 되고 있습니다. 하여 이곳에 희희낙락하는 유희시설을 만들 게 아닙니다. '6.25전쟁관'을 만들어 아군에 의한 피해, 특히 인천상륙작전의 영향으로 미군의 네이팜탄과 국방군 해병의 함포사격으로 수많은 민간인의 피해가 있었음을 상기시켜야 합니다. 이와 더불어 피해를 입은 민간인에 대한 인적/물적 보상이 빨리 이루어져야 함은 말할 것도 없습니다. 특히 6.25전쟁관에는 아군(국방군과 미 공군)에게 입은 피해를 알리는 홍보물들을 수집/전시해야 합니다. 그래서 적군만 나쁜 게 아니라, 대한민국 아군도 나쁜 놈들이었다는 사실을 교육함으로써, 전쟁폭력이 어떤 것인지를 후대에 알려야 합니다. 그리고 최근에 인천지역 보훈청에서 피해를 입은 자의 넋을 기리기 위해 월미도에 위령비(慰靈碑)를 세운다고 합니다(「인천in」 2021년 8월 11일자). 그런데 보도에 의하면, 피해자의 넋만 기리지, 그들이 어떻게 피해를 입었는지는 내용은 들어가지 않는다고 합니다. 이는 속 빈 강정입니다. 빈 수레가 요란한 위령비가 될 뿐입니다. 누가 이들에게 피해를 주었는지를 반드시 기록해야 합니다. 그것이 위령(慰靈)입니다. 피해를 가한 자는 미군과 국방군 해병대입니다. 그리고 피해를 준 무기는 비양심적인/비인간적인 네이팜탄입니다.

4) 인천상륙기념탑 대신 월미도 앞바다에 해상평화공원을 설치해야

인천에는 이율배반적인 조형물로 동상과 기념탑이 있습니다. 이들 동상과 기념탑은 순전히 정치 논리로 제작 설치된 조형물입니다.

인도적/윤리적 차원에서 생각한다면 이들 동상과 기념탑을 반드시 철거되어야 합니다(철거한 조형물은 파괴하지 말고 다른 곳에 전시하여 역사의 잘못이 있었다는 것을 교육할 필요가 있습니다). 인천상륙작전에 대하여 앞 시간에 이야기했듯이 인천상륙작전은 우리보다는 미국의 군사적/정치적 순이익을 더 많이 가져다준 작전이었습니다. 그리고 일본에 경제특수를 안겨준 전쟁이었습니다. 엄밀히 따지면 이 작전으로 인천이 입은 피해는 숫자상으로 나타내기도 어렵습니다. 특히 월미도가 입은 피해는 말로 다 할 수가 없습니다. 따라서 월미도 앞바다에 해상 평화공원을 세워 인천상륙작전이 인천 월미도에 준 피해 상황과 다시는 인천에서 전쟁이 없어야 한다는 점 그리고 평화의 중요성을 교육할 수 있는 평화교육장으로 만들어야 한다고 봅니다.

5) 반환된 백마장 미군기지 안(공원)에 기지촌 여성들의 삶의 모습을 담은 전시관을 설치해야

부평 백마장의 미군기지(캠프마켓)는 일제강점기 일제의 무기공장이자, 군수기지였습니다(조병창(造兵廠): Arsenal Armory). 여기에서는 조병창에서 노역하는 노동자들을 위한 병원이 시설되어 있었습니다. 1945년 분단형 해방이 오고 다시 미군 점령군이 들어오면서 미군 보급기지(제빵공장)로 바뀌게 됩니다. 이 지역 백마장에 미군기지가 들어서면서 백마장 일대가 기지촌(基地村)이 됩니다. 기지촌은 필연적으로 집창촌(集娼村)을 수반하게 됩니다. 당시 대한민국 정부는 불법적으로 기지촌을 조성하고 운영하였습니다. 그리고 '애국 교육'이라는 미명 아래 미군을 상대로 한 성매매를 정당화했습니다. 의무/주기

적으로 성병에 걸린 여성을 강제 격리하여 치료도 해 준 사실에서도 이를 알 수 있습니다. 이는 당시 대한민국 정부가 미군 병사들을 위해 자발적인 성매매를 정책적으로 지원해 주었다는 증거가 됩니다. 당시 미국에 대하여 비굴했던 대한민국 정부는 미군 병사를 위한 포주(抱主) 노릇을 했습니다. 그것은 정부 공문서에 "외국군 상대 성매매에 있어서의 협조 당부", "주한미군을 고객으로 하는 접객업소의 서비스 개선" 등이 적혀 있었습니다. 그리고 공무원들은 기지촌 매춘부들을 "외화를 벌어들이는 애국자"로 치켜세웠습니다. 또 "다리를 꼬고 무릎을 세워 앉아라" 등의 직접 교육도 했습니다(서울고법 항소심 민사22부, 판결문, 2018. 2. 8.). 이는 국가가 포주 노릇을 하였다는 증거입니다. 한편 부평 백마장에는 일제강점기 일제가 지은 조병창 건물이 남아 있습니다. 따라서 이 건물은 역사 기록물로 남겨두어야 할 것으로 봅니다. 그리고 미군이 철수한 기지 안에 당시 기지촌 여성의 비참한 삶의 모습을 담은 기록관을 설치하여 전쟁의 비극과 미군이 한국 여성에게 성노예를 강요한 모습, 혼혈아의 삶의 모습, 양공주의 삶의 모습 그리고 포주 노릇을 한 대한민국 정부를 규탄하는 내용들을 역사 자료로 남겨두어야 한다고 봅니다.

6) 인천 자체적으로 '인천지역사' 교과서 제작해야

인천시와 인천시교육청이 주관하여 '인천지역사'를 편찬하여 인천지역 각급 학교의 필수 선택 과목으로 지정하여야 할 것으로 봅니다. '인천지역사'라는 교과서에는 인천의 역사 지리, 친일 인물, 일제의 만행, 6.25전쟁의 피해, 특히 인천상륙작전이 인천지역에 끼친 인적/물적 피해 등이 근현대사에 수록되도록 해야 합니다. 그리고 맥아더에 대한 부정적 평가도 담아야 한다고 봅니다. '인천지역사'는 행정과 정치 위주가 아닌 미래평화 지향적인 내용들을 주로 수록하여 인천의 평화 유전자와 미래평화를 선도하는 인천의 모습들이 실려야한다고 봅니다. 인천이 이제는 서울의 위성도시, 베드타운이라는 오명을 벗고 자주적/주체적/문화적/평화적 도시임을 드러내야 합니다. 그것은 '인천지역사'를 편찬하여 인천의 각급 학교에 공급하고 교육하는 일입니다. 인천에서는 세계의 평화 유전자가 흘러나오는 강화 마니산과 참성단이 있습니다. 그래서 인천은 평화의 상징이 되어야 합니다. 이를 후대 학생들에게 가르쳐야 합니다.

7) 제물포/신포동에 설치된 '개항장박물관'을 보완해야

현재 제물포 신포동 개항장 거리에 설치되어 있는 개항장박물관은 주로 서양에서 들어온 물건들만 화려하게 전시되어 있습니다. 이는 서양에 대한 정신적 노예를 심어 주는 역할만 할 뿐이지 민족의자부심을 심어 주는 데는 한계가 있습니다. 따라서 개항으로 인천이피해를 입은 사항들이 추가 보완되어 전시되어야 할 것으로 봅니다.개항은 긍적적 측면도 있었지만, 부정적 측면도 말할 수 없을 정도로많이 있었습니다. 하여 후대 사람들과 현재를 살아가는 사람들에게서양(유럽/미국)에 대한 자발적 노예 정신을 성찰하고, 개항이 어떤 피해를 주었는지도 보여 줄 필요가 있습니다. 개항의 영향/피해를 담은내용을 주제로 하는 내용들이 추가되어야 할 것으로 봅니다. 민족문화의 자존심, 인천 정신의 자긍심은 어디로 가고, 서양 우월주의가 판치는 '개항장박물관'인가 하는 생각을 해 볼 필요가 있습니다. 제물포를 통하여 하와이로 이민을 가게 되는 인천시민의 비참한 이야기도 '개항장박물관'에서 볼 수 있게 해야 합니다. 슬프고 비참한 우리 선조들의 이야기는 미래평화를 꿈꾸는 후손들에게 전쟁이 없는 밝은 세상을 만들어야 한다는 꿈을 실어줄 수가 있습니다.

8) 보도연맹원의 피해규명을 위한 '인천과거사진상규명위원회'를 설치하여야

평화통일로 가는 이 시대에 국가보안법의 반공 논리에 의하여 선량한 시민, 정의로운 생각, 평화주의자들이 빨갱이/좌빨친북주의자로 낙인이 찍혀 강제 연행되고, 고문을 통한 사건 조작과 함께 감옥에 가는 일은 없어야 할 것으로 봅니다. 아직도 연약한 학자/연구자들은 반공 논리가 두려워 인천지역의 보도연맹사건에 대한 연구를 거의 하지 않고 있는 실정입니다. 보도연맹원들은 동서 이념에 의하여 인권을 유린당하고, 사상의 자유를 박탈당하고, 인간 자체가 짐승처럼 취급당했습니다. 사상과 이념이 뭐길래, 정치이념에 의하여 인간의 생명이 한여름 개 목숨처럼 취급당해야 했는지를 우리는 성찰하고 피를 토하는 반성을 해야 합니다. 따라서 인천 나름의 '보도연맹원 피해진상규명위원회'를 설치할 것을 제안해 봅니다. 6.25전쟁으로 억울한 죽음을 당한 보도연맹원이 인천지역에서만 1,800명 정도가 된다고 합니다. 6.25전쟁이 입힌 피해의 한 단면으로써 보도연맹단원들이 입은 비참한 현상들을 조사하여야 할 것으로 봅니다. 하여 그들의 억울한 죽음에 대한 애도와 함께 그 후손들에게도 정신상 피해배상을 국가에 청구해야 한다고 봅니다. 그리고 인천에서도 그들, 또는 유족에 대한 보살핌도 있어야 할 것으로 봅니다. 우리 역사의 비극이 다시는 재발하지 않도록 하는 차원에서도 이러한 작업은 꼭 필요하다고 봅니다. 과거사 진상규명은 미래 역사를 밝게/정의롭게 발전시키려는 노력입니다. 과거사 진상규명은 정치 논리가 아닙니다. '인간됨'으로 가기 위한 우주와의 약속입니다.

9) '우리민족동질성연구위원회'를 설치해야

인천은 북조선과 상접한 지역입니다. 이제까지 반공적 독재 권력들이 그래왔던 것처럼 분단 고착 정책을 추종하지 말고 인천시는 나름대로 지역의 특수성을 살려 평화통일을 주체적으로 이끌 정책(프로그램)을 펴나가야 할 것으로 봅니다. 그 일환으로 인천시가 주도하여 '우리문화동질성연구위원회' 등을 설치하여 민족 동질성을 연구하고 발전시켜 나가야 한다고 봅니다. 그래서 이질화되어 가는 민족문화를 동질성으로 돌아가게 만들 때 인천이 미래 평화통일의 주역이 되지 않겠는가 하는 생각입니다. 지금 정치적으로 분단된 하나의 민족이 북은 공산주의적 민족으로, 남은 자본주의적 민족으로 이질화되어 가고 있습니다. 시간이 자꾸 가면 이질화의 폭이 더 깊어질 것으로 봅니다. 이질화가 심화되기 전에 민족 동질성을 찾아 인천이 먼저 주도적으로 북조선과 문화적/경제적 교류를 해 나가야 할 것으로 봅니다. 일단은 인천과 상접한 북조선지역은 황해도 옹진입니다. 옹진과 문화교류를 위한 도시 간 평화협정 또는 문화교류협정을 맺을 수 있도록 인천시가 행정적인 노력을 했으면 하는 바램을 가져 봅니다. 그리고 인천에는 옹진지역 출신들이 많습니다. 이들 옹진지역 출신들이 민간인 차원에서 북의 옹진주민들과 교류가 이루어질 수 있도록 인천시가 행정적으로 협조해 주었으면 하는 바램입니다.

10) 인천의 '식량 평화'를 위하여 인천지역 씨앗박물관/연구원을 만들어야

앞으로 인류는 지구환경의 오염과 생태계의 파괴로 식량 위기를 당하리라 봅니다. 식량 위기는 식량 전쟁의 위험도 안고 있습니다. 이러한 미래 식량안보를 위하여 '식량평화운동'을 인천이 앞장 서서 해야 한다는 생각입니다. 식량평화운동의 최종 목적은 토종씨앗박물관/연구원을 설치하여 인천지역뿐만 아니라 우리나라의 전통적인 동·식물 토종 씨앗들을 보전하는 일입니다. 세계 경제가 글로벌이라는 미명 아래 모든 음식물이 획일화되어 가면서 토종 씨앗들이 사라지고 있습니다. 토종 씨앗의 멸종은 미래 식량 위기를 가져오게 됩니다. 토종 씨앗의 보전 운동은 곧 식량 평화와 직결됩니다. 식량 평화를 위해 동·식물 토종 씨앗 보전을 위한 노력이 인천시 차원에서 필요하다고 봅니다. 인천지역의 동·식물 씨앗과 어류 종의 씨앗들을 보존하는 역할을 할 때 식량 평화는 오리라 봅니다. 미국의 식품회사들에 의한 음식물의 획일화(맥도날드 햄버거 등)는 미국식 범죄의 대유행을 가져올 수 있습니다. 음식은 인간 정서와 직결됩니다. 음식의 세계화는 정서의 획일화를 가져오게 됩니다. 하여 잘못된 음식의 획일화는 잘못된 정서의 획일화를 가져와 동일한 범죄의 세계화를 가져다줄 수 있습니다. 토종음식은 식량 평화의 바탕이 되고 식량 평화는 평화로운 인간 정서를 함양시켜 줍니다. 따라서 인천의 '토종씨앗 박물관'은 무엇보다 필요하다는 생각입니다.

11) 인천평화시민협의회 결성, 인천시민평화선언대회 매년 개최 했으면

평화 유전자를 품고 있는 인천이 앞장서야 할 일은 '7.27정전협정' 을 평화조약으로 전환하도록 노력하는 일입니다. 이 일을 위해서는 7월 27일을 '인천평화의 날'로 제정하여 인천시가 평화협정 체결을 위한 각종 행사를 개최해야 할 것으로 봅니다.

7월 27일에 '평화축제'를 여는 일입니다. 7.27일 전후를 기하여 학술발표, 인천 강화와 북조선 옹진주민과 만남, 인천시와 황해도가 합동으로 이산가족 찾기운동 전개, 전쟁 반대 선언과 평화시가행진 추진, 세계평화도시와 연대하여 평화도시의 시민들을 초청하여 인천시민과 대화를 추진하는 일 등이 필요하다고 봅니다. 현재 인천 시민단체들이 '인천평화도시만들기운동본부'를 결성하여 활동을 하고 있는 것으로 압니다. 이런 운동이 지속되도록 인천시민들이 다 함께 노력해야 할 것으로 봅니다.

나감 말

인천은 평화 도시입니다. 평화 유전자는 인천 마니산과 참성단에서 흘러나옵니다. 그래서 평화의 의미를 살펴보았습니다. 그 결과 우리 민족이 헛된 이념에 의하여 영토를 가르고, 민족이 갈라진 사실은 평화 사상과 거리가 멀다는 사실을 알게 됩니다. '민족 분단'의 시간이 길면 길수록 민족의 이질성도 더욱 깊어만 갑니다. 따라서 이질성이 심화되기 전에 먼저 평화 분위기를 만들어야 한다는 생각입니다. 평화 분위기는 평화통일로 가는 징검다리가 됩니다. 그럼에도 인천은 고려시대부터 현대에 이르기까지 나라의 중심 지역인 서울과 가까운 지점에 위치한 까닭으로 인후지지(咽喉之地)가 되어 군사적으로 전쟁의 피해 지역이 됩니다. 곧 서울 방어를 위한 외곽방어성 역할을 하는 데서 비롯됩니다. 결국 6.25전쟁 때도 서울 탈환을 위해 인천이 희생 지역이 됩니다. 그것이 인천상륙작전입니다. 우리는 인천상륙작전으로 북조선 인민군을 몰아내는 결정적인 역할을 하였고 이를 이끌어 낸 맥아더를 존경하는 인물로 가르치고 있습니다. 이러한 태도는 매우 위험한 인식이라는 전제를 깔고 이 글을 써 나갔습니다. 6.25전쟁에 대한 연구는 사회주의 세력권에서는 1980년대까지도 연구가 금지되어 있었습니다. 그러나 자본주의사회에서는 연구가 활발히 이루어지고 있었습니다. 그것은 6.25전쟁이 북조선 인민군의 침공으로 시작되었기 때문입니다. 이승만 반공 독재 권력이 이를 정치 선전에 적극 활용하기 위함이었습니다. 6.25전쟁을 한국전쟁으로 부르거나 민족상잔, 동란으로 이름하여서는 안 된다는 생각입니다. 그것은 전쟁터는 분단 조국, 우리 땅에서 일어난 싸움이었지만, 강대국의 동서 냉전의 실험장소로 우리 땅이 비극의 전쟁터가 되었기 때문입니다. 이 글을 마치면서 6.25전쟁에 대하여 다시 요약해 봅니다. 너무나 슬픈 우리의 현실입니다.

6.25전쟁의 동기는 일제의 36년간 식민지화라는 모순에 있습니

다. 그리고 여기에 동아시아에서 일본을 자본주의 시장화와 사회주의 세력에 대한 방어선으로 삼기 위하여 우리나라를 희생시킨 분단 해방에서 찾을 수 있습니다. 그리고 6.25전쟁의 배경은 대내적으로 분단국가들의 정통성 문제의 제기와 북의 국토완정론과 남의 승공북진론의 대립이 빚은 잦은 충돌에 있었습니다. 그리고 대외적으로는 미국의 음모와 함정에 있었습니다. 미국의 국가전략상 우선순위는 일본이고 대한민국은 차순위였습니다. 그래서 미국은 일본을 자국의 자본시장으로 유지시키려는 전략을 가지게 됩니다. 여기에 제2차 세계 대전 중에 미국이 저지른 죄악(핵폭탄의 투하)에 대한 보상을 위해서라도 일본경제를 조속히 부흥시킬 필요성을 가지게 됩니다. 일본의 빠른 경제부흥을 위한 군수산업의 성장이 필요했습니다. 일본의 군수산업 발전을 위해서는 일본 주변에서 전쟁이 일어나야 했습니다. 미국이 찾은 전쟁터가 동서 이념을 대신 뒤집어쓰고 서로 티격태격 하던 우리 땅이었습니다. 전쟁을 하려면 빌미를 만들어야 합니다. 그 것이 미국이 대한민국에 대한 방어 의무가 없다는 것, 자유주의 방어선은 일본으로 족하다는 뉘앙스를 사회주의동맹 세력에게 풍겨 주는 일이었습니다. 이에 미국 본토의 미합동참모부가 동아시아 전략에 대하여 다음과 같이 결정합니다. 1) 일본-류큐(오키나와)-필리핀 방어선 확보, 2) 대만, 인도차이나 말레이시아 공산주의 확산 방지, 3) 소련과 전면전 회피, 4) 한반도에서 불리하면 한국망명정부 유지/지원, 5) 일본의 안전보장을 위하여 미군을 한국에서 일본으로 이동한 다는 국가전략을 세우게 됩니다. 이와 같이 일본의 안전이 우선이었고 한국은 차순위였습니다. 이러한 미국의 국가전략은 사회주의연맹 세력에게 호기를 만들어 줍니다. 특히 소련도 이즈음에 핵무기를 개발하여 미국과 대등한 세력을 유지하고 있었습니다. 따라서 미국이 어떤 새로운 첨단무기를 들고나오는지가 궁금했습니다. 전쟁은 상대 방보다 우수한 무기를 가지고 나오는 쪽이 반드시 이깁니다. 소련은 미국의 신무기를 보고 싶었고, 중국은 공산주의 경제질서를 수립하는 과정에서 코앞에 자본주의 경제체제가 들어서서는 안 되었습니다. 하여 사회주의동맹의 두 강대국은 자국의 이기적 목적 때문에 북조선의 '조국해방전쟁'을 부추기게 됩니다.

이러한 동기와 배경을 가지고 6.25전쟁은 터지게 됩니다. 전쟁의 원인은 사회주의동맹 세력의 최일선에 있던 북조선이 소련의 무기(전차와 비행기)로 무장하고 선전포고 없이 무방비(미국은 침공 사실을 알고 있었던 것으로 보인다) 상태에 있던 대한민국을 침공합니다. 이것이 전쟁의 원인입니다. 처음에는 민족 내부의 전쟁인 것처럼 보였지만, 아닙니다. 자본주의연합 세력들은 유엔군이라는 이름으로 우리 땅으로 들어왔고 사회주의동맹 세력들은 인민해방군이라는 이름으로 우리 땅에 들어와 서로 싸움판을 벌었습니다. 그래서 6.25전쟁은 그냥 전쟁이 아닙니다. 민족 내부의 싸움이 아닙니다. 국제적 이념전쟁이었습니다. 그래서 글쓴이는 이를 6.25국제이념전쟁으로 명칭하는 게 맞다고 봅니다. 전쟁은 군인 수가 문제가 아닙니다. 우수한 첨단무기를 누가 가졌느냐에 달렸습니다. 미군이 공중에서 내리쏟는 대량 살상 무기인 소이탄(네이팜탄)이 우수한 첨단무기에 속합니다. 제2차 세계 대전 중 미 공군이 일제 군인에게 쏟아부었던 그 가공할 폭탄이었습니다. 소련과 중국은 이를 미처 개발하지 못하고 있었습니다. 결국 첨단무기인 소이탄이 엄청난 인명 살상과 삶의 터전의 파괴를 가져왔습니다. 이념전쟁이 터지고 나서 사회주의 동맹 세력은 미국의 음모와 함정을 뒤늦게 깨닫습니다. 승산 없는 전쟁이었습니다. 자칫 전쟁을 더 오래 끌다가는 제3차 세계 대전이 일어나 사회주의 세력이 지구상에서 어찌 될지 모른다는 입장을 갖게 됩니다. 하여 미국이 제안하는 완충지대 고착화에 동의하면서 승산 없는 전쟁에 종지부를 찍습니다. 정전협정(停戰協定)입니다. 김일성은 엄청난 손해를 보았고, 한국과 미국은 비긴 전쟁이 되었습니다. 이렇게 보았을 때 6.25전쟁은 자본주의연합 세력(유엔군+국방군) 대 사회주의동맹 세력(인민군+중국인민해방군+소련 공군)의 국제이념전쟁이 됩니다. 미국의 계산대로 6.25전쟁은 일본에 '조선특수'(朝鮮特需)를 누리게 됩니다. 6.25전쟁으로 우리 민족은 '세계 유일'이라는 특징이 많이 붙는 나라가 되었습니다. 정전상태를 70년 이상 유지하고 있는 세계 유일의 나라입니다. 같은 민족이 이념적 민족주의로 이질화되는 세계 유일의 민족입니다. 그리고 미국에 대한 자발적 노예국으로 남은 세계 유일입니다. 전쟁의 시대, 폭력의 시대가 지났음에도 미군이 계속 한국에 주둔하고 있는 것은 한국의 수골 권력들의 비굴한 간청 때문입니다. 이것도 세계 유일입니다.

　6.25전쟁과 인천에 관련해서 보았을 때, 당시 우리 땅 전역이 마찬가지였지만, 보도연맹사건으로 양민이 국방군과 경찰에 의하여 엄청난 학살을 당하였습니다. '과거사진상규명위원회'에서도 조사하였지만, 아직도 정확하고 완전한 규명이 없을뿐더러 그에 대한 보상조차 이루어지지 않고 있습니다. 보도연맹원들은 민족비극의 맨 앞에서 희생당했습니다. 동서 이념의 희생자들입니다. 이를 앞장서서 주도했던 이승만은 부관참시해도 시원치 않을 일입니다. 그리고 인천상륙작전을 우리가 지금처럼 미화하고 기념탑을 만들고 은인으로 칭송

하는 것은 분단이념을 옹호하는 일입니다. 수많은 양민학살을 긍정하는 일이 됩니다. 분단 종식의 필연성, 민족의 자존심. 통일 민족의 미래를 위해서도 맥아더 동상은 철거하는 게 맞다고 봅니다. 대한민국의 국가주의 논리에서 맥아더 동상을 유지하려는 생각은 민족통일의 미래성을 저버리는 일입니다. 또 인천지역의 포로수용소 문제도 연구해야 할 문제입니다. 포로수용소는 어떻게 운영되었으며, 그곳에서 인간적 대우/인권은 보장되고 있었는지, 포로 중에 이념의 갈등은 어떻게 표출되었는지 등도 연구되어야 할 문제라고 봅니다. 한 가지 더 부연하고 싶은 것은 백선엽이라는 친일 인물에 대한 구체적인 연구도 필요하다고 봅니다. 백선엽은 만주군관학교를 졸업하고 일제의 만주국 장교 생활을 한 사람입니다. 만주국 장교를 하면서 일제가 설립한 간도특설대에서 항일무장 세력/민족해방 세력을 공격/체포하는 활동을 하였습니다. 그리고 분단형 해방 이후, 미군 측에 가담하여 미군정청 조선경비대 정보국에서 근무하였습니다. 곧 친일에서 친미파로 변신한 사람입니다. 그리고 6.25전쟁이 일자. 제1사단장에 올라 6.25전쟁에 종사한 사람입니다. 이외에도 6.25전쟁과 관련하여 인천이 입은 피해 등에 대하여 많은 연구가 필요하다는 생각입니다. 그리고 인천지역의 유격대/유격부대, 학도의용군 문제도 전투적인 면보다는 분단상황에 맞추어 그들이 왜 비정규 전투 요원이 되었는지, 그들의 사상적 측면에서 다루어져야 할 것으로 봅니다.

이제 더 이상 우리 영토 우리 한/조선민족의 동질성이 이질화되어 가는 시간을 줄여야 한다는 생각입니다. 하여 우리 땅에 평화 에너지를 뿜어내고 있는 강화의 마니산과 참성단의 평화 유전자를 가지고 평화통일사상을 계승해 갔으면 하는 생각입니다. 평화라는 입장에서 보면, 이제까지 인천은 외세에 의한 전쟁의 소용돌이에서 헤어 나오지 못하고 있는 도시였다는 생각입니다. 아직도 인천의 응봉산공원에서 폭력전쟁의 기운을 내뿜고 있는 맥아더 동상이 있습니다. 그의 전쟁 기운을 막고 있는 것은 강화의 평화 에너지라고 생각합니다. 우리는 왜 이 시대에 정치적으로 뛰어난 인재가 없어서 '적폐 청산'을 '복수'라고 억지를 쓰고, 또 적폐 청산을 '적폐 재생산'으로 몰고 가는 치사하고 더러운 정치꾼들만 우글거리는 사회가 되었는지를 알 것 같습니다. 이승만과 박정희, 전두환과 노태우, 이명박, 박근혜 등 반공 독재와 국가지상주의 권력자들에 의하여 많은 인재가 죽어 나갔기 때문으로 봅니다. 오늘날 우리나라 정치마당의 지저분한 정치꾼들의 반공 쓰레기, 반사회적 감정 쓰레기들을 인천 마니산의 평화 유전자로 정화시켜 나가야 할 것으로 봅니다. 인천은 평화 유전자를 간직하고 있는 땅입니다. 그래서 인천을 '평화특별자치시'(平和特別自治市)로 만들어야 한다는 제안을 해 봅니다.

참고자료

『한국전쟁시 인천에서의 자위적 구국활동을 추념하며』. 인천사연구소 제9회 학술세
　　　미나 자료집(2012. 1. 29).

江華郡 郡史編纂委員會 編. 『(新編)江華史』 1-2. 강화군 편찬위원회, 2003.

『高麗史/地理志』. 延禧大學校 東方學硏究所, 1955.

『世宗實錄/地理志』. 國史編纂委員會, 1986.

『宣祖實錄-수정본』 권26.

『東史綱目』 附卷下, "地理考." 활자영인본, 景仁文化社, 1970.

『新增東國輿地勝覽』: 『국역신증동국여지승람』 2. 민족문화추진회, 1967.

權近. 『陽村集』 권29. 영인본, 민음고, 1967.

林薰 역. 『大韓民族史 桓檀古記』. 배달문화원, 1985.

「경향신문」. "秘錄 韓國外交 28: 政府樹立 직후 ⑩." 1975년 3월 17일자.

_____. "戰後史의 軌跡 29: 애치슨 라인선언." 1986년 1월 4일자.

「東亞日報」 1945년 12월 27일, 1면.

「조선일보」 1964. 4. 6일자 사설.

_____. "2010, 인물로 다시 보는 6.25, 2." 2010년 6월 22일자.

中央日報. 『민족의 증언』 5. 중앙일보사, 1983.

"한국과 미국의 관계 [서설]." 『글로벌 세계대백과사전』. 범한, 2004.

「신태양」 1957년 12월호.

『仁川市史』 (上). 인천직할시시사편찬위원회, 1993.

『인천광역시사/인천의 발자취』 2. 인천광역시사편차위원회, 2002.

『인천학생 6.25참전사』 II. 인천학생 6.25참전사 편찬위원회, 2007.

국가유공자에 관한 법률. 국가보훈처법령, 법률 제3742호, 1984.8.2.

『분단시대와 한국사회』. 까치, 1985.

『진실화해위원회를위한과거사정리위원회 조사보고서』. 2008.

『한국전쟁사』. 국방부전사편찬위원회, 1967.

『한국전쟁사』 3. 국방부전사편찬위원회, 1970.

『조선전사』 26. 북 사회과학백과사전출판사, 1981.

『조선통사』 하. 북 사회과학원 역사연구소, 1988.

중앙일보. 『민족의 증언』 5. 중앙일보사, 1983; e영상 역사관, 1987.

『1948년조선연감』. 조선통신사, 1949.

『해방전후사의 인식』 4. 한길사, 1990.

『인천상륙작전』. 국방부전사편찬위원회, 1988.

『6.25전쟁시기 유엔군 참전과 기억』. 2018 한국정치외교사학회/한국전쟁학회 공동
　　학술회의 자료집.

『한국전쟁과 인천, 민간인학살의 아픔』. 3.1운동 100주년기념 제4차 인천역사포럼
　　자료집. 국가보훈처, 2019. 7.

『한국동란/일년지~삼년지』. 국방부정훈국전사편찬위원회, 1951.~1954.

『6.25사변육군전사』. 육군본부, 1952.

『의병항쟁사』. 제2군사령부, 1980.

『조선통사』하. 북한 사회과학원역사연구소, 1988.

국가보훈처법령. 국가유공자에 관한 법률. 법률 제3742호, 1984.8.2.

국토통일원 남북대화사무국. 『6·25전쟁 문헌해제』. 국토통일원, 1981.

한국전쟁연구소 편. 『한국전쟁/6·25 관계자료문헌집』. 갑자문화사, 1985.

공군본부. 『UN空軍史』. 공군본부 작전참모부, 1985.

_____. 『空軍史』. 공군본부 정훈감실, 1962.

병무청. 『병무행정사』상. 1985.

육군본부. 『공산도당의 적화유격전술』. 1965.

_____. 『한국전쟁시 학도의용군』. 1994.

_____. 『6.25사변사』. 육군본부 정훈감실, 1959.

_____. 『한국전쟁시 학도의용군』. 육군본부 정훈감실, 1994.

『한국민중사』II. 풀빛, 1896.

『대한민국사자료집/이승만관계서한자료집 2(1949-1950)』. 국사편찬위원회 한국사
　　데이터베이스.

강옥엽·강덕우. 『문답으로 엮은 인천 역사』. 미소, 2018.

강경표·남궁승필·임계환. 『한권으로 읽는 6.25전쟁사』. 진영사, 2012.

건국청년운동협의회 편. 『대한민국건국청년운동사』. 건국청년운동협의회총본부,
　　1989.

고려대학교 공산권연구실 편. 『북한공산화과정연구』. 고려대학교 아세아문제연구
　　소, 1972.

김기진. 『한국전쟁과 집단학살』. 푸른역사, 2006.

김남식. 『실록남로당』. 신현실사, 1975.

김대식. 『함석헌의 평화론』. 모시는사람들, 2018.

김동춘. 『전쟁과 사회/우리에게 한국전쟁은 무엇이었나?』돌베개, 2000.

_____. 『이것은 기억과의 전쟁이다. 한국전쟁과 학살, 그 진실을 찾아서』. 사계절,

2013.

_____. "6.25 한국전쟁 70년, 평화체제의 모색." 『한국전쟁, 냉전체제의 형성과 평화 체제의 모색』. 민주화운동기념사업회, 한국전쟁70주년 기념학술대회 자료 집, 2020.

김명섭. 『전쟁과 평화』. 서강대학교출판부, 2015.

김상원 외. 『휴전회담 개막과 고지쟁탈전』. 국방부군사편찬연구소, 2012.

김양명. 『한국전쟁사』. 일신사, 1981.

김영호. 『한국전쟁의 기원과 전개과정』. 두레, 1988.

김용섭. 『학도는 이렇게 싸웠다』. 양우사, 1969.

김위현. 『東農 金嘉鎭傳』. 학민사, 2009.

김점곤. 『한국전쟁과 노동당전략』. 박영사, 1973.

김태우. "한국전쟁기 미공군의 공중폭격에 관한 연구." 서울대학교대학원 박사학위 논문, 2008.

김창순. 『북한십오년사』. 지문각, 1961.

김학준·진덕규외. "한국전쟁의 기원에 대하여." 『1950년대의 인식』. 한길사, 1981.

_____. "6.25연구의 국제적 동향/6.25연구에 대한 문헌사적 고찰." 『현대사를 어떻 게 볼 것인가』 II. 동아일보사, 1988.

김행선. 『해방정국 청년운동사』. 선인, 2004.

김홍철. 『전쟁과 평화의 연구-현대전쟁유형의 이론과 실재』. 박영사, 1993.

나종남. "6.25전쟁시 학도의용군 연구." 국방부군사편찬연구소, 『2011년도 6.25전쟁 사 학술회의 발표집』, 2011.10.4.

남상선·김만규. 『6.25와 학도병』. 혜선문화사, 1974.

남시욱, 『6·25전쟁과 미국』(청미디어, 2015.)

Dean Rusk. As I Saw It(내가 본대로). 정영주·정순주 공역. 『냉전의 비망록』. 시공사, 1991.

라종일. "북한통치의 반성: 1950년 가을." 『탈냉전 시대 한국전쟁의 재조명』. 백산서 당, 2000.

_____. 『한국동란시의 영·미관계』. Cambridge University, 1971.

맨슨, 케이글/신형식 역. 『한국전쟁해전사』. 21세기 군사연구소, 2003.

문봉제. "남기고 싶은 이야기들/서북청년회," 1~40. 『중앙일보』 1972. 12. 21~1973. 2. 9.

미해외참전용사협회/박동찬·이주영. 『그들이 본 한국전쟁: 미군과 유엔군, 1945~1950』. 눈빛출판사, 2005.

박동찬. "한국전쟁시 인천부근 유격대의 조직과 활동." 인천사연구소. 『인천사연구소

제9회 학술세미나 자료집』. 2012.

박명림.『한국 1950: 전쟁과 평화』. 나남, 2002.

_____.『한국전쟁의 발발과 기원』. 나남, 1996.

_____. "해방, 분단, 한국전쟁의 총체적 인식."『解放前後史의 認識』. 한길사, 1989.

_____. "한국전쟁사의 쟁점."『解放前後史의 認識』. 한길사, 1989.

박태균.『한국전쟁-끝나지 않은 전쟁, 끝나야 할 전쟁』. 책과함께, 2005.

백선엽.『군과 나. 6·25 한국전쟁 회고록』. 시대정신, 2009.

북한연구소 편. "대한정의단의 반공투쟁."『북한민주통일운동사』. 북한연구소, 1990.

서영대·윤이흠 등.『강화도 참성단과 개천대제』. 경인문화사, 2009.

서용선 등.『한국전쟁연구/점령정책, 노무운용, 동원』. 국방군사연구소, 1995.

鮮于基聖.『韓國青年運動史』. 錦文社, 1973.

서중석.『한국현대민족운동연구』. 역사비평사, 1991.

소진철. "한국전쟁, 국제공산주의자들의 음모." 김철범 엮음.『한국전쟁, 강대국 정치와 남북한 갈등』. 평민사, 1989.

소현숙. "전쟁고아들이 겪은 전후-1950년대 전쟁고아 실태와 사회적 대책."「한국근현대사연구」84 (한국근현대사학회, 2018).

손규석·조성훈·김상원.『6·25전쟁과 UN군』. 국방부군사편찬연구소, 2015.

손승휘.『맥아더와 인천상륙작전』. 형설아이, 2016.

스톡, 윌리엄/서은경 역.『한국전쟁과 미국외교정책』. 자유기업원 나남출판, 2005.

沈志華/金東吉.『조선전쟁의 재탐구 -중국·소련·조선의 갈등』. 선인, 2014.

양동안. "한반도 분단의 정확한 원인 규명."「정신문화연구」제30권 제4호(2007).

양영조.『6·25전쟁과 학도의용군의 역할』. 국가보훈처, 2021.

왓슨, 슈나벨.『미국합동참모본부사』III. (한국전쟁 상/하, 1990, 국사편찬위원회 한국사데이타베이스, 한국사연구휘보 제73호)

유완식/김태서.『북한 30년사』. 현대경제일보사, 1985.

윤정란.『한국전쟁과 기독교』. 한울아카데미, 2015.

이경남.『분단시대의 청년운동』. 삼성문화개발, 1989.

이기훈.『전쟁으로 보는 한국사』. 지성사, 1997.

이대근. "6·25사변의 국민경제적 귀결."「한국경제」10 (성균관대학교 한국산업연구소, 1982.)

이만열.『역사의 길, 현실의 길』. 푸른역사, 2021.

이상호.『맥아더와 한국전쟁: 1945~1951』. 한국학중앙연구원 학국학대학원 박사학위논문, 2007.

_____.『인천상륙작전과 맥아더』. 백년동안, 2015.

이성진. "한국전쟁직후 인천 보도연맹원 집단학살 진상." 「인천뉴스」, 2018.10.29.

이중근.『6.25전쟁 1129일』. 우정문고, 2014.

이활웅. "6.25 전쟁의 참뜻." 「통일뉴스」 2013. 6. 25.

이효재.『분단시대의 사회학』. 이화여자대학교출판문화원, 2021.

인천학생6.25참전자편찬위원회.『인천학생6.25참전사』1~3, 2007, 2008, 2010.

林炳稷.『林炳稷回顧錄: 近代 韓國外交의 裏面史』. 女苑社, 1964.

전갑생.『인천과 한국전쟁 이야기』. 글누림, 2020.

정길현.『미국의 6.25전쟁사』. 북코리아, 2015.

조상근.『FOG OF WAR: 인천상륙작전 VS 중공군』. 집문당, 2010.

조성훈.『한국전쟁의 유격전사』. 국방부군사편찬연구소, 2003.

조성훈.『한국전쟁과 포로』. 선인, 2010.

趙承福.『分斷의 恨』. 케리그마, 2004

조형·박명선·변형윤 외. "북한출신 월남인의 정착과정을 통해서 본 남북한 사회구조
　　의 비교."『분단시대와 한국사회』. 까치, 1985.

趙孝源. "38線은 누가 劃定?" 孫世一 編.『韓國論爭史』III. 靑藍文化史, 1980.

주치호.『인천상륙작전의 祕史』. 오랜지연필, 2016.

최석.『한국통일문제에 대한 모색/한국통일문제에 대한 공산진영의 전략과 전술』.
　　신문화사, 1968.

커밍스, 브루스/조행복 역.『브루스 커밍스의 한국전쟁: The Korean War』. 현실문화,
　　2017.

페렌바크, T.R./최필영·윤상용 역.『이런 전쟁』. 플래닛미디어, 2019.

한모니까. "한국전쟁기 미국의 북한 점령정책과 통치권 문제." 「역사와 현실」 78권.

金三奎.『今日の朝鮮』. 河出書房, 1956.

民族問題研究會編『朝鮮戰爭史: 現代史의 再發掘』. コソア評論社, 1967.

神谷不二.『朝鮮戰爭: 美中對決의 原形』. 中央公論社, 1967.

信夫淸三郎.『朝鮮戰爭의 勃發』. 福村出版社, 1969.

日本外務省.『朝鮮戰爭의 經緯』. 1951. 국가편찬위원회 한국사데이타비이스.

胡海波.『朝鮮战争备忘录 1950~1953』. 黃河出版社, 2009.

미국 국립문서기록관리청(NARA). 기밀문서 27RG338. 국가편찬위원회 한국사데이
　　타비이스.

행정안전부과거사관련업무지원단. "서울·인천지역 군경에 의한 민간인 희생 사건."
　　2010. 06. 14일자.pdf [2284785 byte]. 국사편찬위원회 한국사데이터베이스.

인천, 분단과 전쟁에서 통일과 평화로

이재봉

    인천은 분단과 전쟁의 상처를 가장 크게 안고 있는 도시다. 첫째, 1945년 8월 일본이 항복 의사를 드러내자, 미국은 소련에 38선을 따라 한반도를 남북으로 분단하자고 제안했다. 38선 이남이 이북보다 면적은 작았어도 서울과 인천항 등을 포함하고 있었기에 가치가 있다고 생각한 것이다. 둘째, 1945년 9월 미군이 남한을 점령하기 위해 가장 먼저 발을 디딘 곳이 인천항이다. 미군을 환영하기 위해 모여든 한국인들이 일본군 헌병 총에 맞아 죽은 곳도 인천항이다. 셋째, 1950년 6월 북한군이 6.25전쟁을 시작한 곳이 인천시 옹진군이다. 넷째, 1950년 9월 유엔군과 남한군이 서울을 수복하기 위해 북한군에 대한 대대적 반격을 시작한 곳이 인천항이다. 이른바 매카써 (Douglas MacArthur)의 인천상륙작전을 통해서다. 다섯째, 1953년 8월

---

* 원광대학교 정치외교학, 평화학 명예교수

미국이 일방적으로 북방한계선(NLL)을 그은 뒤, 1999년 6월부터 2009년 9월까지 세 번의 서해교전이 일어난 곳이 연평도와 대청도 등 인천시 옹진군이며, 2010년 3월 천안함이 침몰되는 비극적 사건이 일어난 곳 역시 인천시 옹진군 백령도다.

그러기에 인천은 당연히 통일과 평화로 나아가는 길목에 놓여 있기도 하다. 첫째, 2007년 10월 노무현-김정일 남북정상회담을 통해 인천시 옹진군 서해5도를 포함하는 서해 분쟁지역에서 무력 충돌을 방지하기 위해 남북 어부들의 공동어로구역과 평화수역을 설정하자고 합의했다. '서해평화협력 특별지대' 구상이다. 둘째, 2018년 4월 문재인-김정은 남북정상회담에서도 서해 북방한계선 일대를 평화수역으로 만들어 우발적인 군사적 충돌을 방지하기 위한 실제적인 대책을 세워 나가기로 합의했다. 합의사항과 별도로 문재인 대통령은 김정은 국무위원장에게 해주-개성-인천을 잇는 '해주경제특구' 개발 구상안을 전달한 것으로 알려졌다.

이런 사실을 깨달으며 분단과 전쟁 그리고 북방한계선과 서해교전에 관해 더 깊이 알아보자.

I. 3.8선과 한반도 분단

인터넷에서 '분단의 원흉'을 검색해 보면 이승만, 김일성, 미국, 소련, 일본, 중국 등이 떠오른다. '원흉'(元兇)이란 '못된 짓을 한 사람들의 우두머리'라는 뜻이니, 당시 남북한 지도자와 주변 4강대국 모두 악역을 담당하거나 주도했다는 말이다. 대체로 진보 쪽에서는 미국과 이승만이 분단을 이끌었다고 서술하는 한편, 보수 쪽에서는 소련과 김일성이 분단에 큰 책임이 있다고 주장하는 듯하다. 역사를 인식하거나 해석하는 시각에 큰 차이가 있다는 사실을 보여준다. 한국사든 세계사든 역사는 승자나 강자에 의해 써지고 고쳐지며 퍼지게 되기에, 정권이 바뀔 때마다 '역사 고쳐 쓰기'나 '역사 재해석' 또는 '역사 바로 세우기' 운동이 벌어지는 배경이기도 하다.

분단의 시기와 관련해서도 혼란이 빚어진다. 1945년 8월이라고 말하는 사람들이 많지만 1953년 7월이라고 생각하는 사람들도 적지 않다. 1945년 8월 확정된 38선을 따라 처음으로 국토가 분단되었는데, 1953년 7월 그어진 휴전선이 현재 남북한의 국경선으로 되어 버렸기 때문이다.

분단의 원흉이나 시기에 대해 이견과 혼란이 생기는 데는 크게 세 가지 이유가 있는 것 같다. 분단에 대한 각자의 정의가 다르고, 역사에 대한 진보주의자와 보수주의자의 시각과 가치관에 큰 차이가 있으며, 의도적으로 역사를 왜곡하는 사람들이 적지 않다는 점이다. 이 가운데 의도적 역사 왜곡은 천벌을 받을 짓이다. 분단이 6.25 전쟁에 의해 이루어졌다고 오해하는 사람들은 분단의 원흉이 김일성이나 소련 또는 중국이라고 주장하는 게 당연하다. 그러나 해방과 동시에 분단이 이루어졌다거나 분단이 1945년 38선에 의해 이루어졌다고 하면서, 또는 2014년이 분단 69주년이라는 데 동의하면서, 분단의 원흉을 김일성과 소련 또는 중국이라고 말하는 것은 억지를 부리거나 악의적으로 역사 왜곡을 하는 것이다. 38선은 미국이 1945년 8월 조선 사람들 아무도 모르게 소련에 제안하고 소련이 받아들임으로써 확정되었기 때문이다.

분단과 관련해 언론 오보가 역사 왜곡으로 이어진 경우도 있다. 1945년 12월 미국, 영국, 소련의 외무장관들이 모인 이른바 '모스크바 3상회의(三相會議)'에서 미국의 끈질긴 요구에 소련이 마지못해 응함으로써 조선에 대한 신탁통치가 결정되었다. 그러나 그 회의가 끝난 12월 27일 「동아일보」와 「조선일보」 등이 "미국은 즉시 독립을 주장"했는데 "소련은 신탁통치를 주장"했다고 정반대로 엄청난 오보를 함으로써, '반탁(反託: 신탁통치 반대), 반소(反蘇: 소련 반대)' 운동이 전개되고, 우리 역사책에도 그렇게 왜곡 서술되어 온 것이다.

한반도가 1945년 8월 미국이 제안한 38선에 의해 분단되었다는 사실을 아직 모르는 사람은 거의 없을 것이다. 미국이 늦어도 1943년부터 조선에 대한 신탁통치를 영국과 소련에 제안하고 주장하면서 조선의 즉시 독립을 반대했다는 사실은 우리 현대사를 어느 정도 공부한 사람들에겐 이미 널리 알려져 있다. 그럼에도 불구하고 미국이 분단을 주도했다는 사실을 제대로 말하기 어려웠던 것은 친미 반공의 사회구조 안에서 무지와 오해 그리고 왜곡과 억지가 어우러져 왔기 때문이다. 미국이 '분단의 원흉'이라는 아주 기본적이고 엄연한 사실을 아래서 밝힌다.

1. 분단의 유형과 과정

분단은 크게 세 가지 유형 또는 과정으로 나누어 볼 수 있다. 첫째, 1945년 8월 해방과 거의 동시에 38선에 의해 국토가 남북으로 잘렸다. 둘째, 1948년 8월 남쪽에 자본주의를 지향하는 대한민국이 들어서고 9월 북쪽에 사회주의를 지향하는 조선민주주의 인민공화국이 세워짐으로써 서로 다른 이념과 사상에 의해 체제가 나뉘었다. 셋째, 1950년 6월부터 1953년 7월까지 6.25전쟁으로 같은 민족이 원수처럼 갈리게 되었다.

한반도는 이렇게 1단계로 국토 분단 또는 지리적 분단이 이루어지고, 2단계로 체제 분단 또는 정치적 분단으로 강화되었으며, 3단계로 민족 분단으로 굳어졌다. 여기서 아무런 수식어를 붙이지 않고 분단을 말하면 당연히 국토 분단을 가리킨다. 국토 분단을 통해 서로 다른 체제가 들어서게 되고, 이 때문에 전쟁이 일어나 민족까지 갈리게 되었기 때문이다.

2. 해방되기 전에 이루어진 국토 분단

우리는 흔히 해방과 동시에 분단되었다고 말하는데, 정확하게 얘기하자면 해방되기 전에 먼저 분단되었다. 해방은 일본 천황이 공식적으로 항복을 선언한 1945년 8월 15일 찾아왔지만, 분단은 일본군이 미군에 은밀하게 항복 의사를 전한 직후인 1945년 8월 10일 확정되었기 때문이다.

일본군이 미군에 항복의 뜻을 전한 때는 8월 6일 히로시마에 이어 8월 9일 나가사키에 원자폭탄을 맞은 직후였다. 소련이 8월 8일 일본에 전쟁을 선포하고 한반도로 진격해 오기 시작한 때와 겹치기도 했다. 미국은 막 실험에 성공한 핵무기를 떨어뜨리면 일본이 오래 버티지 못 하리라 예상했어도, 그렇게 즉시 항복할 줄은 짐작하지 못했던 모양이다. 일본의 갑작스러운 항복 의사를 받고 오히려 당황했던 것이다.

미국 국무부와 군부는 8월 10일 일본군의 항복을 받을 계획을 세우면서 조선지도에서 38선을 찾아냈다. 38선 북쪽에서는 소련군이 항복을 받고 남쪽에서는 미군이 항복을 받도록 하기 위해서였다. 미국은 될수록 조선 북쪽 멀리까지 올라가 일본군의 항복을 받고 싶었지만, 바다 건너 오키나와 및 필리핀에 있던 미군들이 군함으로 조선에 이르려면 거의 한 달이 걸려야 했다. 이에 반해 소련군은 미국이 오래전부터 부탁한 대로 일본에 대해 선전포고를 하고 이미 조선으로 진격해 남쪽으로 내려오는 중이었기 때문에, 미국은 조선의 절반이라도 차지하기 위해 소련군이 38선에서 멈출 것을 제안했던 것이다. 38선 이남이 이북보다 땅덩어리는 조금 작아도 수도 서울 및 인천과 부산 등 큰 항구를 갖고 있어 어느 정도 가치가 있다고 생각했다. 미국은 소련이 훨씬 더 남쪽까지 내려올 수 있었고 그렇게 하겠다고 주장하리라 짐작했는데, 소련은 뜻밖에 이 제안을 받아들여 미군이 조선에 들어오지도 않은 터였지만 38선에서 남하를 중지했다.

산이나 강을 따라 이루어진 자연적 경계선도 아니요, 생활이나 풍습이 달라 문화적으로 차별이 되는 경계선도 아니라, 단순히 토지 측량을 위해 지도에 그려놓은 38선으로 남북이 나뉘게 된 이유다. 한 마을에서 큰집은 북쪽에 작은집은 남쪽에, 또는 한 집에서도 안채는 북쪽에 뒤채는 남쪽에 속하게 되는 황당한 일이 벌어지게 된 까닭이기도 하다. 소련군은 북쪽으로 8월 9일 들어왔지만, 미군은 한 달 뒤인 9월 8일에야 남쪽에 도착함으로써, 해방된 뒤에도 38선 이남에서는 일본군과 친일파들이 활개 칠 수 있었던 배경의 하나도 여기에 있다.

따라서 미국과 소련이 국토 분단의 공범이지만, 정확하게 얘기하면 미국은 38선을 '먼저 제안한 주범'이고 소련은 그 '제안을 받아들인 종범'이다. 미국이 '분단의 원흉'이라고 주장하는 이유다. 역사에 대한 시각과 가치관에 따라 미국과 소련의 조선 점령 및 분단에 빌미를 준 침략자 일본도 분단에 큰 책임이 있고, 힘이 약해 일본에 침략당한 우리 조상들도 분단에 어느 정도 책임이 있다고 주장할 수 있지만 말이다.

3. 침략자 일본이 아니고 피해자 조선이 분단된 이유

여기서 우리가 꼭 생각해 봐야 할 문제가 있다. 왜 침략자 일본이 아니고 피해자 조선이 분단되었는지. 유럽에서는 제2차 세계 대전을 일으킨 독일이 분단되었다. 1945년 이후엔 미국이 전쟁을 가장 좋아하고 가장 많이 하는 나라가 되었지만, 그 이전엔 독일이 그랬다. 다른 나라들이 견제하기 어려울 만큼 군사력이 강하니까 호전적으로 된 것이다. 그래서 더 이상 다른 나라를 침략하지 못하도록 분단시킨 것이니, 독일은 전쟁이란 범죄에 분단이란 처벌을 받은 셈이다. 그러면 아시아 대부분의 국가를 침략하고 미국까지 폭격한 전범 국가 일본이 분단이란 처벌을 받아야 했어야지, 힘이 약해 항상 침략만 받아온 피해자 우리가 오히려 분단까지 되었으니 얼마나 분통 터질 일인가. 더구나 일본은 땅덩어리가 길쭉해서 자르기도 쉬운데 말이다.

어느 나라든 전쟁에서 승리하면 전리품, 즉 적에게서 빼앗는 물품을 챙기기 마련이다. 예를 들어 미국은 1898년 스페인과 전쟁을 벌여이기자, 당시 스페인의 식민지였던 쿠바, 푸에르토리코, 괌, 필리핀등을 전리품으로 차지했다. 쿠바는 1959년 카스트로와 게바라 등이

혁명에 성공해 지금은 북한과 함께 세계에서 가장 반미적인 국가가 되었고, 푸에르토리코는 머지않아 미국의 51번째 주가 될 가능성이 매우 큰 자치령이 되었으며, 괌은 미국의 주와 마찬가지지만 아직 정식으로 편입되지 않은 상태에서 군사기지로 잘 활용되고 있다. 그리고 필리핀은 미국의 식민 통치를 받다 제2차 세계 대전 중 일본의 침략과 점령을 당했지만 1946년 7월 독립했다. 필리핀 사람들이 영어를 공용어로 쓰는 것은 지난날 미국의 식민 통치 영향 때문이다.

이렇듯 미국이 일본과의 전쟁에서 이겼기 때문에 일본의 식민지 조선은 당연히 미국이 차지했어야 할 전리품이었다. 그런데 소련이 자청해서가 아니라 미국의 끈질긴 요구를 받고 한반도로 내려오던 참이었으니, 미국이 전리품 조선을 소련과 38선으로 나누어 점령하게 된 것이다. 바꿔 말하면 패전국 일본은 미국이 통째로 차지했다 물러가는 바람에 온전한 모양으로 남았고, 전리품 조선은 소련과 나눠 점령하는 바람에 분단의 상처를 입은 것이다.

4. 신탁통치 결정과 체제 분단

다음은 조선의 신탁통치에 관해 미국 국무부가 비밀 해제하고 공개한 외교문서에 나오는 내용을 정리한 것이다. 첫째, 미국이 일본과 한참 전쟁을 벌이던 1943년 3월 루즈벨트 미국 대통령은 워싱턴을 방문한 이든(Anthony Eden) 영국 외상에게 일본이 항복하면 조선을 국제적 신탁통치 아래 두자고 제안했다. 이든은 아무런 대응도 하지 않았다.

둘째, 미국, 영국, 중국의 정상들이 1943년 11월 만난 카이로 회담의 속편이랄 수 있는 미국, 영국, 소련의 정상들이 1943년 12월 만난 테헤란 회담에서 루즈벨트는 조선 사람들이 자치정부를 꾸리고 유지할 능력이 아직 없으므로 40년간 식민통치를 받아야 한다고 주장했다. 스탈린은 간단히 동의했다.

셋째, 미국, 영국, 소련의 수뇌들이 1945년 2월 만난 얄타 회담에서 루즈벨트는 필리핀 사람들이 자치정부를 준비하는 데 약 50년이 걸린 경험에 비추어 조선 사람들은 적어도 20~30년 신탁통치를 받아야 할 것 같다고 주장했다. 이에 스탈린은 신탁통치 기간이 짧을수록 좋다고 대응했다.

넷째, 미국, 영국, 소련의 외무장관들이 1945년 12월 모인 모스크바 3상회의에서 미국 대표는 조선에 5년간 신탁통치를 실시하고, 5년 더 연장하자고 제안했다. 소련 대표는 조선 문제에 강대국들이 꼭 개입해야 한다면 조선 사람들이 먼저 임시정부를 세우도록 하고, 그를 미국, 영국, 소련, 중국 등 4대국이 후원하는 것으로 그치자고 하면서 연장 없이 한 번만 실시하자고 수정 제안했다. 이게 모스크바 3상회의의 결과다.

소련의 제안대로 조선에 대한 5년 후견제 또는 신탁통치안이 채택된 것은 사실이다. 그러나 미국이 40년, 20~30년, 5년씩 두 번 실시하자고 줄기차게 주장해 온 것을 소련은 5년 한 번만 실시하자고 마지못해 응했다. 미국은 조선의 즉시 독립을 주장했는데 소련이 신탁통치를 주장했다고 알려진 데는 「동아일보」와 「조선일보」 등의 엄청난 오보와 미군정의 교활하고 악의적인 방치가 어우러진 왜곡이 있었던 것이다.

여기서 우리는 자칫 '반미 친소'(反美 親蘇) 감정을 갖기 쉽다. 미국은 신탁통치를 내세워 조선의 자주독립을 늦추려고 한 반면, 소련은 조선의 자치정부를 앞세워 즉각 독립을 추구했기 때문에. 그러나 방법과 과정이 달랐을 뿐, 어떻게 하면 조선 땅에 자신에 의존적이거나 종속적인 나라를 세울 수 있을까 하는 목표에 초점을 맞춘 것은 미국이나 소련이나 마찬가지였다.

일제하에서부터 해방정국에 이르기까지 조선 사람들이 자본주의보다 사회주의를 원했던 것은 너무도 지당하고 합리적 선택이었다. 자본주의의 폐해인 제국주의 침략과 수탈을 뼈저리게 경험했으니 말이다. 북쪽은 말할 필요도 없이 남쪽의 미군정 아래서도 압도적으로 사회주의 체제를 선호했다는 당시 여론조사 결과가 이를 잘 보여준다.

따라서 미국의 속셈은 이러한 조선에 대해 될수록 오랫동안 신탁통치를 실시하면서 사회주의 대신 자본주의 체제를 지향하는 친미정부가 들어서도록 하는 것이었다. 4대국 가운데 당시 중국은 장개석 정부였으므로 자본주의 체제가 3:1로 우세했기 때문이다. 반면 조선에 외세가 개입하지 않으면 자연스레 사회주의를 지향하는 친소정부가 들어설 것이 뻔했기 때문에 소련은 조선의 즉각 독립을 바라며 신탁통치를 반대했던 것이다.

이와 관련하여 적지 않은 사람들이 1945년 9월부터 1948년 8월까지 남쪽에서 신탁통치가 실시되었다고 오해하는데, 그때 실시된 것은 신탁통치가 아니라 미군정이었다. 남쪽에서든 북쪽에서든 한반도에서 신탁통치가 실제로 실시된 적은 없다.

1946년 3월부터 미국과 소련은 신탁통치 실시를 준비하기 위한 미소공동위원회를 열게 되는데, 조선 사람들 가운데 누구와 협의할 것인가에 대해 의견이 엇갈렸다. 미국은 1945년 12월 모스크바 3상회의에서 통과된 신탁통치안에 대해 찬성했든 반대했든 남북의 모든 정당과 사회단체를 참가시키자고 했고, 소련은 신탁통치에 관해 협의하는 자리에 신탁통치를 반대한 정당과 사회단체를 어떻게 참가시킬 수 있느냐고 맞섰던 것이다.

해방 직후 조선에는 온갖 정당과 사회단체들이 우후죽순처럼 생겨났는데 숫자로 따지면 우익 성향의 단체가 좌익 성향의 단체보다 많았다. 그런데 앞에서 밝힌 것처럼 신탁통치는 미국이 줄기차게 주장해 온 반면, 소련은 소극적이었지만, 역설적이게도 우익들은 신탁통치를 반대하고 좌익들은 찬성했다. 따라서 미소공동위원회에 모든 단체를 참여시키면 미국에 유리하고, 찬탁한 단체만을 참여시키면 소련에 유리하게 되었다.

신탁통치를 반대한 단체들의 참여 문제에 관해 1947년 5월부터 열린 두 번째 미소공동위원회에서도 두 나라의 의견은 좁혀지지 않았다. 이에 미국은 미소공동위원회를 일방적으로 결렬시키고, 한반도 문제를 유엔으로 떠넘겼다. 한반도에 대한 신탁통치안은 미국에 의해 줄기차게 제기되었다가 미국에 의해 일방적으로 폐기된 것이다.

거듭 강조하건대, 애초에 미국이 신탁통치를 제기하고 적극적이었던 이유는 조선의 독립을 미루어 사회주의 성향이 강한 조선에 친소 정부가 들어서는 것을 막기 위해서요, 소련이 신탁통치를 반대하고 소극적이었던 까닭은 조선의 독립을 앞당겨 친미 정부가 들어서는 것을 막기 위해서였다.

또한 미국이 신탁통치 실시를 준비하기 위한 미소공동위원회에 신탁통치안에 반대했던 단체들까지도 참여시켜야 한다고 주장한 것은 수적으로 우세한 우익 성향의 단체들을 끌어들여 조선에 친미 정부가 들어서도록 하기 위해서요, 소련이 찬성했던 단체들만 참여시켜야 한다고 고집을 부린 것은 좌익 성향의 단체들을 앞세워 친소 정부가 들어서도록 하기 위해서였다. 미국이나 소련이나 염불보다 잿밥에 마음을 두기는 마찬가지였던 셈이다.

미국이 비난을 무릅쓰고 일방적으로 미소공동위원회를 결렬시키면서 한반도 문제를 유엔으로 떠넘긴 배경을 이해하기 위해서는 당시 국제 상황을 대강이나마 살펴보아야 할 것이다. 제2차 세계 대전을 통해 유럽에서 세계 제1의 패권 국가로 군림하던 영국과 프랑스는 물론 이에 맞서 패권을 추구하던 독일과 이탈리아 등 승전국이든 패전국도 전쟁의 참화에서 벗어날 수 없었다. 영국과 독일 그리고 프랑스를 비롯한 세계 강국들이 겨우 30년 사이에 두 차례의 세계 대전을 거치면서 급속하게 퇴조한 반면, 상대적으로 전쟁의 부담이나 피해가 적었던 미국은 세계의 새로운 지도적 국가로 발돋움할 수 있었다. 이렇게 세계 최강대국이 된 미국은 정치, 경제, 군사 등 모든 분야에서 힘의 공백을 채울 수 있는 기회를 잡았다.

이러한 미국에 정면으로 맞서는 나라가 나타났다. 마르크스주의를 바탕으로 자본주의의 멸망을 주장하며 정치, 경제, 군사적 능력에서 미국에 이어 세계 2위를 기록하는 소련이었다. 소련은 그리스에 공산주의를 전파하고 소련의 영향권 아래 들어 있던 유고슬라비아, 불가리아, 알바니아 등으로 하여금 그리스 공산주의자들을 지원해 권력을 장악하도록 시도하는 등 공산주의 확장을 꾀하였다. 그리스뿐만 아니라 터키에도 공산주의 정부가 들어설 가능성이 높아지자, 두 나라에 가장 큰 영향력을 행사해 왔던 영국은 미국에 협조를 요청했다. 영국은 붕괴 위기에 처해 있는 두 나라를 공산 세력으로부터 지켜낼 수 있는 경제적, 군사적 능력이 없으니 미국이 나서서 소련의 침투를 막아 달라는 것이었다.

미국의 대응으로 나온 것이 1947년 3월 발표된 트루먼 선언 (Truman Doctrine)이다. 소련의 세력 확장에 맞서 자유국가를 지원하겠다는 내용이었다. 중동지역의 관문이랄 수 있는 두 나라가 공산화되면 중동지역에서 서구 세력의 우위를 유지하기 어렵게 될 뿐만 아니라, 중동의 석유 자원도 소련의 영향권 아래 놓일 것을 우려했기 때문이다. 그리고 트루먼 선언의 후속 조치로 나온 것이 3개월 뒤인 1947년 6월 발표된 마샬 계획(Marshall Plan)이다. 공산주의 팽창으로부터 유럽을 지키기 위한 경제적 처방으로 전쟁에 의해 황폐화된 유럽 경제를 복구하고 나아가 경제 혼란을 틈타 공산 세력이 선거에서 승리하는 것을 막기 위해 서유럽에 전폭적인 경제지원을 하겠다는 내용이었다.

이렇듯 1947년 무렵 미국은 유럽 지역에 온 힘을 기울이고 있어서 한반도에 신경 쓰기 어려웠다. 그렇다고 발을 빼자니 한반도에 대한 영향력을 완전히 잃어버릴 것 같았다. 당시 미국의 의회나 군부는 한반도가 그리스나 터키보다 전략적으로 덜 중요하다고 생각했기 때문에 국무부는 1947년부터 한반도에 친소 정부가 들어서는 것을 막으면서도 명예롭게 물러날 수 있는 수단을 간구했는데, 고심 끝에 나온 계책이 바로 미소공동위원회를 결렬시키고 한반도 문제를 유엔으로 넘기는 것이었다. 미국의 영향력 아래 있던 유엔을 통해 한반도를 관리하겠다는 속셈이었다. 그 무렵 작성된 미국의 외교문서도 밝히고 있듯이, "미국의 가장 중요한 목표는 조선에서 소련의 지배를 막는 일이요, 조선의 독립은 2차적 목표"였던 것이다.

유엔에서는 미국의 의도대로 한반도 문제가 처리되었다. 1950년대부터 1960년대에 이르기까지 아시아와 아프리카 국가들이 독립하여 이른바 비동맹 세력으로 유엔에 진출할 때까지는 유엔에서 미국의 영향력이 압도적이었기 때문이다. 이러한 상황에서 미국이 내놓은 유엔 한국임시위원단 설치안에 소련이 반대한 것은 당연한 일이었다. 1948년 5월 남한에서만 총선거가 강행되고 이를 통해 1948년 8월 남쪽에 대한민국이 들어서고, 이에 맞서 1948년 9월 북쪽에 조선민주주의 인민공화국이 들어섬으로써 체제 분단이 이루어지게 되었다.

참고로 이 과정에서 위와 같은 단독선거를 통한 분단 고착을 막겠다고 저항했던 운동의 하나가 1948년 4월 제주도에서 일어난 '4·3항쟁'이요, 이 항쟁에 참여한 사람들에게 총부리를 겨눌 수 없다며 제주도행 배에 오르는 것을 거부한 군인들의 저항이 이른바 '여수·순천반란사건'이다.

정리하면 미국은 신탁통치를 줄기차게 제안했다가 미소공동위원회를 일방적으로 결렬시켰으며, 한반도 문제를 유엔으로 떠넘겨 남한에서의 단독선거를 강행토록 함으로써, 한반도 국토 분단에 이어 체제 분단에서도 '가장 결정적인 역할'을 했다. 국토 분단에서와 마찬가지로 체제 분단에서도 미국이 주범이고, 소련은 종범이었던 것이다.

II. 6.25전쟁과 민족 분단

1950년 6월부터 1953년 7월까지 약 3년간의 전쟁을 통해 같은 민족이 원수처럼 갈리는 민족 분단이 이루어진 사실은 이미 앞에서 얘기했다. 북한군의 남침으로 일어난 전쟁이니 김일성이 민족 분단의 원흉이라는 점도 거듭 밝힌다.

1. 전쟁의 명칭에 관해

우리는 중요한 역사적 사건을 이름 짓는 데 날짜를 포함하기 좋아한다. '3.1절', '4.3제주항쟁', '4.19혁명', '5.16쿠데타', '5.18광주항쟁', '6.25전쟁', '8.15광복절' 등으로 말이다. 나는 이게 좀 불만스럽다. '3.1절', '5.16쿠데타', '8.15광복절' 등과 같이 어떠한 일이 일어나 그 행위가 오래 지속되지 않고 하루에 끝났다면 이런 명칭도 괜찮다. 그러나 '4.3제주항쟁', '4.19혁명', '5.18광주항쟁', '6.25전쟁'처럼 운동이 이틀 이상 지속되었다면 어느 특정한 하루를 잡아 명칭을 정하는 게 바람직한지 의문이다.

특히 '6.25전쟁'은 몇 달도 아니고 몇 년 동안 지속된 것이다. 게다가 전쟁이 6월 25일 갑자기 시작된 것도 아니다. 남쪽 안에서 일어난 이념 갈등은 빼더라도 1949년부터 38선 일대에서 남북의 군대가 격렬하게 충돌한 적이 적지 않았다. 미군이 이 땅에 발을 디딘 1945년 9월부터 1950년 6월 이전에 분단에 따른 갈등과 투쟁 때문에 거의 10만 명이나 죽었는데, 전쟁이 1950년 6월 25일 갑자기 시작되었다고 주장하는 것도 부적절하고, '6.25전쟁'이라 이름 붙인 것도 어색하다. 이 명칭엔 "1950년 6월 25일 일요일 새벽 4시경 비가 부슬부슬 내리는 가운데 북한 괴뢰군이 남침을 시작했다"는 점을 세뇌시키기 위한 의도가 배어있는 것이다. 우리가 지금까지 한국사에서나 세계사에서나 무슨 전쟁이 일어난 시기를 공부할 때 연도를 넘어 날짜에다 요일과 시각까지 암기한 적이 또 있는가. 전쟁이 왜 일어났는지 그 배경과 이유보다 언제 누가 시작했는지에만 초점을 맞춘 역사 인식을 강요당한 셈이다.

참고로 북한은 이 전쟁을 '조국해방전쟁'이라 부르는데, 미국이 점령해서 식민 통치하고 있는 조국의 남쪽을 해방시켜 통일한다는 취지와 목표를 드러낸 이름이다. 미국은 '한국전쟁'(The Korean War)이라고 하는데, '베트남전쟁'이나 '이라크전쟁'처럼 전쟁이 일어난 장소를 포함시킨 명칭이다. 중국은 '항미원조(抗美援朝) 전쟁'이라 부름으로써 '미국에 대항해 조선(북한)을 도와준 전쟁'이라는 성격을 잘 보여주고 있다.

한편 유럽의 한 학자는 '한국전쟁'이라 표기하는 것도 전쟁의 성격을 왜곡시킬 수 있다며, '한국에서의 전쟁'(War in Korea)이라고 이름 붙여야 한다고 주장한다. '한국전쟁'이라고 하면 남북한만 전쟁을 벌인 것 같은 인상을 주기 쉬운데, 전장은 한반도지만 전쟁 주체는 미국을 비롯한 자본주의 진영과 소련을 비롯한 사회주의 진영이었기 때문에 '한국에서의 전쟁'이라고 불러야 더 정확하다는 것이다. 이와 관련해 미국이 2003년 이라크를 침략해 전쟁을 벌일 때 남한 언론은 하나도 빠짐없이 '이라크전쟁'이라 썼지만, 미국 언론은 'War in Iraq'(이라크에서의 전쟁)로 표기한 경우가 많았다는 점도 참고하기 바란다.

2. 전쟁의 성격에 관해

앞에서 북한의 '조국해방전쟁'이란 이름을 소개하며 "남조선을 해방시켜 통일한다는 취지와 목표"를 드러낸 것이라고 했듯이, 6.25전쟁은 분명히 '통일을 위한 전쟁'이었다. 그런데 2005년 강정구 동국대 사회학 교수가 한 인터넷신문에 기고한 "맥아더를 알기나 하나요"

라는 제목의 글에서 "6.25전쟁은 통일전쟁이면서 동시에 내전이었다"고 썼다가 검찰에 국가보안법 위반 혐의로 기소되고 대학에서 직위 해제된 적이 있다. 이에 앞서 2001년엔 김대중 대통령이 6.25전쟁을 "무력에 의한 통일 시도"라며 앞으로는 결코 무력에 의해서가 아니라 반드시 평화적으로 통일을 이루어야 한다고 말한 데 대해 국회에서는 북한의 입장만을 대변했다며 대통령직을 사퇴하라는 말도 안 되는 주장이 나오기도 했다.

6.25전쟁을 '침략전쟁'이라고 해야지 어떻게 '통일전쟁'이라고 하느냐는 억지였다. 1945년 9월 남쪽에 들어온 미군이 "점령군인가, 해방군인가" 하는 불순하고도 무식한 질문과 마찬가지로. 점령군도 되고 해방군도 되었듯이, 침략전쟁도 되고 통일전쟁도 된다. 둘의 성격이 서로 다르거나 어긋나는 것이 아니라 비슷하며 보완적이기 때문이다. 북한은 분명히 '남침'과 '전쟁'이라는 방법으로 '적화'와 '통일'이라는 목표를 이루고자 했다. 그러면 이게 통일을 위한 전쟁이지 분단을 위한 전쟁이었단 말인가.

보수주의자들은 6.25전쟁을 북한이 남한을 적화하기 위해 기습 침략을 감행한 전쟁이라고 한다. 맞다. 진보주의자들 가운데 6.25전쟁을 북침전쟁이라고 주장하는 사람들이 더러 있을지 모르겠는데, 김대중 대통령이나 강정구 교수는 분명히 6.25전쟁을 북침전쟁이라고 하지 않았다. 물론 한국전쟁을 1950년부터 시작된 '6.25전쟁'으로 한정하지 않고 분단 이후 시작된 전쟁으로 범위를 넓혀 본다면 미국이 전쟁을 부추긴 점도 있고, 남침이 먼저냐 북침이 먼저냐 따지기가 애매하거나 별 의미가 없을 수도 있다. 그러나 '6.25전쟁'만 떼어놓고 본다면 북한이 남한을 공산화하기 위해 먼저 침략을 저지른 남침전쟁이다. 그렇다고 적화통일은 통일이 아니고, 침략전쟁은 통일전쟁이 아니라는 것은 말이 안 된다.

통일은 여러 가지로 추구할 수 있다. 평화적 수단에 의한 통일도 있고, 전쟁에 의한 통일도 있다. 자유민주주의와 자본주의를 확장하기 위한 녹화(綠化) 통일도 있고, 사회주의와 공산주의를 퍼뜨리기 위한 적화(赤化) 통일도 있다. 서로 다른 두 체제가 공존하며 수렴될 수 있는 통일도 있고, 한 체제는 반드시 없어져야 할 통일도 있다. 이 가운데는 바람직한 통일도 있고 꼭 피해야 할 통일도 있다.

6.25전쟁은 무력에 의한 통일 시도였고, 사회주의와 공산주의를 퍼뜨리기 위한 적화통일 시도였다. 수단과 방법이 나빴어도 통일을 위한 전쟁이었고, 추구하는 목표와 가치가 달랐어도 통일을 위한 전쟁이었다. 김 대통령이나 강 교수가 이러한 통일 시도의 방법과 목표를 바람직하다고 했다면, 나를 비롯해 전쟁을 반대하는 사람들에게 비난받을 수 있고, 사회주의와 공산주의를 혐오하는 사람들에게 위협을 당할 수도 있다. 그런데 6.25전쟁이 통일전쟁 또는 통일 시도라는 너무나도 당연한 얘기가 도대체 왜 시빗거리가 되는지 기가 막힐 뿐이다.

1950년대에는 남쪽에서나 북쪽에서나 무력에 의한 통일을 추구하다가, 남쪽에서는 실행에 옮기지 못했고 북쪽에서는 시도했다가 실패했다. 앞으로는 남쪽에서든 북쪽에서든 무슨 일이 있어도 전쟁에 의한 통일은 추구하지 말아야 한다는 교훈을 얻는 게 중요하지, 통일전쟁이냐 아니냐 하는 말도 되지 않는 시비는 없어져야 한다.

3. 미국과 중국의 참전에 관하여

미국은 남쪽을 살렸고 중국은 북쪽을 구했다. 미국이나 중국이나 자신들이 추구하는 자본주의와 사회주의를 지키기 위해 각각 남쪽과 북쪽에 군대를 보냈다. 미국이 개입하지 않았다면 전쟁은 2~3개월 만에 끝나고 사회주의로의 통일이 이루어졌을 것이며, 중국이 개입하지 않았다면 전쟁은 5~6개월 만에 끝나고 자본주의로의 통일이 이루어졌을 것이다. 두 나라의 개입을 긍정적으로 평가하면 남북이 각각 자신의 체제를 지킬 수 있었다는 점이요, 부정적으로 평가하면 빨리 끝났을 전쟁이 확대되고 그에 따라 희생자가 엄청나게 늘었다는 점이다.

이와 관련하여 강정구 교수가 6.25전쟁을 통일전쟁이라고 부른 것보다 미국의 개입이 없었으면 전쟁이 빨리 끝났을 테고 사람들이 덜 죽었을 것이라고 주장한 것에 대해 더 큰 비난과 처벌을 받았는데, 미국에서는 이미 오래전에 유명한 정치학자가 미국의 한국전쟁 개입을 정당화하거나 미화하기 어렵다고 주장했다. 1950년부터 1952년까지 한국전쟁에 미군 포병 연락장교로 참여했다가 1968년 *The Korean Decision* (한글 번역본 『미국의 한국 참전 결정』)이라는 책을 펴내 세계적으로 널리 알려진 글렌 페이지(Glenn Paige) 하와이대 정치학 교수가 1977년 자신의 책을 스스로 비판하며 하나의 폭력에 대해 또 다른 폭력으로 대응한 것을 반드시 정당화할 수는 없다고 반성했던 것이다. 미국의 개입 때문에 중국까지 참전하여 전쟁의 규모가 커지고 남북 양쪽에서 수백만 명이 죽게 된 것을 바람직하다고만 할 수 있느냐는 뜻이었다. 이러한 내용을 담은 그의 책 *To Nonviolent Political Science: From Seasons of Violence*가 1999년 안청시 서울대 정치학 교수와 정윤재 한국정신문화원 정치학 교수에 의해 『비폭력과 한국정치』라는 이름으로 번역 출판되었으니 참고하기 바란다.

지금은 남한이 북한보다 정치적으로 훨씬 자유롭고 경제적으로 비교도 되지 않을 만큼 풍요롭다. 쉽게 말해 체제 경쟁은 끝났다. 그러기에 남한에는 그때 수백만 명이 죽었을지라도 사회주의 체제에 흡수되지 않았던 게 다행이라고 생각하는 사람들이 많을 것이다. 그러나 1940~50년대에는 그렇지 않았다. 북쪽이 남쪽보다 정치적으로나 사회적으로 또는 경제적으로나 군사적으로 모든 분야에서 더 안정되어 있었고 훨씬 개혁적이었으며, 압도적으로 많은 사람이 사회주의 체제를 원했었다. 따라서 지금의 기준이 아닌 당시의 상황을 바탕으로 한다면 엄청난 인명의 희생을 막고 사회주의 체제로의 통일을 바랐을 사람들이 많았으리라고 생각할 수 있다.

4. 전쟁의 피해에 관하여

6.25전쟁의 피해와 관련하여 1998년 논란이 일어난 적이 있었다. 당시 대통령 정책 자문 기획위원장이던 최장집 고려대 정치외교학 교수가 오래전 발표했던 논문에서 "한국전쟁의 가장 큰 피해자는 북녘 인민들이었다"고 쓴 구절에 대해, 「조선일보」를 비롯한 보수 계층은 무슨 빨갱이 같은 소리냐며 흥분했던 것이다. 6.25전쟁을 통해 남북 모두 엄청난 피해를 입었으리라는 것은 누구나 짐작할 수 있다. 인민군에 의한 남쪽 양민의 피해만 큰 것이 아니었다는 말이다. 오래전부터 '노근리'를 통해 밝혀지고 있듯이, 남쪽 양민들은 미군과 국방군에 의해서도 끔찍한 피해를 당하지 않았는가. 따라서 친북이나 반

공이라는 감정을 떨쳐버리고 객관적으로 따져보면, 최 교수의 주장은 충분한 근거를 가지고 있다. 미군 조종사들이 북한을 공격할 때 더 이상 폭격할 목표물을 찾지 못할 정도였다면, 6.25전쟁 중 북쪽의 피해가 어느 정도였으리라는 것은 충분히 짐작할 수 있다.

이와 관련해 스페인 출신의 세계적인 화가 피카소가 1951년 6.25전쟁을 소재로 그린 스케치가 있다. 〈조선에서의 학살〉(The Massacre in Korea)이란 제목이 붙은 이 그림은 벌거벗은 임산부들과 아이들을 향해 총칼을 겨누고 있는 군인들의 모습을 보여준다. 이 그림을 보면 언뜻 인민군들이 남한 양민을 학살하는 것을 떠올리기 쉽겠지만, 1950년 10월 38선을 넘은 미군들이 황해남도 신천에서 52일 동안 머무르며 당시 신천군 인구의 1/4에 달하는 무고한 양민을 잔인하게 죽였다는 사실을 고발한 것이다.

미국은 6.25전쟁 중에 북한이 1세기 동안 걸려도 복구하기 어려울 정도로 철저히 파괴하려 했다고 한다. 북한의 모든 산업시설을 초토화하여 휴전협정이 맺어진 이후에 북한이 피해 복구를 쉽게 하지 못하고 경제개발에 어려움을 겪으면, 사회주의가 자본주의보다 못하다고 선전하기 위해서 말이다. 이렇게 북한은 전쟁을 통해 엄청난 피해를 입었다. 어느 쪽 군인들이 먼저 전쟁을 시작했느냐는 문제와 어느 쪽 양민들이 더 큰 피해를 입었느냐는 문제는 분명히 별개의 문제라는 것을 깨달아야 하지 않을까.

5. 전쟁의 경과와 결과

한국전쟁이든 6.25전쟁이든 1953년 끝났다. 정확하게 말하자면

전쟁이 '실질적으로는' 끝났을지라도 '법적으로는' 종결되지 않았다. 1953년 7월 맺어진 것은 전쟁을 쉬거나 멈춘다는 휴전 또는 정전협정이었지, 전쟁을 끝내거나 평화를 추구하자는 종전 또는 평화협정이 아니었다. 61년이나 지나도록 전쟁을 완전히 끝내지 못하고 있는 것이다. 이런 가운데 남한과 중국은 1992년 적대 관계를 풀었지만, 북한과 미국은 아직 국교를 정상화하지 못하고 있으며, 남북관계는 불안정하다. 따라서 진보 세력이든 보수 세력이든 앞으로 6.25전쟁을 생각하거나 기념하면서 전쟁을 언제, 누가, 왜, 먼저 시작했는지 따지면서 상대방에 대한 원한이나 적대감을 키우기보다는 왜 아직까지 휴전 또는 정전협정을 종전 또는 평화협정으로 바꾸지 못하고 있는지 반성하면서 어떻게 평화와 통일을 진전시켜야 할지 고민해 보는 게 바람직하지 않겠는가.

III. 북방한계선과 서해교전

1. 갈등과 분쟁의 근원, 북방한계선(NLL)의 배경과 의미

북방한계선은 이름 그대로 북녘 방향으로 한계를 정해 놓은 통제선이다. 1953년 7월 휴전협정 전후에 이를 반대하며 무력 북진 통일을 주장하던 이승만 정부의 해상 도발 및 북한 침략을 막기 위해 미군이 1953년 8월 일방적으로 그은 것이다. 남한 배가 북쪽으로 올라가지 못하도록 그은 통제선이지, 북한 배가 남쪽으로 내려오지 못하게 만든 방어선이 아니란 말이다. 휴전선이 육지에서는 그어졌지만, 바다에서는 그어지지 않은 상황에서 해상을 통한 남한군의 북한 침략을 저지하려고 설정한 것이기에 북한과 협상할 필요가 없었다. 당연히 국제법적 근거도 없고, 휴전선도 아니며, 영토나 영해 개념의 해상경계선도 아니다.

1951년부터 휴전에 반대하며 북진 통일을 주장하는 '호전적인' 이승만 대통령을 미국은 아주 '골칫거리'로 여겼다. 오죽하면 휴전 협상중에는 말할 것도 없고, 1950년대 중반까지 그를 감금하거나 몰아내고 새로운 지도자를 내세우려는 작전을 두어 번이나 구상했겠는가. 이 무렵 북한보다 훨씬 강한 군사력을 가졌던 남한은 휴전협정을 무효화하기 위해 북한에 도발을 일삼으며 특히 개성과 옹진 지역을 되찾으려 애썼다. 이에 미국은 만약 북한이 다시 침략하면 참전해 격퇴하겠지만, 남한이 먼저 침공해 전쟁이 재발한다면 개입하지 않을 것이라고 경고했다. 북방한계선을 그은 배경이다.

이러한 배경과 의미를 지닌 북방한계선이 세월이 흐르면서 마치해상분계선처럼 되었다. 남한군의 북진을 통제하기 위해 그어진 선이 북한군의 남하를 저지하기 위해 설정된 것처럼 성격이 바뀐 셈이다.

한편 북한은 북방한계선이 해주항을 비롯한 황해남도 연해를 봉쇄하고 있어서 북쪽 영해를 침범하고 있는 것을 인정하지 못하겠다며 1950년대 후반부터 종종 '월선'해 왔다. 그리고 1999년 9월 서해에 12해리 영해 폭을 규정한 유엔해양법을 바탕으로 '해상경계선'을 설정했다. 1982년 채택되고, 1994년 발효된 유엔해양법엔 "모든 국가는 이 협약에 따라 결정된 기선으로부터 12해리를 넘지 않는 범위에서 영해의 폭을 설정할 권리를 가진다"고 명시되어 있다. 따라서 남쪽의 인천이나 강화도에서는 한참 떨어져 있지만 북쪽의 용연반도와 옹진반도와는 거기에 딸린 섬처럼 가까운 백령도와 연평도 등 서해5도는 북한 영해에 들어가게 된다.

북한은 북방한계선이 북쪽 영해를 침범한다며 가끔 이 선을 넘어오고, 남한은 북한이 영해를 '침범'한다며 무력으로 저지해 왔으니 1990년대 말부터 일어나고 있는 서해 분쟁의 배경이요 원인이다.

이와 관련하여 북방한계선을 그은 당사자인 미국은 1970년대부터 이 경계선이 "국제법과 미국 정부의 해양법에 반하는 것"이라고 공언해왔지만, 1990년대부터 분쟁이 일어나자 "남북한이 논의해서 결정할 문제"라고 중립적 입장을 표명했다. 새누리당의 원조 격인 노태우 정부는 1992년 9월 남북이 현재의 관할 구역을 존중하되 "해상 불가침 경계선은 앞으로 계속 협의한다"고 북한과 합의했다. 김영삼 정부의 이양호 국방부 장관은 1996년 7월 국회에서 북방한계선이 남한 배가 북쪽으로 넘어가는 것을 막기 위해 '임의로 설정한 한계선'이기 때문에 "북한 함정이 NLL을 넘어와도 정전협정 위반이 아니며 문제가 안 된다"고 공개적으로 증언했다. 북한에 적대적인 극우 신문의 대표 「조선일보」조차 1996년 7월 이 장관의 말이 맞다고 제대로 지적하며, "바다의 경우는 남북 간에 의견이 엇갈려 지금까지 정해진 경계선이 없다"고 주장했다. 「동아일보」는 1999년 6월 "NLL 이남은 우리 영해가 아니다"고 더 똑 부러지게 밝혔다. 북방한계선에 문제가 많다는 사실을 미국과 남한의 보수 정부 그리고 극우 언론까지 분명히 인정했던 것이다.

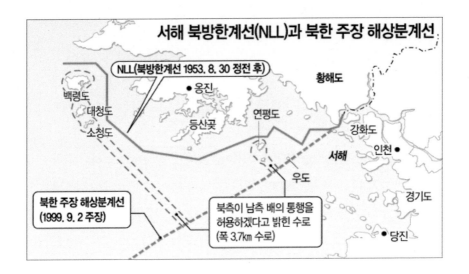

서해 북방한계선(NLL)과 북한 주장 해상분계선

NLL(북방한계선 1953. 8. 30 정전 후)

황해도

백령도
대청도
소청도

옹진

등산곶

연평도

강화도

인천 ●

서해

우도

경기도

북한 주장 해상분계선
(1999. 9. 2 주장)

북측이 남측 배의 통행을
허용하겠다고 밝힌 수로
(폭 3.7km 수로)

당진

2. 세 번의 서해교전 그리고 천안함 침몰과 연평도 포격

북방한계선을 중심으로 북한의 월선과 남한의 저지는 무력 충돌로 이어졌다. 1999년 6월 연평도 인근 해역에서 일어난 1차 서해교전에서는 북한 어뢰정 1척이 침몰되고, 경비정 5척이 파손되어 50-60명이 죽거나 다친 것으로 추정되었다. 교전에서 이겼다고 마치 축제 같은 분위기가 만들어지는 가운데 해군은 주요 일간지에 대문짝만한 광고를 실어 온 국민을 상대로 "민과 군이 함께 애창할 수 있는 승전가"를 현상 공모하기도 했다.

2002년 6월 다시 연평도 근해에서 발생한 2차 서해교전에서는 북한의 보복 기습으로 남한 고속정 1척이 침몰되어 군인 6명이 죽었다. 당연히 초상집 분위기가 조성되면서 북한을 응징해야 한다는 주장이 많이 나왔다. 그러나 1999년 참패한 북한이 2002년 보복을 준비하는 과정을 남한 군부는 미리 알고 있었지만 제대로 대비하지 못했다고 알려졌다.

2009년 11월 대청도 인근에서 발생한 3차 서해교전에서는 북한 경비정 1척이 절반 정도 부서져 도망치듯 돌아갔다. 북한 경비정에 즉각 발포한 남한 군인들은 영웅 대접을 받았고, 북한은 앞으로 반드시 보복하겠노라고 공언했다고 보도되었다.

2010년 3월엔 백령도 근해에서 미군과 합동 군사훈련을 하던 천안함이 침몰해 군인 40-50명이 죽었다. 북한의 어뢰 공격으로 침몰당했다는 남한 정부의 발표를 믿지 못하겠다는 사람들이 국내외에 많은데, 난 4개월 전의 3차 교전에서 패배한 북한이 공언했던 대로 보복한 것으로 생각한다. 이 사건을 4차 서해교전으로 부르고 싶은 이유다.

2010년 11월엔 연평도 근처에서 사격 훈련을 하다가 북한의 포격으로 2명의 민간인까지 죽게 되는 참상이 빚어졌다. 5차 서해교전이랄까, 여기엔 기막힌 사연이 있다.

2010년 3월 천안함이 침몰하자 국방부는 북한을 압박하기 위해 6월 중 미국 항공모함을 서해로 불러들여 한미연합훈련을 하겠다고 발표했다. 한 번 출동 준비하는 데만 1억 달러 이상이 든다는 항공모함 파견에 대해 미국은 거절하고 한국은 매달리는 실랑이가 벌어졌다. 한국의 끈질긴 요청에 미국이 겨우 응해 9월에 항공모함이 들어오기로 했다. 이에 중국이 반발하자 이명박 정부는 미국에 다시 요청해 10월로 연기했다. 그리고 11월 중순 서울에서 열릴 G20 정상회의에 지장을 초래할까 봐 또 연기했다. 미국의 항의를 받고 신의를 저버리면서까지….

이런 우여곡절 끝에 합참은 11월 23일 연평도 근해에서 사격 훈련을 하겠다고 발표했다. 북한이 격렬하게 반발하며 하루 전날 "귀측이 사격하려는 곳은 경계선이 획정되지 않은 곳이니 사격 훈련을 중지하라. 불응하면 군사적으로 대응하겠다"는 경고를 보내왔다. 다음날 훈련 당일 아침에도 "전쟁 연습을 즉각 중단하라"고 통보했다. 합참의장이 북한의 반발을 의식해 해병 연평부대에 "만반의 대비를 갖추라"고 지시했다. 그리고 북한과 가장 가까워 가장 충돌하기 쉬운 섬에서 북한 땅 앞으로 벌컨포 사격을 시작했다. 북한쪽에서 탄약 차량이 움직이는 등 심상치 않은 움직임이 나타나기 시작하자 합참 정보참모부는 북한의 '화력 도발 가능성'을 긴급 보고했다. 그럼에도 불구하고 나중엔 자주포 사격을 추가했다. 북한이 기다렸다는 듯 무차별 포격을 시작했고 연평도가 불탔다. 연평부대는 북한 포탄이 어디서 날아오는지도 모르고 엉뚱한 섬에다 대응 사격을 했고, 이 사건을 보고받은 청와대는 벙커에서 상황을 점검하며 우리 군이 "왜 연평도에서 사격 훈련을 했는지" 따지고 있었다.

참고로 민감한 분쟁지역에서 아무런 대비 없이 사격 훈련을 강행한 남한 군부, 사전 경고에 이어 무차별 포격을 실시한 북한 군부, 2013년 11월 한 시국미사에서 거칠게나마 연평도 포격의 원인을 짚어 준 '종북주의자' 박창신 신부, 이 가운데 누가 비판이나 벌을 받아야 할지 잘 따져 보길 바란다.

3. 2007년 10월 남북정상회담과 이명박 대통령의 합의 폐기

나는 2004년 5월 처음으로 백령도를 방문했다. 1999년 8월 1차 서해교전에서 북녘 젊은이들 수십 명이 물에 빠져 죽고, 2002년 6월 2차 서해교전에선 남쪽 젊은이들 6명이 목숨을 잃은 참극이 벌어진 북방한계선(NLL) 주변 지역을 꼭 둘러보고 싶던 차에 국가정보원의 1박 2일 안보 견학 프로그램에 참가했던 것이다.

백령도 해병대 초소에 올라 보니 중국 산둥반도 쪽으로 시커멓게 보이는 물체들이 쭉 늘어서 있었다. 중국어선 수백 척이 떼 지어 있는 것이라고 했다. 낮에는 중국 쪽 공해상에 머무르다 저녁이 되면 한반도 영해로 넘어와 북방한계선 주위에서 고기를 잡는단다. 군사적으로 매우 민감한 지역이라 남북의 어선들은 물론 경비정도 조심스럽게 다닐 수밖에 없지만, 중국 어선들은 마음껏 휘젓고 다닌다고 했다. 북쪽에서 경비정이 내려오면 남쪽으로 피하고 남쪽에서 경비정이 올라가면 북쪽으로 피하면서 북방한계선 주위의 황금어장을 지그재그로 싹쓸이해 버린다는 것이었다. 한편으로는 북방한계선 주변에서 남북의 군인들이 번갈아 애꿎게 죽어가고, 다른 한편으로는 한반도 영해에서 남북의 어부들이 중국 사람들에게 고기를 빼앗기는 비통한 현실에 기가 막혔다.

바로 며칠 뒤 베이징에서 북한 고위 관리를 만나 백령도에서 보았던 안타까운 사연을 들려주었다. 서해에서 남북이 갈등과 긴장을 풀지 못하고 있어 양쪽 어선들은 얼씬거리지도 못하는데 중국 어선들이 불법으로 어부지리를 챙기는 게 통탄스럽지 않느냐고 물으면서, 남북 당국이 이에 관해 건설적이고 창의적으로 협상을 벌여 남쪽이 고집하는 북방한계선과 북녘이 설정한 해상경계선 사이에 남북 어민들이 사이좋게 고기와 꽃게를 잡을 수 있는 공동어장을 만드는 게 바람직하지 않겠느냐는 제안을 덧붙였다. 그 역시 안타까워하며 평양에 돌아가자마자 꼭 상부에 보고하여 바람직한 조치가 나올 수 있도록 하겠다고 약속했다. 4개월 후 2004년 9월 다시 만난 그 북한 관리는 서해에서의 공동어장에 관한 나의 제안을 '위대한 장군님'께 보고 드렸다면서 곧 좋은 해결책이 나올 것이라고 알려 주었다.

2006년 8월 역시 국정원 초청으로 백령도를 다시 방문했다. 중국 어선들이 이전처럼 많이 보이지 않았다. 안내를 맡은 해병대 장교에게 이유를 묻자 남북 당국의 단속이 심해진 탓도 있고 꽃게 씨가 말라 버린 탓도 있을 것이라고 답했다. 그러나 중국 어선들이 한반도 영해에 불법으로 들어와 고기와 꽃게를 잡는 것을 남북 어민들은 지켜보고만 있어야 하는 어처구니없는 현실은 여전히 계속되고 있었다.

2007년 10월 노무현 대통령이 김정일 국방위원장과 정상회담을 갖고 돌아와 결과를 보고하면서 회담의 가장 큰 성과로 '서해 평화협력 특별지대'를 만들기로 합의한 것을 꼽았다. 남북 사이에 무력 충돌이 일어나는 등 갈등과 긴장 그리고 분쟁이 사라지지 않는 서해에 공동어로구역과 평화수역을 설정한다는 것이었다. 그가 평양으로 떠날 때까지는 임기 말에 불쑥 정상회담을 갖는다는 게 너무 정략적인 듯해 조금 찜찜했지만, 성과에 대해서는 흥분하다시피 환영하지 않을 수 없었다. 남북 사이의 화해와 협력 그리고 상생과 평화에 관해 오랫동안 품어 온 소망이 금세 이루어질 것 같았기 때문이다. 북방한계선의 본질을 정확하게 파악하여 남북 젊은이들이 대치하며 애꿎게 목숨을 잃고 어부들은 고기를 제대로 잡지 못하는 비극적 상황에서 탈피해, 군인들은 서로 물러나 무력 충돌을 피하고 어부들이 자유롭게 고기를 잡을 수 있도록 하자는 것이었으니 얼마나 바람직한가.

그러나 2008년 2월 이명박 대통령이 취임하면서 '서해 평화협력 특별지대'는 물거품이 돼 버렸다. 그와 한나라당 그리고 군부와 극우 수구 세력은 북방한계선에서 한 치도 물러설 수 없다며 노무현 대통

서해 평화협력 특별지대 조성 계획

북방한계선(NLL)

해주경제특구 개발
해주-개성-인천 물류네트워크
구축 가능

북한 군사분계선

백령도
대청도
소청도

해주

개성

개성공단 내실화

연륙교 설치
(강화도-개성)

공동어로수역·평화수역

우도
연평도

인천-해주 육로 및
해로직항로 개설 가능

인천

서울

한강하구 공동이용

서 해

남한

령을 비난하고 남북 사이의 합의사항을 인정하지 않겠다고 선언했
다. 그토록 실용적이고 평화적인 합의조차, 더구나 정상 간의 합의임
에도 불구하고, 일방적으로 폐기해 버린 것이다.

만약 2007년 10월의 남북정상회담 합의사항을 인정하여 서해에
평화협력지대를 만들었다면, 2009년 11월 3차 교전이 일어났겠는
가. 2010년 3월 천안함이 밤늦게까지 항해하다 침몰당하는 비극이
빚어졌겠는가. 2010년 11월 북한의 극심한 반발과 위협에도 사격 훈
련을 하다 민간인까지 죽은 참극이 벌어졌겠는가.

4. 평화적 해결 방안

남쪽에서는 죽어도 북방한계선을 지켜야 한다고 주장하고, 북쪽
은 기어코 자신의 영해를 찾아야겠다고 고집하는 한, 갈등과 긴장은
사라질 수 없고 무력 충돌은 일어날 수밖에 없으며 남북의 젊은이들

은 번갈아 가며 개죽음을 당할 수밖에 없다. 서해에서 분쟁의 씨앗을 근원적으로 제거하기 위한 방안을 찾아야 하는 이유다. 여기서 중요한 것은 북방한계선이 영토선이라 한 치도 물러설 수 없다며 갈등과 분쟁을 지속할지, 아니면 이 선의 문제점을 인정하고 다시 협상하며 상생과 평화를 추구할지 선택하는 것이다.

참고로 이와 비슷한 영토 분쟁을 평화적으로 해결한 사례를 소개한다. 나라 밖으로 눈을 돌려보면 영토 분쟁을 해결하기 위해 '국경을 초월하는 평화공원'(transfrontier park for peace)을 만든 경우가 적지 않다. 대표적 사례를 두 가지만 든다. 첫째, 유럽의 폴란드와 체코슬로바키아(지금은 슬로바키아)는 1924년 제1차 세계 대전에 따른 영토 분쟁을 해결하기 위해 접경 지역을 서로의 자연보호 구역으로 설정했다. 둘째, 남미의 에콰도르와 페루는 1820년대부터 1990년대까지 무려 170년 동안 영토를 둘러싸고 몇 차례 전쟁을 치렀는데, 국경 분쟁을 근본적으로 해결하기 위해 1999년 서로 자신의 영토라고 주장해온 분쟁지역을 두 개의 국립공원으로 만들어 비무장 평화지대로 만들었다.

이 사례들을 거울삼아 북방한계선을 피 흘려 지켜왔다며 경비를 강화하고, 갈등과 분쟁의 씨앗을 키우는 것과 북한에 조금 양보하더라도 협상과 조정을 통해 긴장을 낮추는 것 가운데 어느 쪽이 더 효과적이고 바람직한 안보인지 생각해 보자. 그리고 북방한계선을 철통같이 지키기 위해 주변 해역에 남쪽의 어선들까지 얼씬도 못 하게 하면서 중국 어선들에게 황금 어장을 내주는 것과 분쟁 수역을 남북 공동 어로 구역으로 만들어 양쪽 어민들이 자유롭게 고기를 잡을 수 있도록 해 주는 것 가운데 어느 쪽이 실리적인 안보인지 따져 보자.

남한이 군장비를 현대화하고 서해5도를 요새화하며 미국의 핵 항공모함을 참여시켜 한미연합군사훈련을 실시한다고 북한의 북방한계선 침범과 도발이 사라질까? 우리가 민방공훈련을 강화하며 대피소 시설을 보강한다고 민간인 피해를 막을 수 있을까? 연평도 주민들을 피난시켜 놓은 채 서해5도 어부들뿐만 아니라 동해 어부들에게도 어업을 중단시키고, 육지의 접경 지역 주민들과 개성공단 사업자들을 통제하며 많은 국민을 불안에 떨게 하는 가운데 사격 훈련을 강행하는 게 무슨 의미가 있고 어떤 실익이 있을까? 무역으로 먹고살게 된 남한과 중국의 교역량이 남한과 미국 및 일본과의 교역량을 합친 것보다 더 많아진 터에 중국과 러시아의 반대를 무시하면서 미국에 의존하고, 일본의 지지를 받아 군사훈련을 실시하는 게 얼마나 국익과 안보에 도움이 될까? 천안함 침몰과 연평도 포격 희생자들 가운데 대통령이나 장관, 국회의원이나 군 지휘관, 재벌이나 언론사주 등 힘세고 돈 많은 사람들의 자식이 단 한 명이라도 끼어 있었는가? 북한을 자극하며 도발과 무력 충돌을 부추기는 정치인들과 언론인들 대부분 군대에 다녀오지 않았을 텐데 그들의 아들이나 손자들이 전방에 있어도 '북방한계선 사수'와 '전쟁 불사'를 외칠까?

남북이 서로 자신의 영해라고 주장하는 북방한계선 남쪽 해역과 해상경계선 북쪽 해역 사이의 분쟁 구역을 비무장 평화 구역으로 설정하여 공동어장으로 만드는 것이야말로 서해에서의 갈등과 긴장 그리고 도발과 충돌을 근본적으로 막을 수 있는 훌륭한 안보 대책이요 실용적 해결 방안이라고 거듭 강조한다. 남북 양쪽 지도자들의 합리적 선택과 한반도의 평화를 간절하게 염원하며….

지은이 알림

김석구

예비역 육군 대령. 대한전쟁연구원 원장. 인천 출생으로 1979년 육군사관학교에 입학해 1983년 육사 39기로 졸업했으며 문학사 학위를 취득했다. 국가안보전략 분야에 전문성을 지닌 현역 군인으로서 역사, 전쟁사, 군사사(軍事史)에 깊은 관심을 가지고 꾸준히 연구를 하고 있다. 민간 분야 학위로서 미국 센트럴미시간대학교에서 행정학 석사 학위를 취득했으며, 미 국방대학원에서 "한반도의 민족 통일을 지향한 대한민국의 개입 및 확대 전략"(A ROK Engagement and Enlargement Strategy Towards National Reunification on the Korean Peninsula)으로 국가안보전략학 석사 학위를 취득했다.

개인 논문으로 "이론적 오류 및 악용 가능성을 중심으로 본 클라우제비츠 전쟁철학에 대한 소고," "프레드릭 대왕의 로이텐 전투를 중심으로 살펴본 조미니의 전쟁이론," "이순신 장군의 용병술 연구," "문서설문을 이용한 상하 의사소통 활성화 방안," "읽고, 듣고, 말하는 3위일체 어학능력 완성" 등을 집필했으며, 전쟁사 서적으로 『제0차 세계대전 러일전쟁의 기원』과 『제4차 중동전쟁』을 연구 집필했다. 또한 미 예비역 육군 소장 존 마이어 2세(John G. Meyer, Jr.)가 저술한 『중대지휘』(Company Command)과 『마셜 보병전투』 등을 한국어로 옮겼다.

김현석

1971년 경기도 동두천에서 태어났다. 인하대학교 사학과를 졸업했으며, 동 대학원에서 한국근대사를 전공하였다. 2005년 부평사편찬위원회 상임연구원을 거쳐, 인하대학교박물관에서 학예연구사를 지냈다. 지역을 기반으로 하여 일제강점기 도시 문제와 주한미군의 역사 등 한국근·현대사를 아울러 공부하고 있다.

공업도시로서 부평의 역사와 노동자들의 문제를 다룬 『부평에 새긴 노동의 시간』(국립민속박물관), 인천광역시 부평구의 아시아태평양전쟁유적을 정리한 『우리 마을 속의 아시아태평양전쟁유적 ― 인천광역시 부평구』와 『우리 마을 속의 아시아태평양전쟁유적 ― 인천광역시 동구』 등을 집필했다.

이경수

역사 교사. 강화도 태생으로 교사로 근무하며 강화도 역사를 통해 한국사의 깊이를 더하는 연구 활동에 관심이 많다. 2013년에는 강화역사문화연구소에서 "숙종 시대의 강화도"라는 주제로 강의하였다.

지은 책으로 『역사의 섬 강화도』, 『숙종, 강화를 품다』, 『근대, 강화를 품다』, 『한국사에 눈뜨기』 외 다수가 있다.

이재봉

원광대학교 명예교수. 미국 하와이대학교에서 1994년 정치학 박사학위를 받았다. 1996년부터 원광대학교에서 정치외교학과 교수로 미국 정치, 국제 관계, 북한 사회, 통일 문제, 평화학 등을 강의하다 2020년 정년 퇴임했다. 남이랑북이랑, 남북평화재단, 통일경제포럼, 한반도평화경제회의 등 시민단체를 통해 평화운동가, 통일운동가로 활동해 왔다. '평화적 수단에 의한 통일'을 주장하며 민족화해와 평화통일을 추구한 노력으로 2019년 한겨레통일문화상을 받았다. 지은 책으로『두 눈으로 보는 북한』, *Korea: The Twisting Roads to Unification*, 『이재봉의 법정 증언』, 『문학과 예술 속의 반미』(2018), 『평화의 길, 통일의 꿈』, 『통일대담』 등이 있고, 번역한 책으로『평화적 수단에 의한 평화』 등이 있다.

이희환

1966년 충남 서산에서 출생. 어린 시절부터 줄곧 인천에서 성장하였다. 한국외국어대학교 정치외교학과를 졸업하고 인하대학교 대학원에서 한국근대문학 전공으로 석사, 박사학위를 취득했다. 인천 역사와 문화를 연구하는 한편, 시민운동에 참여하여 활동해 왔다. 2019년 현재 계간「황해문화」편집위원, 경인교대 기전문화연구소 연구위원. 제물포구락부 관장. 인천학연구원 학술연구교수.
지은 책으로『인천문화를 찾아서』, 『김동석과 해방기의 문학』, 『인천아, 너는 엇더한 도시 ─ 근대도시 인천의 역사·문화·공간』, 『이방인의 눈에 비친 제물포 ─ 인천개항사를 통해본 식민 근대』, 『문학으로 인천을 읽다』, 『만인의 섬 굴업도』 등이 있고, 공저로『인천의 도시공간과 커먼즈, 도시에 대한 권리』(2019) 등이 있다.

황보윤식

문학박사. 한신대 연구교수를 거쳐 인하대 강단에 있었다. 학생 시절부터 민족/통일운동을 하였다. 동시에 사회개혁에도 관심을 갖고 생명운동을 하였다. 나이 60을 넘기자 바람으로, 도시생활을 과감히 접고 그동안 펴왔던 생명운동을 실천하기 위하여 소백산 산간에 들어가 농업에 종사하면서 글방을 열고 있다. 그리고 실천활동으로, "국가보안법폐지를위한시민모임", "함석헌학회", "함석헌평화포럼", "함석헌평화연구소", "민본주의실천연합"에도 관여를 하고 있다. 취래원농사는 연고주의와 지역주의를 반대하여 관계 내용을 적지 않았다.
지은 책으로『신채호의 민족주의와 역사철학적 인식 ─ 신채호의 아나키즘』, 『동아시아 평화공동체 ─ 안중근, 조봉암, 김대중, 함석헌의 평화사상』, 『함석헌과 민본아나키스트, 그들의 역사적 기억』 등이 있고, 함께 쓴 책으로『길을 묻다, 간디와 함석헌』, 『씨알의 희망과 분노』, 『생각과 실천 1, 2』, 『절대자유를 갈망한 사람들 ─ 예수, 아나뱁티스트 그리고 신채호』 등 다수의 글이 있다.